起信論講記

第六輯

——平實導師講述

ISBN 986-81358-1-8

自序

《大乘起信論》是聖 馬鳴菩薩所造，因爲論中義理極深，又宣示成佛之道精神所在之一切種智內涵，多屬佛弟子四眾聞所未聞之甚深法；而又言辭簡略，極難了達其意，是故自古以來，多有未具種智之愚痴人大膽謗爲僞論。更有愚痴初機學人不辨眞假，但見大名聲之法師居士謗之，便亦踵隨謗之；如是輾轉傳謗，常無已時，至今不絕。直至平實正式宣講此論以後，此謗方始漸絕於台灣，如今不聞有人再謗爲僞論矣！

殊不知聞所未聞法，雖有可能爲索隱行怪之外道論，亦有可能爲甚深極甚深之種智妙法；學人若無種智，無能分辨者，最宜忌口，萬勿輕易評論；否則，萬一誤評極妙種智深論正義，即成最嚴重謗法之地獄罪；舉凡種智妙法深義之誹謗者，皆是謗法中之最重罪故，所謗皆是三乘菩提之根本法故。

檢視《起信論》之引人諍論者，端在「眞如緣起」一法之說，謗者皆引此一言教而評破之，謗爲僞論，誣爲外道假借 馬鳴菩薩聖名而造此論；每每主張眞如本有，非可藉由緣起之法而修成之。然而彼說之言固有其理，而 馬鳴菩薩所言「眞如緣起門」之眞實義，並無否定眞如本有之意，只因其義甚深，兼述因地眞如轉變爲佛地眞如之妙義，古來少人能眞證知，今時更無何人能眞證知，誤會 馬鳴菩薩論中實義故，便認定爲外道假借 菩薩令名所造僞論，是故自古至今多有誤謗之人。

此論中妙法，主要有二：心生滅門與心眞如門。心生滅門者，始從七轉識之染淨熏習作用，進言法界實相理體之阿賴耶識，明言阿賴耶識心體自身乃是七轉識之根源，名爲如來藏。又倡言「一心唯通八識心王」之說，謂若主張「眾生皆唯有一心」者，則此一心唯可說爲阿賴耶識，將七轉識悉皆納入阿賴耶識一心之中。又言阿賴耶識一名者函蓋第八識如來藏與七轉識，將此不生滅之第八識如來藏與其所生之七轉識合爲一心，即名之爲阿賴耶識。是故自古以來，具有種智之人，常言「一心之說唯通八識」，謂阿賴耶識一心函蓋八識心王也！

然爲利樂初機學人，大益有情令得現觀八識心王體性迥異之處，使其易得證悟阿賴耶識心體自身，欲令因此而生般若實智，往往將此一心阿賴耶識分爲八識心王，並一一細說之，由是故有眼識、耳識……意根末那識乃至阿賴耶識之說。匪唯古來諸多證悟祖師如是說，我 佛世尊於《楞伽經》中亦如是說，即是假爲人悉檀而述第一義悉檀也！

佛地眞如之神用，微妙廣大，非諸等覺菩薩所能稍知；然而此一神妙難宣之廣大功德早已含藏於因地眞如阿賴耶識心體中，是故因地眞如阿賴耶識心體本已有之，馬鳴菩薩初未否定因地眞如阿賴耶識心體之本已存在也。然而因地眞如究非佛地眞如，差異極大，悟得因地眞如時仍無法獲得佛地眞如之廣大功德，是故佛地眞如實非初悟之時一蹴可幾，唯除最後身菩薩示現在人間一悟成佛，是故 馬鳴菩薩所言佛地眞如緣起之說，方是正說。

欲得成就佛地眞如所需之一切成佛種子，悉皆存於如來藏阿賴耶識心體中，皆屬本有未發之功德，又因阿賴耶識心體恆常顯示眞實性與如如性，故名因地眞如。然而佛地眞如所有之廣大功德，要由證悟因地眞如阿賴耶識心體之後漸次進修，藉心生滅門之修行緣起，歷經三大阿僧祇劫之進修內容與過程而後可幾，終得成就佛地眞如無垢識廣大功德，是名佛地眞如緣起之眞實義；是故眞如緣起方是眞正佛法，而且是最勝妙之佛法，謂佛地眞如要由因地之如來藏阿賴耶識心體所含藏之七識心王有生有滅之法修行成就；故說佛地眞如並非一悟可成，要由三大阿僧祇劫之累積福德，慈濟眾生，然後求悟般若，進修種智……等無量菩薩行之後，方可成就；由此證實眞如緣起之說方是正說；絕無省去菩薩階位修行無量難行能行之過程，而可在因地一悟即成佛道者，唯除最後身菩薩已經實修圓滿此一過程。

然而佛地眞如心體者，因地本即存在，即是衆生同等皆有之阿賴耶識心體也。此一心體又名如來藏、本際、實際、眞如、如、我……等無量名，馬鳴菩薩在論中說之爲如來藏心。並謂此心配合自己所出生之七轉識，則能直接、間接、輾轉出生萬法。由因此心能出生萬法故，所出生萬法必有生滅，如是而說此一實相心之生滅門，非謂第八識實相心體有生有滅也；少聞凡夫不知論中實義，便謗言：「《起信論》說實相心體有生滅，必定是僞論。」而不知論中所言「心生滅門」者實謂阿賴耶識心體所含藏之七識心王種種生滅現象，都由八識心王合爲一心之阿賴耶識而說、而攝，阿賴耶識心體自身則無生滅，故論中說：「心生滅門者，謂依如來藏有生滅心轉，不生滅與生滅和合，非一非異，名阿賴耶識。」是故誹謗此論者，皆是咎由自身之未解論中實義，誤會論中文字所表正義所致。

學佛之人，悟後必須了知：欲實證佛地眞如無垢識者，必須悟後漸次進修，經由心生滅門中所說之一切種智修習、性障之伏除、習氣種子隨眠之斷除、廣大福德之累積，然後始得成就佛地眞如心體無垢識之廣大功德。若不經由心生滅門，則無由達成心眞如門所欲實證之佛地眞如無垢識廣大功德。是故 馬鳴菩薩於論中說明「心生滅門與心眞如門各攝一切法」，又說佛地眞如之緣起，意在此也！

心眞如門，乃由橫面說明第八識如來藏在因地之時即已是具足眞如性相，但因七轉識相應之無明、煩惱種子覆障故，唯顯自體之眞如性相，而不能發起佛地眞如心體無垢識之無漏有爲法上之廣大功德，難以廣大的利樂有情；所以要由心生滅門中下手修行，悟後進修內門六度萬行，以及種種菩薩十度萬行，逮至一切種智圓滿、煩惱障習氣種子隨眠及無始無明隨眠皆悉斷盡，復又歷經百劫勤修極廣大福德之後，方入佛地，方始圓成佛地眞如所應有之極廣大無漏有爲法：四智圓明、廣大神通、十號具足……等法。

是故， 馬鳴菩薩所言心生滅門一法，甚深極甚深，當今之世無人能知；自古以來知之者亦少，非有大善根、大福德者，難以聞知其中密旨，何況能自行知之？由於論中文字極爲簡略，所陳義理又復倍極甚深，學人難知難了，是故誤會之者所在多有，自古不絕如縷，迄今仍多。

鑑於台灣廣大佛弟子眾，數十年來恭敬供養三寶，廣積福德、慈濟眾生、興善止惡，欲遏止人欲之橫流、惡業之擴散，欲令眾生同得解脫生死流轉之大苦；其福不可謂小，其智不可謂無，然而終究未能發起出世間智，更難發起世間、出世間智，唯有世間小智而誤以爲實是出世間智；此非具有福德之佛弟子所應得之果報。有鑑於此，起心欲作廣利有福佛子之事與業，乃決定將本爲會中同修宣講解說之 馬鳴菩薩妙論實義，梓行天下，以報台灣寶地廣大佛弟子，兼及大陸未來福德成熟者，庶幾不沒 菩薩造論初衷，亦得消解古今誤謗本論之流毒，更兼防止後人再犯誤謗妙論之地獄業，用是緣故，乃倩我正覺同修會編譯組人員，整理成文，略加修飾，即以成本價流通天下；欲得藉此建立正法大纛，兼以廣利因緣成熟之廣大佛弟子。今以此書出版在即，乃述緣起，即以爲序。普願廣大福德具足佛子，悉得藉此書中妙義成辦見道知見，乃至有日終得證悟般若實智，共護我 佛世尊遺法，令得長劫廣利有情！

佛子 **平實** 謹識

公元二〇〇四年初暑

論文：【前心依境，次捨於境，後念依心復捨於心。以心馳外境，攝住內心；後復起心不取心相，以離眞如不可得故。】

講解 現在轉入另一個階段，破參了，破參開悟以後就得這麼修了：要藉四禪八定把自己的三界執著性滅除掉，也就是要把三界心的心相都滅除掉，漸次轉變成佛地的出三界心相。三界心的心相就是凡夫的七轉識心相。

「前心依境」，你已經知道悟前所知的見聞覺知心，都是依於六塵境界而有，悟後進修就是要設法取證離三界境界的聖境了，所以說「次捨於境」。既然見聞覺知性都是依於六塵境界而有，那麼前六識的見聞覺知性當然要依六塵境界才能存在、安住；可是依境才能安住時，你就會落在欲界的五塵相中。乃至初禪中還有三塵相，也都離不了啊！那你就得要捨離三塵境，想辦法取證二禪的等至位，只住於二禪定境中的定境法塵境界，這樣子境界就變少了，只剩下定境法塵了。

接下來「後念依心，復捨於心」，就是要往上升進，越來越深、越來越細。在悟後進修之前，覺知心還是蠻強烈的；到這個地步時，覺知心已經很微細了；還要依**如來藏離六塵見聞覺知**的體性，把自己一直往回家的地步推進（漸次邁向如來藏自住境界），所以後念應該依於這個微細意識心，再捨掉對微細意識自己的執著，所以對微細意識的自己也不再觀照了，不再害怕自己消失掉，這樣次第進修而漸次證得無所有處定。但是無所有處定中的微細意識覺知心，對自己是否仍然存在，還是很清楚的，這就是仍然放不下自己，就是我執思惑還沒有確實斷盡的證據之一（但思惑是否斷盡之判斷，並非只此一端）。這就是用**證自證分**來觀照自己住在無所有處定中。

空無邊、識無邊之後就是無所有處，現在你住在無所有處定中，得要再把微細意識的覺知心**對自己的觀照**也捨了，才能進入非想非非想定中；但這其實只是不觀照自己的存在或不存在，並不是眞的把自己捨了、仍然無力把自己捨了，只是把微細意識覺知心的**證自證分**停掉，不再觀照自己、不再了知自己的存在，這時候就進入非想非非想處了。此時意識覺知心還在，所以還有極微細的覺知，可是這個極微細的覺知心已經不會再留意自己是否仍然存在，也不會再返照自己是否住在這個境界中，覺知心住在非想非非想定中的**證自證分**都不會再生起了，這樣才能入住於非想非非想定中。如果你再有個心返照自己：「**我現在是不是住在非非想定中？**」或者更微細的觀照非想非非想定中的自己是否還存在，我告訴你：

你將會立即退回到無所有處定了，你就沒有辦法住在非非想處了。這就是說，「前心依境」，先以意識覺知心相應的外六塵境來攝住覺知心；「次捨於境」，你藉外六塵境攝住覺知心以後，也就住在欲界定中了，再依此法進修未到地定、初禪……四禪而進入四空定了，所以能捨外境了（只是似乎捨了，其實是仍有非非想定中的法塵境界的）；「後念依心復捨於心」，能安住於內心境界以後，還要捨棄覺知心的自己及處處作主的意根自己，才有可能取證無餘涅槃。

因爲覺知心總是馳騁於外境六塵的，所以得要攝住覺知心，安住於自己內心境界中，不要向外攀緣。接著就是「後復起心、不取心相」，你得要再起一個覺知心中的作意，再起一個念：不取覺知心自己。因爲你知道覺知心自己是虛妄法，第八識眞如心才是眞實法。你在證悟第八識眞如心以後而作觀行時，自己已經確定了：**離開心眞如的話**，一**切法都不可得**。確實觀察到：一**切法都依心眞如而直接或間接或輾轉出生**，所以說「以離眞如不可得故」。依所證悟的法界實相現觀，而作這樣的次第漸修，才能實證滅盡定，成就解脫道的俱解脫境界；也得要依此次第進修，才能發起諸地的無生法忍智慧境界。

證悟之後進修止觀，就應該這樣修行、這樣安住自心。這只是概略的說，詳細的說，就留到以後說止觀時再說吧！這一段論文是說，已經證得如來藏的人，他已經確定「離開心眞如時一切法都不可得」，他能夠這樣去修觀行，這就是已經有般若智慧了。剛悟的人還不懂得這樣修，悟了之後，想要實證佛地功德，還得要瞭解三界六道一切法與一切種智間的關係，要懂得假藉三界六道中的一切法來修證一切種智；也得要瞭解九次第定、滅盡定的修法，瞭解這些以後才懂得悟後要怎樣去修行。不瞭解也不知道禪定要怎麼修的話，悟了也只是悟了，只有般若智慧而不懂如何在悟後發起無漏有爲法；般若智慧也是只知道總相，可是打坐的時候禪定境界要怎麼修證？不曉得！無生法忍要怎麼修證？也不曉得！所以得要有智慧、有方法、有次第。這就必須對三界九地的境界相有所了知的智慧，才能迅速的進修、超劫精進；但是這可就要有大善知識能在悟後給予指導，才能突飛猛進的迅速轉進初地，一世過完一大阿僧祇劫，名爲超劫精進。接下來說：

論文：【行住坐臥於一切時，如是修行恆不斷絕，漸次得入眞如三昧，究竟折伏一切煩惱，信心增長速成不退。若心懷疑惑、誹謗、不信、業障所纏、我慢、懈怠，如是等人所不能入。】

講解　這就是說，你證悟之後，在悟後修學禪定的過程當中，於四威儀、於一切時中，就是要像這樣修行；長時間的轉依修行之後，會使你對於自我，也就是覺知心對自己的執著，不斷的加以降服，這就是在修除我執、斷我執啦！這得要歷緣對境去斷。這樣子修行而且「恆不斷絕」，才能「漸次得入眞如三昧」。眞如三昧也叫做阿賴耶三昧，這個三昧就是依於眞心如來藏（心眞如）作爲究竟的所依，以這個眞心的體性去修學三昧，才是菩薩所修的三昧。舉凡一切法的修行，一切三昧的修行，都必須依心眞如第八識爲主體而作觀行，永遠都不離心眞如而作般若別相智、一切種智的智慧觀行；修學通外道的世間禪定時，也是不離心眞如而修證禪定。如此，所有的禪定、一切三昧都依心眞如而顯發，都可以確定是依心眞如而有、而生，親證三昧而又如是現觀時，就叫做眞如三昧，又名阿賴耶三昧。只有這樣正確的修行，才有辦法「**究竟**折伏一切煩惱」。

如果不是以阿陀那識爲究竟所依，而是以離念靈知的見聞覺知心作爲所依，是以處處做主、時時作主的意根作爲所依，那就沒辦法**究竟**折服一切煩惱；不迴心的一切阿羅漢都不知道心眞如的所在，不能現觀心眞如的清淨涅槃自性，所以他們無法以心眞如作所依，所以斷煩惱時不能究竟，只能針對覺知心相應的三界煩惱的現行加以修斷，習氣種子隨眠以及無始無明隨眠就無法修斷了；但是菩薩依法界實相如來藏心爲中心，深入如來藏所含藏的一切種子進修，才能究竟修斷，所以最後可以成佛。阿羅漢們不知道以這個第八識作所依，因爲他們都不知道第八識眞如心在哪裏，只是因爲聽信 佛語所說實有無餘涅槃中的實際心，但不知在哪裡，更沒辦法體驗祂的**性淨涅槃**，所以他們雖然斷了見、思惑煩惱，但沒辦法**究竟**折服，所以阿羅漢仍然還會有習氣，所以你罵他兩句，他一時間還是會氣起來，只是他不會延續而已，這就是說他的煩惱還沒有**究竟**折服。

然而地上菩薩不只折服這類煩惱，而且還要從習氣上面一點一滴去把它修除；但是仍然保持煩惱障中故意所留的最後一分的思惑，要到八地才能斷盡；至於煩惱障相應的習氣種子隨眠，得要修到佛地，示現如同凡夫而開悟明心，之後再眼見佛性而成佛時才能斷盡的。這就是說，阿羅漢只能折服煩惱的現行，而無法折服煩惱的習氣種子隨眠，所以不是究竟的折伏。想要**究竟**折服一切煩惱，你得要依眞如三昧來修，也就是依心眞如的性淨涅槃，來做種種止觀的觀行，才能眞正從如來藏中把煩惱的習氣種子隨眠和無始無明隨眠加以折服，這才是究竟的折伏一切煩惱；煩惱被究竟折伏了以後，就可以「信心增長、速成不退」。爲什麼可以因此而使信心增長呢？因爲你已經證得究竟實相了，你對眞如心的體性已如實證驗、領納了，你也可以證實 佛所說的整個菩提道的次第與內涵。因爲能夠證實的關係，所以信心增長，可以很迅速的成爲信不退、位不退的菩薩。

當然啦！「不退」有七地滿心以上的念不退，有初地以上的行不退，有七住以上的位不退，還有初住以上的信不退，所以「不退」有很多種；而這裡講的至少是位不退，不止是信不退而已。信不退，在前面的十信滿心那邊就說過了。在這裡，馬鳴菩薩有條件的說，如果有人是如下的六個狀況之一，就沒辦法進入眞如三昧而不退失的：

第一種人是心懷疑惑：「師父說有心眞如可證，到底是眞的、假的？月溪法師的書中說沒有第八阿賴耶識欸！」心懷疑惑，當然無法進入實相境界。有人心想：「蕭老師說可以破牢關，也可以證得初地滿心位的猶如鏡像觀，二地滿心位的猶如光影觀，未來還可以修往三地而證得猶如谷響……等等現觀，到底是眞的、假的？說得天花亂墜，說的比唱的好聽，到底是眞的還是假的？諸地菩薩眞的有這些現觀嗎？」他心中懷著疑惑。有時候心裡面又想：「你講得那麼好，實際上修行又沒那麼好，當你被刀子割到手腳時，又沒有辦法想不痛就不痛，沒辦法叫它不流血就不流血，看來你是沒有般若證量的，那你講那麼多法幹什麼？」心懷疑惑！當他心懷疑惑的時候，就成爲 馬鳴菩薩說的「所不能入」的第一種人啦！這都是因爲心懷疑惑，所以就障礙自己的道業了。

你們對我有沒有疑惑呢？最好是不要疑惑不信；因爲到目前爲止，我仍然沒有欺騙過諸位，對不對？我們講明心，確實可以明心嘛！眼見佛性這一關，也已經有十幾人親眼看見了；現在明心的人也有一百多人了（編案：此是二〇〇一年所說）；至於種智的義涵，我也爲大眾顯示：確實是可以現觀與實證的。所以我到目前爲止都不曾騙你們啊！十幾年來的弘法，如果曾經騙過你們，有一天你們被我印證時一定會發覺受騙而出來拆穿我！我只要有一點點是騙人的，假使現在不被拆穿的話，以後遲早也會被拆穿的；這只是時間遲早的問題，沒有不被拆穿的。所以弘法絕不能騙人的，一定要說如實語。我們出道弘法以來不曾騙人，並且引導諸位有次第性的逐步深入悟後起修的佛道中，所以你們才能漸漸的瞭解正覺的法義是如此的善妙，確實是可以實證，而且不只是開悟而已，我們也會把這些次第一步一步的傳授給大家。並且我可以保證：過去十幾年來傳給大家的明心與見性的內容，現在不曾改變，只是更深入、更微妙而已；不但十幾年來沒有改變過開悟的內容，未來也將永遠不會改變。這話說給大家聽，將來整理成文字時也印在書中給大家看，大家都可以公開的檢驗。也許有人覺得我說話太狂，但我知道一點兒都不狂，因爲我說的是如實語；只有說話不如實時，才能說是狂語；也只有在未悟言悟時，才是狂語。在大乘佛法中，不能進入實相境界，不能獲得眞如三昧的第一種人，就是因爲心懷疑惑：對於佛法的內涵與證道的事情老是疑神疑鬼而不能進入佛法中來。

第二種人不能進入實相般若智慧境界，就是因爲誹謗：誹謗三寶、誹謗佛經、誹謗經上所說的法、誹謗自己的上師、師父、尊長。他們往往這樣說：「**你的老師、師父說有一種法可以明心，又說可以眼見佛性，哪有可能？他只是在安慰大家罷了，末法時代哪有辦法可以證悟？**」這就是誹謗。這種人也不能進入實相般若智慧境界，就算有小因緣而暫時進入了，終究還是會生疑而退失掉的；即使現在還沒有退失，以後也會退失的。我們以前不是已經退失一部分人了？走了以後就不斷的誹謗，由於誹謗正法的緣故，這一世就很難再迴入正道了，所以千萬不要輕易的誹謗。假使編造莫須有的事實而作無根誹謗，那就更對自己不利，捨壽時再來後悔都太晚了！就算是事相上的有根誹謗，那也不太好；最好就是小心的求證經句中的眞實義，然後只作法義辨正，否則一定會障礙自己的道業，何況是沒有根據的編造虛假事實來誹謗眞善知識及正法？這樣的人就是沒有轉依成功的人，就算是知道明心的答案，也是無法發起解脫功德與智慧正受的，當然就沒辦法進入眞如三昧了。這類人最多只是知道明心的答案、見性的答案，這一世到這裡就結束了，沒有辦法再前進了，所以對正法的法義、對弘傳正法的人，都不可以誹謗，誹謗後一定會在此世及未來無量世中障道。

第三種人是不信師言，不管人家怎麼說明、怎麼鼓勵勸進：「眞的可以明心，眞的可以眼見佛性，眞的可以過牢關，眞的可以往地地增進的佛菩提路上邁進。」但是他心中始終懷疑不信，像這樣的人連學習證悟明心的法都不可能，又哪有可能親證心眞如？又哪有可能進入眞如三昧中安住呢？絕不可能的！不相信 佛所說的經中實義確實可證，不相信會有證道菩薩不斷的受生在人間，也不相信人間的證道菩薩所開示的法義確實可證。信不具足，就不能學法而親證了！

甚至於有些學佛人對經典明文的記載都不肯相信，我跟他講：「你應該要求悟啊！否則就會永遠都在外門修菩薩行，無法入門的。」他回答說：「你的悟境，誰知道是眞的、假的？」我就說：「這可以用經典印證啊！」你知道他老兄怎麼講呢：

「那些經典都是人翻譯的，我怎麼知道是翻對？還是翻錯了？」眞拿他沒輒！他又說：「翻譯經典的年代也已經那麼久了，又是一代一代傳下來的，誰知道是對、還是錯？」這就是心疑而不信經、法。有些人進了同修會，我告訴他說：「你可以這樣……修行。」又說明哪一些法是錯誤的，勸他們要遠離，別再掉進去了；但是他們「不信師言，心懷疑惑」，這種人正是「如是等人所不能入」的**如是等人**。

第四種人是被業障所纏。業障所纏的具體事例，我們在前面也曾講過：譬如有人在慈濟、法鼓山、中台山，他們在那裡修學表相正法時都沒問題，每天學佛學得很快樂；可是來到正覺同修會時，就無端的產生了好多障礙，每一次正要來共修時就會有事情發生，耽誤他來學法。這表示他的福德因緣還不具足，他還要再多多的修福迴向，消除那些業障；如果不能廣修福德來迴向冤家債主消除業障，他還是會被障礙的；一直到他的福德資糧因緣具足了，性障也磨得差不多了，這些障礙才會消失。從此以後，他繼續修習了義勝妙法時，才有辦法安住下來，這就是業障所纏。業障所纏的人，無法進入眞如三昧。但是有些人卻正好相反，他們在表相正法中老是學得很不順，來到正覺同修會以後，卻很快的就悟入了；這並不是業障所纏，而是護法菩薩們覺得他不應該在那些表相正法上面用心，應該趕快到了義正法道場中悟了以後，出來利益有緣佛子；所以就遮障他在表相正法上的修習，要他轉移學法的方向；這其實是護持他，不是遮障他，所以他很快就住在眞如三昧中了。

第五種人是因爲我慢而被障礙了，所以不能證得眞如三昧。有一些人破參回來以後心裡就想：「我現在跟我的親教師平等了啦！他明心了，現在我也明心了；他見性了，現在我也見性了，所以我跟他完全一樣了。」但我告訴你：絕對不一樣。人家比你早走那麼多年了，難道那麼多年的時間裡都沒有任何的長進嗎？不可能的！早一天破參就有早一天的功德。早期有一些人就是這樣，我幫他們證悟了以後，他們就想：「我跟蕭平實一樣啦！蕭平實不過如此啦！就這樣子了！」可是後來證明不是這樣。說實話，在同一位依止師座下修學，我只要早他們半年悟出來，就一定不會跟他們一樣的；更何況，我是自己悟出來的，他們卻得要靠我教授正確的知見，再辦禪三幫助，甚至於最後一天我爲他們明講密意才知道的；根器相差這麼大，怎麼會一樣？一定不一樣的！而且，我悟後也不會每天原地踏步，我總是會往前一直走；就算我不往前走，你們也會推著我往前走啊！所以我一定會不斷的往前走，這是我的責任啊！我在前面把路一直往前開，你們就可以輕輕鬆鬆的繼續跟上來，應該這樣才對嘛！那怎麼會說是與我一樣的呢？

可是我以前都沒想到這一點，在早期弘法時，我總是認爲大家悟了以後一定跟我一樣的，所以只要有人悟了我就希望他們趕快出來當老師度眾，誰都可以自告奮勇的出來當老師。可是，事實上，弘法十幾年下來，發覺不是每一個人都能當老師的。我當年就是沒有人傳授我度眾的經驗，我總認爲：「我只要參出佛性的名義來，當場一定可以看見佛性了。」就這麼單純，我認爲見性是很簡單的事，怎麼會有那麼困難呢？後來度眾久了才知道：還眞的是很困難。但是，對我來講，那是很單純的事啊！參究出來時就當場看見了啊！可是心中有慢的人，就變得很困難了！所以說，我慢不可以有。今天你能夠去禪三明心、能夠悟出來，那是你的親教師的功勞，他把正確的知見教給你了，所以你才能在禪三的開示與機鋒中悟入啊！如果沒有那些正確的知見，到禪三道場時，你看到我的機鋒時根本不曉得在作什麼，往往會誤以爲我是個瘋子，或者會誤以爲不按牌理出牌就是禪，誤以爲什麼都放下不管就是開悟。你一定不曉得我在幹什麼，也不曉得別人在幹什麼；今天能夠悟入，都是因爲親教師教授了正知正見與應有的基本定力功夫所致，所以不要對你的親教師起慢。否則就是尚未轉依成功的人，永遠無法證得眞如三昧的，因為這將成為現世的業障。

第六種不能進入眞如三昧的人，是因為比較懈怠。有一天他終於信受確實有法可以親證眞如三昧了，不疑惑也不誹謗，沒有業障所纏，也沒有我慢遮障他；可是他每天就是拖泥帶水的，一直都不精進，想去拜佛作功夫時也懶懶散散的：想拜佛、又意興闌珊的不想拜。有時候一面拜佛又打世間法上的妄想，都不精進，這就是懈怠所生的障礙。一天打魚、三天曬網，拜一天又休息三天，功夫都不肯確實的作，上課也是常常請假；只因為規定連續四次不請假，學籍就會被取消，所以不得不請假。像這樣常常請假，導致知見的攝受嚴重不足，這就是懈怠。像這樣懈怠的人，功夫也不好，知見也不足，即使是參禪時也將會漫不經心的，怎麼可能破參明心呢？又怎麼可能看得見佛性呢？所以這六種人連破參都很難，何況是求眼見佛性更困難的證量？更何況是要進入眞如三昧中安住而發起大智慧？

眞如三昧是悟後所修的證境，是以心眞如為主體來做止觀，以心眞如為主體來修禪定的，跟外道所修的禪定不太一樣，也跟二乘俱解脫聖者所修得的禪定不同的，智慧境界是完全不一樣的；當你有了眞如三昧時，你在四禪八定中安住的狀況，和二乘聖人及凡夫在四禪八定中安住的智慧狀況是不會一樣的，更何況是外道呢？與他們更是大不相同。所以，對了義深妙正法絕不可以心懷疑惑，也不可以誹謗，不可以不信；至於業障，自己要設法去消除，不會消除的話，就去請教你的親教師；還要把我慢消除掉，更要起精進心而不懈怠。能夠這樣如實修習的人，就可以證悟，就可以悟後漸次的進入眞如三昧。

證得眞如三昧，並不是一步登天直接證得，得要一步一步的去走，才能進入眞如三昧。以上所講的是般若與悟後依般若所修的禪定止觀；這一段止觀大部分是講禪定，但是《大乘起信論》講的止觀函蓋全面佛法觀行，不是只講禪定的。以前常常有人離開本會以後，對於佛法的內涵，因爲剛剛入道就自以爲是，就開始謗師謗法：「**正覺同修會沒有禪定的功夫啦！他們都是修慧而不修定，所以我們才要去外面學禪定。**」但是那些人離開同修會已三、四年了（編案：這是在二〇〇一年時說的），有誰證得禪定呢？一個也沒有！因爲禪定這個法，在當今的佛教界，也已經被普遍的誤解了，他們去跟隨那些誤會禪定修法的無證量者，又能學得什麼禪定呢？

譬如南懷瑾老師在書中說無想定，他認爲覺知心中沒有語言妄想時，那就是無想定。我都是有根據而說的，你們讀他的《如何修證佛法》那本書，那本書稍微厚一些，在第一章第一節時講無想定，就講錯了，而且是錯得一蹋糊塗呢！無想定不是他所講的那樣，他所說的無想定的境界，最多也只是欲界的粗住心罷了，連未到地定都證不了，何況是初禪？更別說是四禪後的無想定了。無想定不是欲界中離語言妄想的覺知心粗住境界，而是四禪的捨念清淨定以後才能進入的，是在第四禪境界中才能轉入的、斷滅了覺知心的境界相，那才是眞正的無想定。無想定裡面沒有覺知心，意識已經暫斷了，怎麼會是他所說的「一念不生的覺知心不起語言妄想」而叫做無想定？他那個境界相，連欲界定都還算不上的，所以他們眞是誤會了。當代中國佛教是不是只有他一個人錯會了？不是！是所有大師們都錯會了，只是有些大師沒有公然的寫在書中流通罷了！

還有一些外道說：「你們正覺說悟了以後才能再修初禪、二禪、三禪，然後才修到四禪，那太差了！我們不是，我們還沒有悟，也沒有證得初禪，就先證得第四禪了。」我跟那位師姐講：「你回去問他說：『你們的第四禪有沒有呼吸？有沒有心跳？』他如果說有呼吸、有心跳，你就說：『你這個不是四禪，四禪是息脈俱斷的境界。』如果他們眞的有四禪，你請他們來，我再跟他們談四禪的事。」結果消息一傳回去，就再也沒有消息了！爲什麼呢？因爲他們那個根本不是第四禪嘛！他們是把「捨念清淨定」的意思誤會了，認為六塵中的覺知心住在一念不生境界中，就叫捨念清淨定、就叫做第四禪，誤會大了！

捨念清淨定所講的「念」是什麼？念，有的人是用語言文字在打妄想，把心中的語言文字妄想稱為念，這是最粗的念，不是第四禪定境所捨的念。接下來再進修，連語言文字都不起了，可是仍會有妄念出現，那個妄念並沒有語言文字，就這樣一閃而過；可是那個妄念是什麼意思？你心中知道，這是離語言文字的妄念相，但是有這種妄念相的人，還是進不了二禪中，都還在初禪的境界以下；一直再進修，修到你能夠離開外境，離開五塵境，進入二禪的等至位，再轉進到三禪；三禪中享受身心俱樂境界之後，仍然會有妄念，這種妄念一閃而過時，那個妄念是什麼意思？你無法知道、無法了知，你只覺得心動了一下（不是指心臟動了一下，而是覺知心動了一下），一動就馬上會有氣動的現象，影響到禪定的境界；可是那個妄念是什麼意思？到底是什麼妄念？連你自己都不知道；必須連這種念都斷了的時候，再經過很長的一段時間都一直不再現起這種念，才進入第四禪等至位中，這時才叫作捨念清淨定。

這時覺知心不觸五塵境界，連呼吸與心跳都停了，這樣才是第四禪的境界。

能在第四禪等至位的定境安住很久以後，才能再以涅槃想而把覺知心自己滅掉；這是外道誤會了涅槃，所以就生起入涅槃的覺想，而把覺知心自己滅掉，覺知心斷滅不起以後才是進入了無想定，所以無想定是第四禪以後才能進入的定境，哪裡是南懷瑾所講的欲界中的一念不生的覺知心？

外面有一些人在教禪定，號稱能助人證得四禪，但是有哪一個人曾經證得初禪？一個也沒有。以前聽說李○○老師證得第二禪，但是我還沒有機會遇見他；假使遇見了的話，我會問他初禪的過程與內容，會問他：「你的初禪等持與等至的內容如何？」我還要問他：「初禪後的無覺有觀三昧的內容能說說看嗎？無覺無觀的第二禪等持位與等至位的內容又是怎麼回事？」我都要一一詳細的問清楚，等他說的完全正確，確定是眞正證得的人，我才能夠相信他有二禪證量。

我現在不再像以前，聽人家說有證量就相信他們眞的有證量；自從被人欺騙說某老菩薩是八地菩薩，拜作師父而請法三年以後，卻證明根本連明心都沒有，更沒有眼見佛性，所以我現在都要親自檢驗過，不再聽人推薦就相信了。以前人家跟我推薦時，我都抱著敦厚的心態，不懷疑人家，寧可相信人家眞實有證量，但是經過那一次被騙的大教訓，我不再輕易的相信了，我現在都一定要親自去證驗過，才會信受別人所說的言語，不再單憑人家的言說就相信他們。

那些退轉的人說我們正覺同修會沒有禪定，只修慧而不修定；但是，我們以前不是先講禪定的嗎？不是先講《小止觀》的禪定修證的嗎？不是把初禪如何修證、初禪定境的內容、初禪如何善根發、善根發的不同種類都告訴諸位了嗎？不是也把我所體驗到的初禪境界相的變化等內涵都告訴諸位了嗎？所以我們是先教定然後才說到慧學的！我們所擁有的禪定證量，外面不曉得，後來才進同修會的人也不曉得；因爲我們沒有公開的講過，後進的人也不曾聽我詳細的講過禪定的修證，所以就去外面亂講說我們修慧不修定。其實我們是從修禪定開始的，特別是從動中定開始的，套一句俗話說：「**我們是從禪定起家的。**」我們是證得動中功夫的定力而不入定境中，悟後摸索進修之道時才進入定境中嘗試進修；所以是先有了禪定，然後才發覺說那都不是究竟法，都不能增益般若智慧的，所以又重新回到明心見性這條路去走，後來才會通達般若，才會修證一切種智而把佛道次第了然無誤的陳列出來。我們是這樣走過來的，怎麼可以說是沒有禪定？所以他們說要到外面學禪定，說我們沒有禪定證量，那只是一個藉辭，只是自己建立一個下台階罷了！我們也接受他們以這個藉口來離開，總不能要求他們把自己私心不遂的事情公開吧！

至於西藏密宗的禪定，今天我們不提它，因為密宗的禪定是以雙身修法的淫觸作為基本的證量、基本的原理、基本的知見和內容的，是以雙身法中的交媾的淫觸境界作為根本來講禪定的，所以他們的佛教禪定絕對不是真正的禪定，宗喀巴的《密宗道次第廣論》講的禪定，以及大樂光明、無上瑜伽……等所講的雌雄等至，都不是真正的四禪八定的等至，與四禪八定完全無關，都是對於禪定修證的虛妄想。

也有人問我：「老師！你以前常常讚歎一位老菩薩，說他的禪定多麼好！怎麼現在都沒有在讚歎了？」這當然也有很多的原因，簡單的說一、二件事讓大家瞭解。我從來都不願輕易懷疑別人的證量，所以當有人跟我推薦說他真的有八地和四禪八定的證量時，我就請他來領導同修會，他一直推辭不就；但是我後來發覺他的證量根本就不實在，都是想像再加上誇大；所以《禪淨圓融》初版本來印了五千冊，書中加以讚歎！就只好在流通了三千多冊以後，剩下將近二千冊時就把它銷毀掉了。《護法集》中也曾登了他一篇文章，後來也只好把它撕掉；因為後來還有別的證據，證明他的智慧境界都是假的。甚至於後來還發覺他抄襲未悟的人所寫的書中的知見，拿來當作是自己的證量，用來寫在信中開示給我。

我們爲何會發現他當起文抄公了呢？是因爲張老師認爲有一些人悟了以後性障還蠻重的，沒有認眞的在消除性障，悟後起修的事修都沒在作，剛好又看到他那篇文章講得很好，文章裡面是叫大家要修除習氣種子，所以張老師覺得蠻好的，就把它用工筆小楷寫出來，有的人還影印很多份再拿去護貝，公開放在當時舊講堂的入口處，與大眾結緣；可是無巧不成書，有一位師姐拿到的時候，她一面讀、一面走，坐上座位之前就發覺文章的語句很熟悉，好像在哪裡讀過！沒幾分鐘她就想起似乎是她皮包裡的那本書中的文章，就趕快取出來核對，一看，果然沒錯，眞的是抄別人的文章，就是從徐恆志的那本書中第 23 頁抄出來的。

我也覺得有問題，因爲像某老師（編案：已離開了）向我說的那位老「菩薩」以大神通爲人治病的事情，其實後來也都證實是假的，我經過二次的檢驗，確定都不眞實，都是在欺騙我，想要讓我誤以爲他眞的是八地菩薩。但我認爲：騙我能治鬼神所侵的病，這其實無所謂，最大的問題還是出在他對佛法的見地很貧乏；譬如他跟某老師、也跟某位師姊說：「眞如心是在頭腦中。」可是你們明心的人認爲眞如心會在頭部嗎？眞如心不遍十八界嗎？（大眾答：遍十八界）所以眞如心是遍十八界的，怎麼會只有在頭部呢？這很明顯的證明他是還沒有明心的。前年我信受某老師的極力推薦而相信他，拜他爲師，這是因爲我相信某老師的話而作了錯誤的信受，後來知道實情了，所以我就交代把《護法集》裡面的那篇文章和法供養那一頁也撕掉，所以你們現在拿到的《護法集》都被撕掉兩頁，就是這個原因。從此以後，我對某老師的話都很小心求證，不再完全相信他了！我們在弘法的事與業上要對眾生負責任，所以不能不這樣做。

提起徐恆志的法，現在也有人把他印出書來，書名叫作《般若花》，剛剛講的老「菩薩」那篇抄來的文章，在他這本書中也有，但是增加了許多老「菩薩」自己想像而寫的東西。徐恆志這個人現在還在人間，因爲我們印書出來說：離念靈知、一念不生的覺知心是妄心。這正好是他的落處，他認爲那就是心眞如，被我否定了，所以心中不服氣，就寫了兩封信罵我們；本來有人想要把它登在河北省的一個月刊雜誌上面，後來有個上平居士（黃明堯）就憑這兩封信跟一個原因，又寫了兩萬多字亂罵我；大陸有人就趕快傳給我，想要說服他們把它登出來；因爲登出來以後，大陸佛教界會注意到這件攻擊蕭平實的事件，我們這個法就可以經由一場法戰而在大陸傳開來，他問我：「這個構想怎麼樣？」我告訴他：「在我的立場，我不鼓勵人家這樣作的。因爲這就好像一個警察鼓勵某人去犯罪，然後再逮捕他，這種心態是可議的；我們這樣做，將來人家遲早會知道的，除非你不做。一旦做了，遲早會有人知道的。就算是沒有人知道，至少護法神也會知道，就會想：蕭平實心態著實可議，故意誘人入罪。我們如果眞的這樣做，那就不夠光明正大。所以，你不要去鼓勵他們登，但也不可以去阻止他們登。阻止，我們就失掉法戰的機會；但是你鼓勵他們登，我們就變成心態可議，那樣也不好，所以隨緣就好，讓它自然去發展。」

本來我們請張老師準備動筆，即將開始要寫回覆的書了，因爲他們雖然還沒有登出來，我們就已經有資料了，準備在他們登出來以後一個月內出版，結果聽說他們又取消掉了，不敢印出來，所以張老師也就沒有動筆了（編案：後來劉東亮與黃明堯把徐恆志那篇文章改在網站上刊登，張老師因此去函給徐恆志要求改正，但徐居士置之不理，所以就著手回覆而出版了《護法與毀法》一書）。現在徐恆志在大陸已經在罵我們了，我們某親教師（編案：已離開正覺同修會了，現在專門弘揚「唸」佛法門）竟然還想要抄襲他的東西、印出來流通，那不是很荒唐的事情嗎？所以我們無法認同某老師的作爲。還有一個問題是，那位老「菩薩」說：「我們成佛以後，我們的眞如心是要和佛的眞如心合併爲一個的。我們現在的眞如心是頭腦中。」這樣一來，更顯示他不是眞悟的人，我當然就沒有辦法依照某老師的意思繼續捧他了。

我對正覺同修會完全沒有私心，剛開始接受某老師的極力推薦時，我想：「人間如果眞的有八地菩薩住世，那眞是眾生的福報，不該由少數人獨享這種追隨學法的權利。」所以我就當面邀請他來率領同修會，也曾請那位推薦的老師轉達這個請求，我將要退居幕後，不再說法度眾，只是護持他。我也曾當面跟他邀請過，只是他推辭了：「我修行不好，我沒有那個能力啦！還是由你蕭老師來帶領同修會就好了。」我說：「我並沒有意願把同修會一直掌控在手裡，沒有想要永遠的帶領它。」我現在的心態與作法，也是一直在等一位更高層次的大菩薩來帶領大家。當我請他來指導大家時，我也可以在他座下得到法益。大家也會因爲我請他來傳法而得到更大的法益，本來就應該這樣，不應該有點滴的私心啊！所以我一直是沒有私心的，現在某老師與那位老「菩薩」都還在，都還可以對質。但是現在我們已經知道他推辭不就的原因啦！

這就是說，一個沒有明心見地的人，而說是初地、二地乃至十地的菩薩，那都是騙人的，完全是不可能的；佛法的修證上，絕不可能有不明心的七住賢位菩

薩，何況能有不明心的八地聖位菩薩呢？這是絕不可能的。這件事情，因爲有許多人在私下探問，開始有些謠言在會中私下廣爲流傳了，所以就趁著這一段講解止觀的機會，在這裡跟大家做個說明。有很多人私下問來問去，有的人忍不住直接來問我，所以我就藉這個機會把它說明一下。但我還是沒有放棄希望，我還是希望有朝一日，能夠有個更勝妙的法門、證量更高的大菩薩出現在人間，希望能有這麼一位菩薩到我們正覺講堂來，我請他來指導我們，我也跟大家一樣在他座下修行，我仍然沒有放棄這個希望。但是我以後會更小心，決定不會聽人家說了就算，我一定會先親自當面勘驗，去探討他所說的，才作最後的確定。

因爲那位老菩薩，我拜他爲師以後，問過他很多的問題，他都沒有解答。我以前每次跟他通電話請示，都是跪著講的，從來沒有坐著或站著講，都是跪著跟他請法；既然要拜師父，我就要信他，要恭敬他嘛！但是每一次請問任何的法，或者他所證的八地境界，都是無因而有，都沒有任何修行成功的過程，也沒有修行的方法與次第，都是不知怎麼樣就突然而有的；這樣就顯示他不是如實說，就有問題。一切法的修證，一定都會有過程與次第，也一定都會有原因與道理。這就像你們破參明心，你先得要具備正確的知見，然後有一個正確參究的過程；如果你悟了以後沒有什麼功德受用，那你一定是聽來的；聽來以後再編造一個破參的過程來跟我講，不是自己實際上走過來，當然智慧就出不來，所以就沒有功德受用。如果是自己參究過來的，智慧一定會出生；一定要有參究的過程，功德正受就一定會非常強烈。這就是說，一切法的修證，一定會有原因、會有過程，智慧與境界的出現，也一定會有出生過程而能夠爲人說出修證的方法與經歷的次第，絕不可能無中生有，突然間就什麼境界都具足了，而他所說的那些境界是怎麼出現的？過程與次第都不知道，絕對不可能這樣的。後來也證明某老師在初見面時對他的勘驗是錯誤的，後來他也知道自己勘驗錯了，卻仍然繼續隱瞞我，這就顯示他的心態是有問題的，仍然是有私心的，我們就不需要公佈他的私心是什麼了。因爲常常有人在探問，所以今天就順便跟各位說明一下。

至於未來我們所要教授的禪定三三昧，在將來我們的本山道場完成時，會選擇適當的因緣來開始傳授三三昧的修證，如果場地夠大而能容納大眾共修禪定的話。這裡所講的三三昧的修證，並不是在空、無相、無願三三昧，也不在實相三昧上說，而是在通世間法的四禪八定的有覺有觀、無覺有觀、無覺無觀等三三昧上面；那時候我必須要寫的書也寫得差不多了，時間也比較充裕了，我就可以一面教導三三昧的修證，另一面自己也可以在三三昧上繼續前進，讓你們在後面追，希望你們可以追上來。這就是我們曾講過的，在將來也會重講的禪定。所以我們並不是沒有禪定三三昧，只是時間還沒有到，所以現在還不準備重講。以今天我們所證得的三三昧來講，外面的大師們已經無法理解了，他們也說不出來，不管是密宗古時候的祖師或現在的所謂大修行者，也不管是顯宗或密宗，他們都一樣，光是叫他們講初禪怎麼樣發起，初禪定境中有什麼樣的內容與變化，證初禪的條件，他們就講不出來啦！更何況是無覺有觀與二禪的無覺無觀三昧？這就是說，我們並不是沒有禪定，我們有！只是因爲大乘別教佛道的次第，是在你進入第三地時，由於第二地的心淨功德，滿足二地心而進入三地，才是最容易修證四禪八定的時候，可以事半而功倍。

到了三地心時才修學四禪八定的有爲境界，會很容易修證；這時候你來修三三昧，不但容易證得，而且證得以後也不會有慢心；而且這時你的威德很大（因爲你有般若種智智慧，禪定也超過鬼神極多，所以你的威德很大），這時再修得五神通以後，假使有鬼神想要你爲他辦事，你就可以不理他們。如果你現在修得五神通，沒有四禪八定的大威德，沒有無生忍及無生法忍的大威德，那麼鬼神要求你做什麼事，你就不能不做，因爲你抵抗不了他們，你必須要照他們所吩咐的，爲他們做牛做馬；這樣下來，就沒有辦法修習佛道了，也沒時間以佛法來度眾生了，那你就會永遠這樣子跟他們一起輪迴下去，捨報以後就落入阿修羅道去當神、當大力鬼，再也無法眞修菩薩道了，再也不是眞正的菩薩了。這是本會對於三三昧修證的基本立場，這個基本立場也要讓大家先瞭解。言歸正傳，修證三三昧的人，一定要以心眞如做所依，要以般若種智的智慧做所依，這樣去修證三三昧，而把自己的性障給除掉，並且不受鬼神的干擾，這是我們的立場。接下來要進入般若的部分，開始講解第六度般若：

論文：【復次，依此三昧證法界相，知一切如來法身與一切眾生身平等無二，皆是一相，是故說名一相三昧。若修習此三昧，能生無量三昧，以眞如是一切三昧根本處故。】

講解 接下來是說，依眞如三昧來證**法界相**。法界，就看你怎麼樣去詮釋它了；法界有六法界、十法界之說，也有十八法界之說。六法界就是指六道的有情眾生，十法界就是加上四聖的法界，也就是加上聲聞、緣覺、菩薩三個法界，再加上菩薩的究竟地法界，也就是諸佛法界，合此四聖法界，稱爲十法界。這六法界、十法界，都是從心眞如第八識間接而生的。十八法界有六根界、六塵界、六識界，這十八法界能夠輾轉出生許許多多的法。譬如今天我們在這裡說法，我不必大聲嘶喊，你們在那邊遠處也可以清晰的聽到，靠的是擴音機；這擴音機是屬於什麼法界？其實也是屬於十八法界所攝啊！因爲如果離開了十八法界，就不可能有擴音機發明出來，離開了意識法界，又有誰能造出擴音機？所以它一定是依於十八法界而有的。

美國結束第二次世界大戰，是因爲投了兩顆原子彈的關係；第一顆投下去時，日本還在猶豫：「可能美國只有一顆，我們是不是要投降呢？」過了一週左右，再投第二顆下去，這時候日本心裡想：「可能還有第三顆、第四顆，不得了，得要趕快投降。」可是原子彈這個法從哪裡來的？還是要從十八界來啊！如果不是有十八界，原子彈這個法也不會被發明出來啊！可是現在原子彈已經落伍了，現在又發明有氫彈、核子彈、中子彈，以後可能還會有運用核融合技術製造的更厲害的武器出現；百年以後可能開車前只要從水龍頭加水進去就可以開了，因爲水是 H_2O：兩個氫一個氧。把水中的氫氣分析出來以後，藉著微型化的核融合技術製造出來的汽車發動機來產生動力；現在已經可以做到了，只是機器成本很貴，不可能普及。如果那個機器能商業化，價錢壓低到普通引擎一樣的價錢，當你把水加進去以後，一邊釋放出來氧原子，收集起來另作他用；另一邊釋放出來氫原子，就當場用作汽車的燃料；這一來，以後汽車的油門將不叫油門了，得要改叫水門了。也可能將來會先把氫原子液化作為汽車動力的能源，只是目前那種機器太貴了，也太龐大，沒有辦法商業化；如果有一天能夠變得像引擎那麼小，可以商業化，就可以這樣子作。

可是縱使有一天眞的實現了，這個法是從哪裡來的？還是要從十八法界來。離開了十八法界，就沒有一切的法可言了；所以一切法都要根源於十八法界而輾轉出生，可是十八法界還是得要歸結到第八識來，離開了第八識就沒有十八法界，所以說一切法都是從心眞如而生，你依自己親證的心眞如的三昧，來證法界相，就知道一切法界其實都只是一法界，也就是心眞如法界。既然知道一切法的實相就是心眞如，離開了心眞如就沒有一切的法界可說；現觀三界九地所有一切法，四生二十五有的一切法，也都從心眞如法界來，那你就是證得眞如三昧了。有了這個眞如三昧你一步一步去實證種種法界相，也就是根據這個眞如心去領納所有的法界相，那你就會知道：一切如來的法身，與一切的眾生身，其實平等平等，沒有差別，都是同一相，這就是證得一相三昧。

也就是說，當你證得心眞如——破參明心時——你發覺到自己的第八識是如此，諸佛也同樣是這個第八識心體，只是祂們都已經把第八識的二障隨眠全部斷盡而已；而你現在還沒有斷盡，所以叫做因地的心眞如，諸 佛則是果地的心眞如，可是畢竟還是同樣的第八識呀！第八識心體自身都是同一種法相，不會有二種、三種的不同。由此就證實自己的法身是如此，諸 佛的法身也是如此；再來看蟑螂、螞蟻、蚯蚓以及細菌的法身，也都是一樣，所以都是平等無二，同樣的體性，沒有二性。

平等無二的無二兩字，不能把它解釋爲將來會合併爲一個，因爲所有眾生的法身第八識心體，永遠都是各自獨立的，也都不可能合併成功的；心體的體性則是無二的，沒有差別性的，這樣就是證得同一相了，這就叫做一相三昧。所以當你們明心時，就已經證得三三昧了，也同時證得一相三昧了，只是比較粗淺一點。明心時爲什麼有三三昧？因爲實證空、無相、無願的緣故。心眞如空無形色，所以是空，你就得到空三昧了；但這個空不是頑空、虛空，是空性，這就是空三昧；

祂既沒有任何的形色，祂無相，這就是得無相三昧，也是眞正的無相三昧。接著空與無相之後，再觀察祂於世間一切法中根本沒有所得、也沒有所失；我們心裡常常會起個願想要作什麼，但是現觀心眞如的無所得時，心想：「何必呢？眞實的第八識我從來無所得；覺知心雖然有所得，但也是無常，終究會過去的，家財萬貫也帶不走，好名聲也帶不走，終究還是要失去，最後仍然是無所得；既然如此，那就不須要再爲無常的世間法而起念追求了。只要夠我生活，讓我安心來修道，讓我有能力供養三寶，布施種福田，那就夠了。所以我不必像王永慶那麼有錢。」心中不再有種種願、不再有種種追求，這就是無願。這樣就是空、無相、無願三昧。

一相三昧：螞蟻的心眞如跟我一樣，鯨魚的心眞如跟我一樣，餓鬼、地獄、天人的心眞如也都跟我一樣，而我的心眞如也跟 佛一樣，都是同一相，這也叫做一相三昧。眞如三昧是不屬於定學上面的三昧，而是屬於慧學上面的三昧；如果能夠修行這個三昧，你就可以從這個三昧裡出生無量的智慧上的三昧，因爲心眞如是一切三昧根本處的緣故。

有很多人在修四禪八定，先不管他們有沒有成就，且說四禪八定是從哪裡來的？四禪八定是由你的意識心修除妄想、制心一處而不攀緣，所以都是覺知心的相應境界；乃至你修到非想非非想處定時，仍然是覺知心。覺知心能夠修成四禪八定，可是覺知心從哪裡來的？還是得要以意根、法塵為緣，才能從心眞如中出生。定境裡面，也就是定中的定境法塵，仍然是要以意根和五色根為緣，才能從心眞如中出生，覺知心才能在定境法塵相中安住。而覺知心本身也是從心眞如中出生的，所以你的禪定三三昧，歸根究柢，還是從心眞如中出生的，所以心眞如是一切三昧的根本處。

當你證悟以後，從證得四禪八定的境界中，還可以再衍生出許許多多的三昧來，但還是要依意識覺知心去求證；而意識覺知心還是輾轉從阿賴耶識心體中出生的，所以一切的三昧、無量的三昧，都以心眞如做為根本處，所以說「一切法就是眞如，眞如就是一切法」。一切法三字函蓋了所有的三昧，函蓋了所有的世間法、出世間法，但都是從心眞如中出生的，如果你能夠修行這個眞如三昧，就能接著再次第出生無量的三昧；因為無量的三昧都以心眞如作為一切三昧的根本處，所以你只要從根本處下手，從根本處就可以漸漸的引生出許許多多的法界出來。這個就是我們所要走的路，不要學某些人在心眞如之外還想修證種種的三昧，那不是佛教中所應該要修行的三昧。接下來要講到第七個部分「障難」。這是第四分裡面的第七個部分：

論文：【或有眾生善根微少，爲諸魔、外道、鬼神惑亂：或現惡形以怖其心，或示美色以迷其意，或現天形或菩薩形，乃至佛形相好莊嚴，或說總持、或說諸度；或復演說諸解脫門：無怨無親無因無果，一切諸法畢竟空寂本性涅槃；或復令知過去未來及他心事，辯才演說無滯無斷，使其貪著名譽利養。】

講解　障難的第一段中說「或」者，就是說後面還有很多種狀況，這只是其中的一種。「或有眾生善根微、少」：少，並不是沒有善根，只是善根比較少；但是微，那就更小了，所以叫作微。有的人是善根非常的少，有的人是比較少，如果是諸位，應該說是善根很多了！所以才能踏進正覺講堂來！一般初學佛法的人，對我們的書是兩極化反應的；有好些寺院道場收到我們寄的書，打電話來感激得不得了；可是有的寺院道場收到了說：「啊呀！你們那個書那麼深奧，我們又看不懂，還是送還給你們好了！」還有的道場說：「我們接到你們的書，也不曉得要怎麼處理，因爲你們的書會放光啊！可見不是雜七雜八的東西，想要丟掉也不行，想要燒掉也不行，上面又交代不能讀，那我們要怎麼處理？」所以也眞的是爲難啊！眞的是兩極化的反應。有的道場讀過了就說：「欸！你們這書太好了，對大家幫助太大了！你們對每個道場都要寄喔！都要寄喔！」有這樣兩極化的現象。

這就顯示說，有一部分人是沒有善根的，所以他們看了我們的書就起煩惱。有一部分人則是善根微，所以他們努力的讀，感覺書中講的很不錯，可是書中到底是在講什麼呢？卻是讀不懂，完全無法領受。而有的人就稍微可以領受，然後就每天很努力讀，漸漸的從**善根微**而變成了**善根少**；後來又一直努力再讀，讀到後來終於懂得一些了，佛道的義理就漸漸的懂了，就生起信心了，所以善根就變多了，不久以後就來到這裡學法了。所以說有的眾生是善根很微、或者是少，這類人就很容易被諸魔、外道以及鬼神等三類眾生加以惑亂。惑就是把他迷惑，亂就是擾亂他，讓他無法安心順心的修行般若止觀。魔有很多種，有的是上一世就發願要在佛法中出家來破壞正法的，但是這一世他自己已經忘了，只是不自主的會想用自己想的道理來取代一切佛法。

善根微少而會被諸魔擾亂，比如說每次他一上座修定時，魔就化現作佛菩薩形相來跟他說：「你去學什麼蕭平實那個法啊！那是有問題的法，不要去學。」這個就是魔所惑亂。他不管你所說的法與經論上面講的是否一致，只要有人學了這個法而可以獲得解脫，他就勸人不要學，以免超出他所掌控的欲界境界。有的人則會告訴你：「那不過是個居士，不像我出家專修佛法的人，他能懂什麼法？」那有的人一聽，心想：「有道理欸！居士能懂什麼佛法？」可是他這種心態，如果有緣遇到維摩詰居士，可就倒大楣了。上面說的都是魔擾，可是魔並不是只有在你打坐時才會出現，有時是在你入睡時出現，有時魔是示現在人間的人類，他們是故意來受胎當人的。他來的目的就是要以常見、斷見來取代正法，就只有這個目的。所以不要以為魔一定是生得青面獠牙，有時候他們可能化身為一個很和善的長者模樣，從表面上是看不出來的。因為他們奉命來人間受生時，當然一定是跟人類完全一樣的，只是在心態上有問題，這就是魔！

還有外道的破壞障礙。譬如以前有一位比丘尼，她也是福薄。她的根性，我在第一次初見時，就跟我同修講：「唉！這人是個聲聞根性。」可是她在友會學習時，才三、五個月下來，就說又是明心、又是見性了，被那位老師印證了；隨後她又去了喜饒根登那邊，結果就被嚇唬而退轉了。她去那邊的目的，只是為了治療一指小疾，聽說喜饒根登能為人治病（編案：後來證明都是騙人的把戲），結果去到那邊被那個附密宗外道喜饒根登所惑亂，嚇唬她說：「你怎麼敢說你這個叫開悟？你是大妄語！一定會下地獄！」她怕死了！自己根本沒有見地，見地根本沒有生出來，她是因緣還差很多之時，就被人早計成熟而給予太明白的引導，就知道密意了；至於眼見佛性的部分也是解悟，因爲引導的人自己也沒有看到，所以就出問題了！結果被喜饒根登這個外道一惑亂，就跟著退轉了。

可是我們的書一本一本的寫出來，她當然也會去讀，所以後來聽說她也離開了，又回到○○山去了。這就是被外道所惑亂的現成例子。爲什麼會被惑亂？就是因爲善根微、少。如果善根夠，不可能被外道惑亂的。當年出來弘法時，有多少人跟我講：「你這個法不對啊！你這樣會下地獄的。」講這話的人，有法師、也有居士、也有跟我學的人，都有！但是我從來不被他們所惑亂，不但如此，我們今天還是用這個法來破一切外道，來破那一些魔所化現的、身穿僧服的極少數比丘眾，所以我們絕不會被惑亂。

還有鬼神的惑亂：鬼或神，大部分是護持正法的，很少有鬼或神反對正法的，因爲破壞佛教正法的因果，人們可能看不清楚，所以膽大，敢去作，他們卻是很清楚而不敢破壞的，除非是被魔所控制的鬼神。有許多人因爲聽到某些大法師批判說蕭平實是邪魔外道，可是讀了書以後去比對經典，卻又都無錯誤，心中不能確定這個法對不對，當時因爲月溪法師的法也很風行，又覺得說：「月溪法師的法似乎也不錯。可是蕭平實的書中舉證說他的法不對！又都有證據，那到底是誰的法才對？誰的證量比較高？」後來乾脆去問神，擲筊杯，結果連續三個聖筊下來：蕭平實的法才對，蕭平實證量高！所以他們就來正覺學法啦！現在都是學得好歡喜！這就是說，正神都是護持正法的！

也有許多人是去問行天宮請問關聖帝君，結果都說好，不曾向哪一個人說不好，因爲正神都是護持正法的，他們也都知道誰是眞正的正法。你們不要小看關聖帝君只是道教中的正神，他其實也被黃龍慧南禪師度了，也已證悟了，所以他才會成爲佛教的護法神，所以他也是證悟的神啊！只是那邊的信徒多屬於求有、求世間利益者，不適合講這個法，所以他就不說。雖不適合度人類，但他可以在鬼神道裡面度眾生，否則，爲何要到每一個寺院去當伽藍護法呢？這就是說，正神都是護持正法的。但是鬼神中有一小部分就不一樣了，他們因爲過去世的因緣都是跟著天魔走在一起的，像這一類的鬼神，他們就會破壞（多數的鬼神是跟著正神走的，所以破法的鬼神仍然是少數）；有時候，當有的人要來學法時，他就弄出很多奇怪怪的事情來障礙人，讓人無法來學、來修，這就是障難！有時候也可能會有鬼神來托夢，誹謗一場，讓人退失信心。這就是眾生因爲善根微、少，而導致被惑亂的狀況。這不是現代才有，古時就已經這樣了，宗喀巴就是現成的例子。

少數破法鬼神與魔所示現出來的狀況，大約有以下的幾種：一、「或現惡形以怖其心」。只要你想學了義法而離開魔所掌控的境界，當你一開始學，他就每天在夢裡、在你打坐時，示現很多恐怖的樣子來嚇你。你不學了義法，他就不管你，因爲你若不學了義法，就永遠會在他的掌控中嘛！你學了究竟法就可以出三界，他就掌控不了你啊！所以你一學了義法，他們就要障礙你，顯現惡形來恐怖你，讓你害怕而不敢再學正法，就會永遠住在他們所掌控的欲界境界中。

二、「或示美色以迷其意」。有時在打坐中，他們會變現出漂亮的美女來勾引你；可是美色並不是單指變化女人形相，對女眾修行者而言，英俊的男人也叫美色。譬如西密的女行者正在觀想雙身法的境界，或者正在觀想樂空雙運的境界，想要取證自修的樂空雙運境界時，鬼神魔、夜叉、羅刹等鬼神，往往就會變現出漂亮的男人來，在密宗女行者打坐時出現；或者有人正在參禪時，參到外面的境界都忘了的時候，他們就示現出俊美的異性來誘惑修行人，這叫做美色。用美色來迷惑修行人的意志，使修行者被誘惑而淪落犯戒邪淫大罪中；或者誘使修行人老是掛念在那上面：「我曾經看到那個美女好漂亮，什麼時候才能再見到她？」「我曾經看到那個白馬王子，比想像中的白馬王子還要英俊，我何時能再看見他？」每次靜坐修定時、或者每次參禪時，就這樣牽掛著，就會荒廢道業了，就無法在道法上面用功。這就是示現美色來迷惑修行人的意志，這就是西藏密宗上師喇嘛們所說的空行勇士或者佛母、空行母，其實是魔神、鬼神、夜叉、羅剎所變成的。

可是你如果有善根，就不會被他們所迷。就像上回我跟諸位說的，切切要記住：「定中或者夢中所示現的美色，從來沒有人能夠把他請回來當老公、老婆的，從來沒有！都是假的！」要記住這句話！以後你入了定，進入等持位時他們出現了，你就說：「唉！你根本就不可能成爲我的老公嘛！不可能成爲我的老婆嘛！你不要來擾亂了！走吧！走吧！我知道你在幹什麼了！」這麼一講，他們知道已被看破了，作不了手腳了，也就只好消失了！

打坐時，如果是看見動物所變的美人來擾亂，那你們就要掐手指頭了，像算命師那樣算。你們會不會算啊？子丑寅卯會不會算？四根手指的每一節就是一個時辰，子、丑、寅、卯、辰、巳、午、未、申、酉、戌、亥，那你就算它。比如說現在打坐，現在如果是子時半夜十二點，十一點到一點就是子時，子時是第一順位，你再數十二生肖的第一個，所以子時就是老鼠精，子就是老鼠。

如果是丑時，丑就是牛精；寅時，寅就是虎精；卯時，卯就是兔精。如果是在卯時出現的鬼神，你就在心中大聲罵牠：「你這隻兔精！你來找我幹什麼？趕快走掉，我早知道你了，你擾亂不了我。」你這一罵，牠知道誘惑不了你，恐嚇不了你，就只好走掉、消失掉了。像這樣子示現惡形惡狀來嚇唬人，或現美色來誘惑人的，都是鬼神魔或畜生靈。這就是說，牠們雖「現惡形以怖其心、現美色以誘其心」，你仍然不受干擾。如果定中看見了特大號的蛇來，不要怕！那都是假的，雖然牠會衝向你、而且咬了你，其實牠咬不著你，那都只是影像，沒有辦法傷害到你；那都只是一個幻境，只是要擾亂你修定，只是不想讓你離開魔所掌控的境界而已。

最後一種則是最麻煩的狀況：「或現天形或菩薩形，乃至佛形、相好莊嚴，或說總持，或說諸度。」他們看到恐嚇或引誘的方法不能奏效，就改變方法，示現天人、身著華服、胸披瓔珞、頭戴寶冠，那是天人像，來欺騙你；但是也會示現為菩薩的模樣，譬如示現為觀世音菩薩、地藏王菩薩等等模樣，有時候乾脆示現為佛的形像。當他們變出佛菩薩的形像來定中、夢中見你，你別以為眞的是佛、菩薩，其實十之八九都不是。

眞正的菩薩，有時候也會跟你來說法，但是很難得遇見的。大菩薩們個個都是忙死了！哪有時間一天到晚來跟你托夢？諸佛又更忙了，哪有時間讓你想要夢見就給你夢見，沒那回事！如果你每次一上座靜坐想見就見，我告訴你：「你一定是見鬼了！」那不是眞的見到佛菩薩啦！能親見佛菩薩的機會是很少的，一生之中能遇見的機會，通常不過三、五次。我說一個眞的例子給諸位聽，我們台灣本來就沒有佛教，是近代才從大陸傳過來的，所以我小時候，鄉下都是佛道不分的，家中有事情而不能解決時，總會求神問卜。小時候，有一次我們家裡問祖先的事情；人家求神請問，都是一天就解決了；那一次我們家卻求了四天，到第四天才降乩說：「那些有恩怨的祖先們都往生去了！查不到了！」因為神的神通也有一定的侷限，不得已就代我們去求問　觀世音菩薩，可是祂要見　觀世音菩薩時，也不容易見得到，祂幫我們求了四天；我們求祂，祂代我們求　觀世音菩薩，求了四天才見到　觀世音菩薩，才弄清楚已經往生的古人在以前有些什麼恩怨。

想想看！佛菩薩有那麼容易隨隨便便想見就見的？如果有人一天到晚說他想

見　觀世音菩薩就馬上可以見到，那他一定是見鬼了！佛菩薩爲眾生們忙死了，哪能想見就見？這個道理，大家都要了知，都得具備正確的知見！　佛與諸大菩薩們，他們不可能閒著無事說：「你跟我特別有緣，我就一天到晚跟你托夢。」沒這回事！通常都是出現一次，以很短的時間點明了所要表示的意思以後，就很快的離去，以後很難得再見到了！一般的正神，想要見　觀世音菩薩也都不是那麼容易的。別說是求見大菩薩的　觀世音菩薩，現在台灣的修行人想要見蕭平實都很難啊！常常有人要找蕭平實，但總是找不到；打電話到同修會來也找不到，打去正智出版社也找不到，哪裡都找不到；除非有特別的因緣，否則很難找到啊！因爲我也沒有多少時間啊！

如果眞的有心要見我，其實也很容易，你只要在講經時間親自到正覺講堂來，就可遇見了，但是也只限講經的時候！　佛與諸大菩薩們的安住處，卻不是正神們想要到就可以到的，不像人間一樣；正神難見佛、菩薩，鬼神就更難見到佛與諸大菩薩了。所以說如果常常會看見某一尊佛來、某一尊菩薩來，我告訴你：眞的要仔細聽他們所講的話，然後把你的見地拿出來，把經中的法義加以印證、加以檢查；如果有一絲毫的錯誤，馬上就要把它丟掉，你就知道那是假冒的佛菩薩。

眞正的佛、眞正的大菩薩們所說的法，絕對會跟經典完全相符合；假使有一點點的錯誤，那就有問題，要用見地與經中的法義來檢查。但是還沒有證悟的人就無法檢查，最好的辦法就是存疑，先別完全的信受；應該要先去請問已經眞悟的人，求證到底對、還是不對？不能夠照單全收，不然就會變成前面所講的，被諸魔外道鬼神所迷惑擾亂。

鬼神們變現出天人的形相、與佛菩薩的形相，都會很逼眞；乃至所變的佛形像，也模仿三十二相，只是沒辦法變得很殊勝而已，這在西藏密宗所感應的「佛」，也是很常見的現象；但是你沒有見過報身佛，你也不知道三十二相的殊勝到底是怎麼殊勝法；面前的「佛」跟眞實佛的三十二大人相，是否一樣的殊勝？你並不知道，所以很難判斷。這一類鬼神變成佛菩薩的形像來見你時，就會跟你說總持，或者講六度、十度，再以錯誤的知見來解釋佛教的總持……等法，來誤導你走向他們的境界中，這在西密裡面是很常見的（詳見《狂密與眞密》一至四輯的舉證）。

總持就叫作咒，「咒」在佛教最早期的意思就是總持的意思；是把某一些法用名詞貫串起來，成爲四句、六句、八句不等，每句或者五字或者六、七字，這樣貫串起來就叫做咒。就像我們正覺同修會，也有一個總持咒。可是有的人不曉得這個總持咒是要做什麼用的，就以爲正覺總持咒是避邪用的。但是我告訴你，眞的可以用來避邪啊！不信的話，假使遇到鬼神出現的時候，你就把那個咒重複的念誦，還眞的會放光。你重複把它誦念，一定會感應到護法神前來護持，鬼神就不得不走開！但是咒的原本意思是說，把某一些法的主要意思貫串起來，就能夠記得住所要憶持的法，這個貫串的偈子就叫做總持，也就是咒語。

這一類的總持咒，如果是鬼神假冒佛菩薩形像來跟你宣說的，你就要小心了；他給你總持，叫你記住，記住之後他就會對你解釋那個總持的意思；但是你聽完以後，要有能力去加以思惟、判斷，你不能照單全收；萬一那是鬼神、天魔，你照單全收，就一定會走入岔路，你所修的佛道就完了，多年來很不容易才建立起來的正知見，就會被自己給推翻掉，就退回到世間法裡面去了。所以，對於鬼神假冒佛菩薩形像而傳的總持，你們都要很小心的檢查！什麼時候會遇見假冒的佛菩薩，往往你不知道；但是，如果是一天到晚都可以見到的，那一定是鬼神，佛菩薩沒那麼容易見得到的。

在台灣，這種假冒佛菩薩名義的鬼神比較少；但是在以前的西藏是非常多的，到處都有啊！所以西藏人特別容易接收到鬼神的法教與奇奇怪怪的外道法。你們看日本人所編的《大正藏》密教部的經典，大部分是這樣來的，大部分是鬼神冒名講出來的非佛法。他們也常常會宣說菩薩六度、菩薩十度等等，可是他們假冒佛菩薩而解釋出來的六度，講到禪定的部分就偏差了，就以雙身法的樂空雙運說成是佛教禪定；講到般若的部分，那就更是完全顛倒成常見外道的知見了！都是用常見外道的見解來跟你解說般若；若是講到十地的證境，則是用氣功和雙身法的境界來爲你解釋。所以大家都要很小心的面對夢中、定中所見的佛菩薩所開示的法義！一切都必須要以經典作爲最後的依歸！

有時他們會爲你演說各種的解脫門。什麼樣的解脫門呢：「無怨無親、無因無果，一切諸法畢竟空寂、本性涅槃。」他們說：沒有怨可言，也沒有親可言。但是佛法中眞的沒有親疏嗎？其實不然！佛法絕對是有親、有疏的。如何親、如何疏？大家都得要弄清楚。有緣的人親，無緣的人疏；有智慧的人親，無智慧的人疏；佛法中絕對有親、疏。因爲有親疏，所以佛看見了某人，只說一句：「欸！**善來比丘！**」就讓他成爲阿羅漢啦！又譬如善星比丘跟隨 佛好多年以後，還是得要被 佛責罵，並且授記他下地獄，果然是生身下墮地獄。由這裡來看，佛法確實是有親疏的，不能講無怨無親啊！也不能講無因無果啊！

但是諸位返觀印順法師的《妙雲集》中所講的法，跟魔所講的「無怨無親、無因無果、一切諸法畢竟空寂、本性涅槃、無二無別」，竟然完全沒有差別；因爲他所講的般若主旨就是一切法空，就是無因論、虛相法的滅相眞如，就是性空唯名。但是 佛在般若經所講的一切法空，並不是他在書中所講的這個意思；佛在般若諸經所講的一切法空，是依實相心來說五陰、十二處、十八界以及輾轉所生的一切法空，絕不是印順法師承襲自密宗應成派中觀所說的：否定實相心如來藏而說的一切法空。所以般若實義絕對不是講一切法空、無因無果，絕對不是這樣子的。佛所說的是：依如來藏而說如來藏不受因果，但是如來藏不受因果的當下，卻含藏了讓來世再生起五陰十八界再受因果的種子；而來世的五陰十八界再度承受因果報償時，如來藏自身卻又離見聞覺知而不受因果；而來世的五陰所受的因果報償，卻又是無常性的空，卻又不是眞實常住不變易的法，所以也不是眞正有受因果報償；如此實證的人才是親證三輪體空的聖者，並非完全不受因果而沒有因果，所以眞正的佛法是非有因果、非無因果，不是印順法師書中所講的一切法空、完全不受因果。

佛在諸經中說法，都是從如來藏來講無因無果，從蘊處界來講有因有果；又從如來藏來講有因有果，再從蘊處界來講無因無果，一向如是。聽不懂的人就抗議說：「奇怪！你怎麼講話顚顚倒倒的？」其實一點兒都不顚倒。如來藏不受苦樂、沒有生死，祂如何會有因果報償？所以受因果的其實是五陰、十二處、十八界的眾生我、神我、梵我，因爲眾生我、外道神我、梵我，都有覺知心在承受苦樂憂喜捨等五受，所以當然有因果報償。但是如來藏一向離見聞覺知，所以如來藏無因無果、不受苦樂……等報償；所以蘊處界有因有果，要受種種的苦報；如來藏不受因果苦樂報償，卻一定會讓來世的蘊處界承受因果的苦樂報償。諸大菩薩因爲了知這個實相，所以不敢輕易造作任何微小的惡因。所以我寫書時，雖然速度很快，但是遣詞用字都很小心，都是小心翼翼的寫。所以我們講話也一樣，沒有根據的絕對不敢講。

可是蘊處界雖然因爲有六塵中的見聞覺知性，所以正受因果報償，但是蘊處界又哪有因果報償？上一輩子的五蘊幹完了惡事以後，下一輩子又不是由他來受，下一輩子則是另一個全新的五陰來接受因果報償啊！所以說蘊處界沒有因果，他哪有因果？其實由如來藏把因果帶到這輩子來受啊！所以又說如來藏才有因果，蘊處界哪裡有因果？事實上絕對是如此的，悟後都可以這樣子現觀而證實的；所以當你眞正的開悟了，隨你怎麼說都對。這不是圓謊，也不是自圓其說，而是法界中的事實本來就是這樣子；口才再怎麼好，都無法自己發明講法來圓謊而不被眞正開悟者所拆穿的；所以不是你自己去把他圓謊，不是聰明善辯就可以圓滿自己錯誤的說法，而是法界的實相本來就是這個樣子；能夠親證法界的實相，而從現觀境界中直接從自心中說出來的時候，那是沒有人、也沒有 佛菩薩可以加以推翻的，這才是眞正的般若智慧。

從如來藏的立場來說有因有果、無因無果，從蘊處界來說有因有果、無因無果。這樣具足圓滿的說出非有因果亦非無因果，才是眞正的佛法。應該全面的觀見法界實相而說法，不能只落在局部來說法；如果落在局部說法中，就一定會有偏頗，就不是眞正究竟的佛法。印順法師把佛法的根本——如來藏——否定了以後，再來說一切法都空，再來說一切法緣起性空、性空唯名，就一定會變成講因果時其實是無因無果可說的。所以你告訴他們說：「誹謗如來藏勝法的人，捨壽後會下地獄。」他們根本不怕，因爲他們認爲地獄只是聖人施設的名相，實際上沒有地獄存在。又認爲死了以後一切法空，什麼都沒有了；既然什麼都沒有了，還有地獄可下嗎？還有什麼因果可說呢？因此他們心中是不害怕謗法果報的。

但是眞正證得如來藏的菩薩們，很清楚的知道：非有因果、非無因果。也很清楚的知道：佛法絕對不是無怨無親、無因無果，也絕對不是單指蘊處界等一切諸法畢竟空寂本性涅槃。因爲，從如來藏的立場來說，可以講一切諸法畢竟空寂本性涅槃；可是如果單從蘊處界來講而沒有如來藏的話，就不能這麼說。如果沒有如來藏作爲一切法的根源，光是講蘊處界一切諸法畢竟空寂本性涅槃，那就是**無因論**，就是**斷見論**，就是**兔無角論**。諸位都應該瞭解這個道理。因此佛法裡面的正理是：非有因果、非無因果。所以在《優婆塞戒經》中（我們的《三乘唯識》中有排印出來），宣說自作自受、異作異受的道理。

不可以說上一輩子的我所做的惡業，要在這一輩子讓別人去承受；一定是由自己的如來藏所出生的這一輩子的七識心王，配合如來藏延續下來而自己來承受惡業因果。可是戒經中又講「異作異受」，上一輩子的五陰其實並不是這一輩子的五陰啊！所以才會有隔陰之迷的現象嘛！隔陰之迷就是這麼來的啊！上輩子的如來藏與意根就是這一輩子的如來藏與意根，是同一個，所以說是自作自受；但是上輩子的五陰和這輩子的五陰並不是同一個，所以又是異作異受。這樣解說的因果法義才是眞正的佛法！如果說有因就一定有果，造了因就一定受報，造了業就一定受報，那不是眞正的佛法啊！這樣的說法就變成宿命論了。佛法所說的因果，非宿命、非不宿命，因爲造因到受果以前，還會有種種的緣起，都會改變因果的報償。所以，從佛法來講，凡夫眾生都是逃不了宿命的；可是從四種聖人的未來而觀，不一定都是宿命，因爲會有他們後來所造的善淨諸緣，來改變果報；因此，不能像印順法師一樣的單講**無因論**、**兔無角論**的佛法。

依如來藏而說無怨無親、無因無果，依如來藏而說非無怨親、非無因果，依如來藏而說一切諸法畢竟空寂、本性涅槃，也依如來藏而說一切諸法生滅無常、性不寂靜，這才是正確的。像印順法師他們所宗的密宗應成派中觀邪見，而單依蘊處界來講佛法時，就不能講無怨無親無因無果，也不能講非無怨親、非無因果啊！因爲畢竟有蘊處界在受報啊！既然絕對會有蘊處界在受報，就不能夠說是畢竟空寂、本性涅槃。可是他們把涅槃誤會了，認爲一切法都是會滅的。滅掉了以後的滅相不會再滅失了，這個滅相就是涅槃。所以他們認爲：滅相不滅的涅槃，有一個不會再滅掉的滅相存在，所以涅槃不是斷滅。眞不曉得他是什麼樣的邏輯？什麼樣的辯證法？滅掉了以後，就是空無，就是一切法都沒有了嘛！一切法都沒有了就是斷滅空，哪裡還有滅相？而這個滅相，其實還是依滅前的蘊處界有而施設的滅相，還是依附在滅前的**蘊處界有**的概念而存在的，只是一個觀念；這觀念只是緣起無常的覺知心中的我所，當然滅相也必定是虛相法，怎能說是實相法？

假使蘊處界滅失了以後，還會有滅相存在，那就表示還有一個滅的法相存在著；但是滅了蘊處界以後，蘊處界已經不存在了，那個蘊處界滅失後的滅相，要依附在哪裡而繼續存在呢？所以這個滅相只是覺知心中妄想的觀念而已；當生滅性的覺知心滅掉以後，滅相還會存在嗎？所以那都是印順法師自己依覺知心的想像而建立的假佛法、假般若、假智慧。蘊處界諸法滅後就是無，無法的滅相怎可說是實質上存在的實相法？哪裡還會有滅相繼續存在？而可以讓他說是滅相不滅？此外，滅相既是依於蘊處界的三**界有**才會有滅相，那麼滅相顯然是依附於依他起性的蘊處界法，而產生的再度依他起性的無常法；這樣輾轉而生的依他起性的滅相法，怎有可能是實相法？而且滅相是無法，怎可說是如？如是，既非**眞**、又非**如**的依他起性法，怎可施設爲滅相眞如法？這絕對是不**眞**，而且非是**如**的。

從另一方面來看，他所謂的**滅相眞如**，是**本無後有**的法：因爲他建立的滅相眞如，是要到將來斷盡我執而滅掉蘊處界以後，才會有滅相「眞如」的；所以他的滅相「眞如」絕非本來就已經存在的法，而是有生之法；有生之法則將來必定有滅，有生有滅的法怎可說是眞如？所以絕不能說「滅相不滅就是眞如、就是涅槃」。所以印順法師的著作，你們去看他的《學佛三要》以及他所有的書，裡面所講的涅槃、眞如，都是充滿著玄想！都是他以自己的意識心想像出來的涅槃玄想，用來誤導大家對眞如與涅槃的知見，所以都是臆測與猜想所得的玄想，不是義學。

但是諸位！你們來正覺明心了以後，聽我開示十八界滅了之後就是涅槃，你就知道：「**我目前還沒有能力取證無餘涅槃，但是我已經證得無餘涅槃的實際了！**」對不對？（大眾回答：對！）因爲無餘涅槃裡面就是這個第八異熟識嘛！對不對？（大眾回答：對！）對嘛！所以你也是證得涅槃啦！這怎麼不可以叫作親證涅槃？依實相來說，阿羅漢才是不證涅槃的人，他們能夠取證無餘涅槃，但他們都證不了無餘涅槃。因爲，涅槃裡面的境界是什麼？涅槃中的內涵是什麼？他們完全不知道，他們都沒有親證嘛！但是你已經證得心眞如啦！親證第八識心體的所在啦！你知道說：「**我捨報時，如果不發起受生願，如果不再現起『起煩惱』，那我就可以進入無餘涅槃了。**」不管是中般涅槃或是上流處處般涅槃，都是涅槃！但是當你眞的進入無餘涅槃時，其實還是沒有入涅槃：已經實證無餘涅槃了，可是等你入涅槃的時候，你又是不證涅槃的。套一句般若經的公式說：「所謂入涅槃、即非入涅槃，是名入涅槃。」因為當你入了無餘涅槃時，其實就是你把自己消滅了嘛！你自己把自我消滅了，你已經不在了，哪還有你入涅槃？所以證涅槃的人，一定是沒有入涅槃，這才可以說是眞正的親證涅槃。這就是我們說的涅槃法，但是不迴心的大阿羅漢們聽了，對無餘涅槃中的境界相，一定都會茫茫然，一定都是聽不懂的，但是凡夫們往往會自以為眞的懂了。

所以，不管是誰，當他為人宣講一**切諸法本性涅槃**，為人解說諸法空寂時，必定要依如來藏來說；如果外於如來藏而說一切諸法畢竟空寂、本性涅槃，這都難免會變成無因論、斷滅論、兔無角論、涅槃有起論，都不是眞正的佛法。這個前提，諸位一定要很清楚的界定出來；如果沒有清楚的界定出來，當你聽到外面有人這麼講：「一切法空寂，本性涅槃。」你還是會誤信啊！可是問題來了！他這樣講，你也這樣講，講的法一模一樣，可是你已經證悟了，他卻還沒有證悟，為何二人所說的法會完全一樣？應該會有不同才對啊！所以這裡面一定有問題，可得要弄清楚！否則你的開悟與他們的錯悟、未悟的智慧，顯現出來是一樣的，那麼悟與未悟就應該是一樣的內容、一樣的智慧啊！那麼求悟又有什麼用呢？悟後就與悟前的智慧相同了，則開悟證果這件事就將一無是處了！這眞的是大問題啊！所以這裡面的問題，你一定要釐清；釐清了以後，見地才能夠顯發。所以悟後一定要常在別相智上面多作思惟修！這個思惟修絕對不能忽略，忽略了，見地就不會如泉湧現，就不能日進千里，會一直停頓在初悟時的總相上面，永遠只有一個總相智在心中，般若慧就無法越來越深妙，那你就沒有辦法去修證一切種智，就永遠都無法入地成聖，永遠都只是七住菩薩位的賢人，永遠只是初果聖人。

接下來還有一個狀況：「或復令知過去未來及他心事，辯才演說無滯無斷，使其貪著名譽利養。」鬼神最善於用這一招，特別善於用這一招的人就是天魔，但有時候五陰魔也會這樣的。可是五陰魔是你自己身心裡面的，不能怪到別人頭上。有時是五陰魔自己搞鬼，還要怪給天魔，天魔可眞要大呼冤枉了！有時天魔會使你三天、半個月，或者整整一、兩個月，或整整一兩年的時間裡，讓你知道過去曾經有過什麼事情，讓你講出來以後，別人都可以去印證、查證正確；別人所不知道的事情，讓你講出來，別人去查證的結果，將會和你說出來的完全一樣。未來的事情也會讓你知道，有時別人正在想什麼你也會知道；這不是由於世間智慧的推斷而知，而是眞的知道別人正在想什麼；這都是魔所幫助而出現的神通境，他會給你這個功能。

可是他給了你這個功能時，不會讓你知道是他所給的，而是讓你以爲自己有那個能力；此後就開始辯才無礙，能夠爲人家演說種種法，不會停滯、也不會中斷，就能降伏一切人。不知道的人就會說：「這個人一定是證得四無礙辯了！一定是九地菩薩了！」其實都自欺欺人，原來都是天魔所加於他身上的，他自己也不知道是魔所加給的能力，就誤以爲自己眞有那個能力。可是他辯才無礙而說出來的法，是眞正的佛法嗎？其實都無法透過經教來檢驗的，是無法被證悟的人所承認的。他所說法都屬於似是而非的相似佛法，表面上聽起來好像對，實際上則是不對的。

天魔作這樣作的目的，就是想要讓這位被施加魔力的人開始貪著名譽、貪著利養。因爲貪財利，或者貪名；錢財來了，左手來就右手出，右手來就左手出，他就這樣不斷的把錢財用出去，不看重錢財，目的就是在求善名。人家說買田產容易，買名比較難。因爲買名要過得很清苦，很清苦就是物質生活過得比較難過；而且貪名的人，一定得要長時間辛苦經營，才能夠得到善名。光做短短的一、二年善事，人家還是不太相信的，所以貪名是最不容易的。就好像古時候有人說：「百金買屋，千金買鄰。」人家說：「你眞的好奇怪！買這個大園林也不過花了一百兩的黃金，爲什麼要花掉一千兩黃金去巴結鄰居？」他說：「你不知道的，我這叫作百金買屋、千金買鄰。我用這一千兩黃金來收買鄰居的心啊！」同樣的，求名也是一樣，求名比千金買鄰還要困難，要花更長的時間。而且千金買鄰，無妨有錢照樣享受，但是如果要求大善名，生活上的享受還得要降到最低，所以買名還眞的是難啊！

不過大菩薩們可不管這些表相，你們看 維摩詰大士；不曉得他有沒有小老婆？經上沒有說，但是古印度討小老婆是合於世間法的，那些小老婆都算是明媒正娶的，所以說是小老婆，也不很正確。不過大菩薩的示現，都是眷屬很多的，示現眷屬圓滿的世間相；所以如果他示現有二、三十個孩子，那鐵定是有不少小老婆的。這是大菩薩的示現眷屬圓滿。他們爲什麼要這樣示現？因爲要示現大菩薩的福德很大，能娶許多太太，能供得起很多僕人來養許多孩子。如果一個修行很好的在家菩薩，只能夠住草房破屋；或者連個普通住屋都買不起，我告訴你：這絕對不是大菩薩。大菩薩不但是法上自在、富有種種法，他們在世間法上也是很自在的啊！根本不必受別人供養啊！這樣才是具足了大菩薩的福德嘛！如果說有個大菩薩還要跟人家租房子住，自己買不起房子，而且房租還得要靠別人供養，你從這一點就可以判斷這絕對不是大菩薩。

如果這個大菩薩，現在大概只有二十來歲，剛才踏入社會，這是有可能的！因爲他才剛進入社會作事，還沒有開始人生的歷程，又沒有繼承先人財產，所以這是有可能的！如果說已經幹到五、六十歲了，還要跟人家租房子住，自己還買不起，我告訴你，這一定不是大菩薩！因爲他的福德顯然不夠嘛！是不是眞正的大菩薩，有很多的方法可以去衡量的，大菩薩的神力與智慧力，都是自己的，絕不是由別人加諸於他身上的。

天魔讓修行人有這些魔力、特異功能（其實所謂的特異功能，後來證明都是假的，都是魔術手法騙人的。最近大陸來的張穎女士隔空抓藥弄假，又被人家錄影抓到了，證明也是魔術手法的作假。大陸那個很有名氣的張寶成，據說他可以從密封的玻璃罐中，直接把藥從玻璃罐中穿過玻璃抖出來；可是被日本人暗中從很多個角度的隱藏式攝影機，把他的魔術手法拍錄出來了；現在日本的錄影帶租售店都有他被人暗中拍錄出來的變魔術手法的錄影帶，歸類在魔術娛樂那一類裡面，所以也不是眞的有特異功能；所以張寶成的手在那邊抖，把藥直接從瓶子裡抖出來的，並不是特異功能，而是魔術騙人的手法。你們如果去日本的話，可以祖一片在旅館裡看看消遣，當作娛樂。什麼特異功能？絕大多數都是騙人的。又譬如泰國用蛋爲人治病，也一樣是騙人的；因爲絕對不符合物理的定律，也不符合法界中色法的定律嘛！所以我們要有智慧，不要輕易的受騙），不管他們是眞的特異功能，或是天魔所加的神力，目的都是想要使人貪著於名譽、貪著於利養。

名聲所在，利養隨之；只要名聲起來的時候，就一定會有人願意花大錢供養你。至於供養的名目，那就千百種、數之不盡了！這就是說，當眾生的善根微、少的時候，就會被諸魔惑亂、被外道惑亂、被鬼神惑亂。所以大家千萬要小心，別急功近利。特別是將來十年、二十年後，你們如果出來度人很有成績，後面的利養就會跟著來；只要心裡面稍微有一點兒把持不住，天魔就會趁虛而入。可別太有自信的說：「**我修證這麼好！天魔哪裡有辦法？**」那可不一定。只要有一點點空隙，他就會以種種方式，以起貪、貪名的形式闖進你心中來的。

舍利弗、目犍連尊者，不都是已經成爲俱解脫的大阿羅漢了嗎？天魔還跑進他們身體裡面，想要搗蛋！所以闖進你身心中的機會是很多的！人家是四禪八定、滅盡定具足的俱解脫聖者，特別是目犍連尊者，他還有很厲害的五神通，不是鬼神的小五通，他可是六通具足的，照樣會被天魔波旬搗蛋，所以還是得處處小心提防。但是你如果有眞實的見地，去把貪財、貪利、貪名的性障修除掉，他就沒辦法啦！阿羅漢爲什麼還給人家有機可乘呢？因爲阿羅漢只斷「起煩惱」的現行，他的煩惱障的習氣種子隨眠還沒有斷除，所以有機可乘。但是魔、鬼等，想要影響地上菩薩等人，那就很困難了；別說是八地、十地的菩薩們，單是初地菩薩，他們就沒辦法啦！因爲地上菩薩們都有注意在斷習氣種子，所以天魔想要擾亂他們，眞的很困難。

禪宗公案裡面不是有一個典故嗎？說天魔波旬一天到晚跟在天齊菩薩後面，想要找機會把他撲倒：當他打妄想的時候，他就有機會可以把他撲倒了！可是天魔波旬跟了他一千年，他都不起妄想，所以沒有辦法撲倒他。可是這位菩薩如此難得的證量，卻被南泉普願禪師說得一文不值，這是因爲他只是光有定力，能住在離念靈知境界一千年而不起語言文字妄想，沒有明心、般若智慧的見地。

經裡面也有一個罔明菩薩的公案，是講一個女人在佛座旁邊聽法時打坐入定，不在法義用心熏學，佛就藉此女人弄出一個公案來教導大家，佛說：「文殊師利啊！你叫她出定吧！」文殊師利使盡了辦法，仍然沒辦法叫她出定，因爲她住在定中一念不生，什麼妄念都不生起，文殊師利拿她沒辦法，就說：「奇怪了！

我的智慧這麼好，竟然沒辦法讓她出定。」佛說：「你以智慧是無法讓她出定的。罔明菩薩！你來請她出定。」罔明是什麼意思？罔明也就是無明。這位無明菩薩一來，在她耳邊一彈指，她就出定了！爲什麼呢？因爲一念不生只是定境，並沒有斷除煩惱，誤以爲定境就是無餘涅槃，滅不了覺知心，所以罔明菩薩只須使她心生煩惱，無明一起，她就出定了，這個最容易了。

換句話說，想要預防這一些干擾，最重要的還是去除無明。無明不是有一念無明跟無始無明兩種嗎？一般人最容易被趁虛而入的就是一念無明，一念無明就是見惑與思惑，總是無法除掉。一念無明不除掉時，「**我所**」執著的緣故，就會使眾生產生了貪名、貪利、貪眷屬、貪錢財、貪境界，種種的貪都會出現，只要有一絲一毫不斷，魔就有機可乘；我見與我執不斷，就會執著覺知心與作主的心，就會被一念無明所遮障，不肯讓自己滅失而出三界；這個女人定境深厚，但就是被罔明菩薩簡單的一彈指，只這麼一點點聲音，就使她的一念無明現起，她就出定了。解脫智慧只能使人深入涅槃中，般若智慧則不會使人貪著五塵境界，不會使人對五塵境界產生好奇心而出定的，所以 文殊師利菩薩以智慧卻不能使那女人出定。罔明菩薩深知一念無明的道理，所以很簡單的就把她喚出定外了！文殊菩薩難道不知這個道理嗎？其實早就知道了，也知道 佛是想要使罔明菩薩示現這個道理，所以就裝迷糊的配合演出這齣戲碼來教化眾生。

所以在智慧上面修行，特別是想要在大乘通教的慧解脫道上用功的人，藉別教法門而悟得如來藏以後，憑著明心的見地，要懂得轉依，轉依心眞如——如來藏——的本來清淨體性。轉依了心眞如的體性以後，用心眞如的清淨體性作最究竟的皈依，依祂的本來清淨體性而住，就可以把「起煩惱」斷除掉。一念無明的起煩惱斷了，天魔親自來了也拿你沒辦法了！假使斷不了的話，將來可得小心囉！以後我們如果開了修習禪定的課程，等你修得初禪時就會知道了；那時你們在定中會遇到白馬王子出現，會遇到很漂亮的天女出現，那你要怎麼辦？往往就會跟著魔走了，往往因此而起貪、破戒，那可就非常嚴重了！

這就是說，只要有一絲一毫**起煩惱**的現行不斷，魔就有機可乘。然而天魔、鬼神魔能單獨破壞你的道業嗎？不行！都是內神通外鬼的。都因爲自己對五欲有一絲喜樂，魔就有機可乘，就鉤住修行者了，所以光靠魔自己，其實沒辦法破壞修行者；所以自己斷了貪著，魔就無可奈何了！只要自己有一絲一毫的貪著不斷，魔就有機會引誘破壞了！這個知見必須建立起來。可是這些魔擾都是因爲什麼而有的呢？其實都是由善根微、少而來。善根微、少就會導致這個結果，所以應該探究爲什麼自己會善根微、少？是因爲沒有努力護持正法，又喜歡表現自己修得很好的樣子，常常對正法不如理的說東道西，就使得自己善根微、少。這類人不但沒有虔誠的讚歎諸佛，心裡面還打懷疑說：「我看佛在人間大概也是像我一樣，因爲祂跟我一樣得要吃喝拉撒。」這就是信發心的階段還沒有完成，正是善根微、少的具體表現。

也因爲對於正法的修證，沒有眞正的、如實了知佛法修道的次第，就隨意的妄加評論說：「佛法也不過就是明心與見性罷了！明心又見性了以後，佛道就完成了！就是成佛了！」有時又嫌謗深妙的一切種智勝法，使得悟後應有的功德受用發不起來。最糟糕的是，在根本上師處得了法，卻又因爲想當老大而無根誹謗根本上師；如果這個根本上師不只是證悟的人，碰巧又是具有種智的人，那他可就倒楣大了！這些事情都會使學人的善根從證悟之後開始轉少、乃至轉微。這些事相，大家都應該要注意！接下來還會有什麼樣的障礙道業的狀況呢：

論文：【或數瞋數喜，或多悲多愛，或恆樂昏寐，或久不睡眠，或身嬰疹疾，

或性不勤策，或卒起精進即便休廢，或情多疑惑不生信受，或捨本勝行更修雜業、愛著世事溺情從好，或令證得外道諸定一日、二日乃至七日，住於定中得好飲食，身心適悅不饑不渴；或復勸令受女等色，或令其飲食乍少乍多，或使其形容或好或醜；若爲諸見煩惱所亂，即便退失往昔善根，是故宜應審諦觀察，當作是念：「此皆以我善根微薄業障厚重，爲魔、鬼等之所迷惑。」】

講解　接下來說，有時魔會使人不斷的發怒、不斷的起瞋心，只要有一點點小事就會起瞋。如此不斷的延續下去，就應該知道：「我可能著了瞋魔。」那時就得想辦法把自己的瞋魔殺掉。瞋魔是五陰魔，是從自己的五陰變起的，不可怪罪於天魔、鬼神魔。

數瞋以後或者產生數喜的現象，數喜就是讓你一次又一次不停的歡喜，以喜心來障礙行者的道業。譬如禪三共修證悟了，本來就應該歡喜；可是歡喜個三五天、一二個月也就夠了。如果悟後好幾年了還在大歡喜中，別人問你究竟在歡喜什麼？自己也不知道。又不是證得極喜地的境界而生起很深沈的大歡喜，那麼究竟是在歡喜什麼？極喜地的大歡喜，其實並不是像你們禪三時破參那麼的歡喜，破參時的歡喜是意識心表面上的大歡喜，但極喜地的極喜是心中很深沈的歡喜，不形諸於外而永不斷絕的智慧上的自受樂，那才是眞正的極喜啊！眞正的喜和眞正的瞋，都是很堅固而不露痕跡的。大瞋與大喜都是不形於色的，極喜地的喜是非常深沈的；可是這種喜是很久遠的，累積幾生幾劫都一直延續著而不會斷絕的，一直到十地、佛地，也都還是極喜的；可是那種喜，在外表看不出來，瞧不見的。可是破參見道的證悟歡喜，是表現在外的；如果悟後幾年了都還在一次又一次的不斷歡喜，就叫作數喜。數喜的情況繼續不斷，就會滿足於現狀的證境，就會障礙悟後進修的道業。

「或多悲多愛」，不管看見哪個眾生輪迴生死，就爲他掉眼淚，這是有問題的。如果剛見道而看見眾生不知出離生死，看見學佛人不知出離的法要，所以心生大悲心而多悲，那是情有可原的！因爲剛見道以後，看到俗人成天吃眾生的屍體，心想：「這些人好可憐喔！」看見學佛人被大師們誤導，還把眞正究竟了義的正法謗爲邪法，還跟著別有用心的大師們把眞正的大菩薩謗爲大外道；有時候想起這些愚痴的造業眾生來，不禁會掉下眼淚！有時候又看見學佛人走錯了路，一天到晚還在弘傳印順「導」師的破法知見，還跟著印順的邪見在誹謗如來藏妙法，你心裡想：「這些人眞的好可憐！」爲他們而悲，這都是正常的悲心。但是時間慢慢的過去，一、二個月，一、二年過去，你應該已經漸能習慣於眾生的貪著，習慣於學佛人的愚痴而被誤導了，因爲已經了知到眾生本來如是，所以才會被稱爲眾生，否則就應該稱爲菩薩了！可是你如果一直都沒有習慣下來，悟後好幾年了還在爲他們掉眼淚，那你可能就有問題了！這就是 馬鳴菩薩所講的「或多悲」：著了悲魔而障礙自己的道業了！這個悲魔也是五陰魔中的一種，與別人無關。

還有「多愛」：愛子女、愛父母，這本是天經地義的事！愛你的先生、愛你的太太，都是天經地義。但也應該適可而止啊！不要愛得太過火了！愛得太過火，就把子女保護成溫室裡的花朵；你一旦不在了，颳風下雨就把他們颳死、淋死了。對父母的愛護也是一樣的，都應該給他們一些適度的空間，不要以聖人的境界來要求他們，不要過度保護而讓他們成爲溫室的花朵。如果太過於多愛，已經是超過關懷備至的程度了，那反而是害他們。菩薩剛悟道而出來度人時，大多是多悲多愛的。但是後來認清楚眾生的因緣果報道理了，就乾脆當作與自己無關：你來學法，一直悟不了，那也是你的事；你能悟入了，那是你有本事、有因緣。菩薩心裡面想：「我不應該揠苗助長，否則一定會害了你。可是我一定會給你正確的，以及應該有的參禪知見。」心態就變成這樣子。這樣的心態，結果反而讓隨學者有更好的收穫。太過於愛護，在因緣尚未成熟時，就硬要幫他們悟到如來藏，就變成是揠苗助長啊！結果那些菩薩苗最後反而會死掉！所以悟後對眾生太過於多悲多愛，對於眷屬愛護得太過份，都不是好事。

「或恆樂昏寐」。恆樂昏寐就是一天到晚喜歡打瞌睡，不想動腦筋來修學智慧，這就是魔來加於你身上的擾亂。有時候，你眞的很想把蕭平實的書讀清楚，把正知正見建立起來，可是一拿起書來讀，魔就讓你打瞌睡，心神昏亂沒辦法讀。這表示說你有魔擾的問題，這一類人大多數是因為怨家債主來障礙。你在平常並不會這樣，讀其他人的著作時，就不會打瞌睡；可是你讀我的書時，因為可能因此而在未來幾年中證悟，他們就會暗中使你打瞌睡，吸收不了書中的正知見；這就表示你的善根微、少，容易被睡魔和怨家債主所障，那就一定要多做一些護生利生、護持正法的功德，迴向給怨家債主；而且要每天迴向，不管所作的功德大小，每天晚上都要迴向。他們每天接受你的迴向，漸漸的相信你這個人眞的有誠意要改善關係、還清債務，覺得你有誠意，漸漸的就不會再來障礙你。最後當你拿起蕭平實的著作來讀，就可以心神清爽的讀，漸漸具足了證悟所須的正知見。

「或久不睡眠」，這個「久不睡眠」，有兩個狀況你們要分清楚，如果不是因爲定力很好、使得心地清明而久不睡眠，那就有問題了！定力很好的人（發起初禪或二禪），他只要正念在，就一定睡不著，不管身體有多累，躺下來還是睡不著；一定要設法把定境丟掉，放下定力，設法把意識覺知心的自己滅了，才有辦法睡。對我來講，每天晚上睡覺都是一次奮戰，我都要想辦法把覺知心的自己丟了；不是心裡想要睡覺，而是要把覺知心的自己丟了；如果不捨棄定心、丟棄自己，就沒辦法睡著。有時候躺到天亮還在躺！最快也得要二十五分鐘以上都不受打擾，才有辦法睡著，所以每天晚上都是一個奮戰！這是因爲定力太強了，心很清明而無法入眠。

假使是沒有定力而又睡不著，那就有問題了！將來你們如果修得禪定功夫時，常常會睡不著，那時可不要來怪我：「老師！我怎麼老是睡不著？」那你就得要理解睡眠的內容，要離開定境，才能睡得著。人體是不能永遠不睡覺的，因爲你長期不睡的話，色身一定支撐不了。我剛見性後那二年都是似睡非睡，後來則是熬夜寫書，沒多少時間用在睡眠上面，這樣七、八年的長時間作下來，身體就開始虛了。所以這一年來，我一直很努力睡覺；因爲這個身體還要用來作很多事，佛法總整理的大業還沒完成，所以還得要照顧它。長期不睡，很多年下來就一定受不了，短短的兩、三年時間還可以支撐，長期就沒辦法了，所以還得要睡覺；好在我們有智慧，懂得對治。但是你以後如果有了禪定的功夫而使得心很清明，所以就睡不著，你可得要來問我：「怎麼樣才能睡著？」我就教你怎麼睡。

如果不是有禪定的功夫而始終睡不著，而且本來是很好睡的人，每天八個鐘頭睡得很酣暢的人，突然間開始睡不著了，那就有問題了，通常是被魔所干擾了。那你就要多修集福德、多修集功德，每天晚上迴向給魔：單獨迴向給他。如果確定是怨家債主，那就單獨迴向給怨家或債主，不要像一般人那樣含糊的「迴向法界有情」。法界有情那麼多，他們覺得你不夠誠意，往往要你單獨迴向給他；他領受你的善意與功德之後，漸漸的就會離開了。

「或身嬰疹疾」。嬰字古時通膺字。有極少數人，在以前學習一些粗淺的、表相的佛法時，一直都沒有問題；可是一旦修學究竟了義的微妙正法時，開始在身體上出現了某些奇怪的毛病。疹，不管是痲疹、濕疹、……疹，就是讓你一直醫不好；或者出生其他的奇怪疾病，不斷的被這些疾病所干擾。被干擾時，所能做的就只有多跟他們迴向、和解，千萬不要在心裡面臭罵一場。有人誤以為在心裡面罵，沒講出口就沒事；其實鬼神與怨家債主都聽見了。當人們在心裡面以語言文字在動轉的時候，鬼神們聽起來都好像是雷聲在響一樣，都很清楚的。有人心裡面在說好話，或在心裡面罵人，護法神們都聽得很清楚；即是在幾十公里外，都一樣聽得清清楚楚，很大聲。心聲可以傳達到很遠的地方，所以不能亂動妄念！

假使修學正法就生病，停止了就沒病；這些少數特例的人，一定要多修集福德與功德來作迴向，沒有別的方法可以做。另一方面則是祈求　觀世音菩薩幫忙，幫你化解。求　觀世音菩薩幫你化解時，可不能全部賴給　觀世音菩薩，自己卻是惡業照做；一定要轉變自己的心行，確實有誠意要還往世的欠債。因爲現在沒有能力，所以請　觀世音菩薩幫你保證，但是自己一定要努力修集福德與修道的功德，用來還債；在這個時間裡，要努力去做、去迴向，一直到未來世緣熟時，才有能力全部還清往世的欠債。應該發願與請求：「怨家債主們！請讓我好好的修行，我請　觀世音菩薩爲我保證，我一定會努力修行，未來世一定要度你們開悟，讓你們永離三惡道，我用這麼大的功德來回報你們。」即使是天魔來擾亂，他聽了也會歡喜啊！可是你自己講的他們不信，現在請求　觀世音菩薩爲你作保證，他們就可以相信你！這一世就不跟你要債了，等你後世有能力再還債，就可以好好去修行。

「或性不勤策」，就是每天懶懶散散、心不在焉，禮佛做功夫的事也不想做，蕭平實的書也不想讀，每天就這樣渾渾噩噩的過日子，這就是「性不勤策」；也就是不殷勤用功，不肯策勵自己。如果本來都是很精進的人，突然就這樣，這就有問題啦！如果是本性就懶散，本來就沒什麼企圖心想求開悟，是本來就懶散的人，學了正覺的妙法以後還是照樣性不勤策，這倒是正常的；但如果是本來很精進的人，學了究竟了義的正法後卻突然變得**性不勤策**了，這就有問題。所以自己就要警覺：是有天魔來干擾？或是有鬼神來干擾？自己要有所警覺。

「或卒起精進即便休廢」，每一次才剛下定決心：「**我今天一定要很努力，我明天也要努力，我要整整拼上半年的功夫，因爲禪三快到了，我要求見性啊！**」可是才剛剛努力了一天、二天，又懈怠了：「**算了！我大概沒希望了！**」就懈怠了，這往往是被外力所干擾；通常是因爲心性懈怠的緣故，所以就不精進了；有的人則是對自己完全沒有信心，所以就懈怠了。

「或情多疑惑、不生信受」，或者在情解上面產生了很多的疑惑，每天出現許多的問題，老是問不完，老是生疑。因爲一直都有問題存在，然後就懷疑：「**這個法可能有問題！**」其實根本就不是法有問題，而是因爲他還沒有證，所以不懂，就覺得有問題。外面常常有些初機學人被大法師們誤導了，就跟著批評蕭平實的法有問題，其實他們對我書中的妙理都是一知半解。他們所提出的問題，可能在下一段就寫明了，也可能在前一頁就已經解說過了，可是他們讀不懂或完全沒有讀過，還是提出來質疑，大多是這種情況，這就是「情多疑惑」，所以心裡面就不可能信受。不信受時就會「捨本勝行更修雜業」，捨離了本來的殊勝修行法門，另外再去加修雜業，而自以為是更增上的妙法。

譬如以前有位師兄明心了以後，他自以為明心時一定就是見性了，認為明心與見性是相同的，又自認為自己已經過牢關了，然後就去跟淨○法師學天台判教。真正明心的人怎麼可能聽得進天台宗錯誤的判教？而且是去跟一個還沒有明心的人學天台判教。已明心的人去跟沒有悟的凡夫學古人錯誤的東西，他怎麼可能聽得下去呢？不久以後一定會離開的。這其實都是被不正確的心態影響，而捨棄了本來的勝妙修行，反而去「更修雜業」，但是他們往往會自以為更增上、更精進的修行。又譬如有人明心以後竟然把唯識種智的勝行丟棄，認為唯識是不了義法，認為藏密黃教的應成派中觀是正確的，所以後來改信應成派中觀；所以每一次上《成唯識論》詳解的課程時，他都在打瞌睡；而且那時候舊講堂中間位置有一根杜子啊！他就躲在杜子後面打瞌睡，因爲他先入爲主的觀念不曾改變，被印順法師所援引的宗喀巴應成派中觀邪見誤導了，就跟著宗喀巴認爲唯識是不了義法。

這都是因爲月稱、宗喀巴這麼說，達賴喇嘛這麼說，印順法師也這麼說，而我當時沒什麼名聲，他又相信未悟的古人，信當代大名聲的凡夫，所以就說：「唯識只是名相的討論，唯識學沒什麼！」然而，唯識絕不是落在意識境界中的宗喀巴所判定的不了義法，唯識種智也絕不是只有名相的討論，**唯識學其實就是成佛所憑藉的一切種智**；諸佛之所以能成佛道，其成佛的智慧就是唯識學一**切種智**。還沒有獲得明心功德的人絕對沒有辦法受學**種智**，一定聽不懂，只能在表面熏習一些皮毛而已，如果跟隨應成派中觀師熏習唯識學，他們的學佛之路就一定會走歪了。所以他們離開正覺同修會以後，就去學密，還對某些同修們說：「密宗裡面已經出生很多的佛了！不是你蕭平實講的『沒有人在彌勒之前成佛』。」事實上密宗曾經出生了哪一尊佛？其實是指阿達魯瑪佛！但是那個阿達魯瑪「佛」的腦筋已經短路了！那個阿達魯瑪佛所傳的、所證得的眞如心是什麼呢？就是一念不生的離念靈知意識境界嘛！認爲一念不生的覺知心就是佛地的眞如心。所以這個**阿達魯瑪**佛眞的是腦筋「阿達」（台語：腦筋不清楚之意）了。像這種密宗的凡夫「佛」

有什麼用？連根本無分別智都沒有！只是個凡夫俗人罷了！人家是弄清楚密宗的假象，知道大錯特錯而想要離開了，他們卻反而捨掉本來的勝行，反而再投身於錯誤的密宗邪法裡面，這就是「捨本勝行、更修雜業」，所以才會捏造事實，去向陳履安先告狀，說我準備寫專書來評論達賴喇嘛；那時陳履安正好剛開始迷戀密宗，所以才會打電話來制止我。但我並沒有這個計劃，因爲達賴喇嘛不值得我爲他出專書。所以他們的問題就是：不肯自己眞參實修，互相約定「誰先參出來了，就得告訴其餘的人」，就是這樣聽人明講眞如心的密意，沒有經過參究體驗的過程，所以見地發不起來，才會「悟後」又被印順的應成派中觀及密宗的邪見所轉易而退轉了。

這是題外話，言歸正傳。「捨本勝行、更修雜業」以後，接下來就會「愛著世事、溺情從好」，愛著於世間的五欲境界事相。世間的事情很多，我們就不必一一去解釋。接著就是溺情於所好樂的事物上，對世間有爲法就產生了陷溺之情，陷進去而被它所溺，也就是讓他沈溺在世間事相裡面，永遠爬不出來，這一世的法身慧命就被溺死了。

「或令證得外道諸定」，外道除了四禪八定的修證與佛法共通以外，另外還有一些奇怪怪的定，都是與佛法般若智慧無關的，也都是與解脫無關的；鬼神或天魔往往會使某些外道證得奇奇怪怪的定境，讓他們可以入定一天、二天乃至七天，讓他們可以炫異惑眾。又在定中獲得特別的飲食，譬如得到欲界天的甘露服用以後覺得身體抖擻、都不疲累。因為不飢不渴也不疲累，所以一坐就是七天；也就是說，在那位外道轉入等持位時，就弄東西來使他食用，再進入等至位中，一住就是七天。眾生不知那外道被魔所攝受，就讚歎說：「不得了！這一定是大師，所以一入定就是三天、七天！」大家好崇拜他。這就是要讓他獲取名聞利養。後來他出定了也會覺得：「我眞的是厲害，入定以後天人還得來供養我呢！這表示我比天人的證量高！」卻不曉得是被天魔或鬼神所陷溺。

「或復勸令受女等色」，「女等」就表示包括男色與畜生色在內。也就是說，連畜生男、畜生女都包括在這裡面。請問大家：「勸令眾生接受女色、男色……等，佛教中有沒有這個法？有沒有？」（大眾回答不一）有人說有，有人說沒有，也有人不敢大聲講，但我告訴諸位：「佛教」中確實有這種法！西藏密宗裡面不是有無上瑜伽、大樂光明、嘛魯噶、時輪金剛……等「佛教禪定」嗎？那就是雙身修法啊！所以說有也對！說無也對！因為佛教中確實有西藏密宗的上師與喇嘛，不斷勸人接受男色與女色，甚至是畜生色，這就是勸令行者接受「女等色」；這是有現成事實作根據的，他們的密續中也是這樣教導的，連號稱最清淨的宗喀巴也是在《密宗道次第廣論》這樣勸導徒眾的。對於男眾學密者，他們就勸令接受女色，對於女眾就勸令接受男色；這樣的事情，在西藏密宗裡面太多了！凡是久學西密的人都是常常遇見的。有人說「佛教中沒有這種事情」，這說法也對！因爲西藏密宗的教義，從頭到尾都不是佛教的正法，都是以外道邪淫法冠上佛教的法義名相，再由喇嘛們假冒是佛教的正法；他們其實是喇嘛教，不是佛教。所以從佛法的眞實義上面來說，佛教根本就沒有勸令行者接受男色、女色等事情。

密宗喇嘛常常說他們的祖師是在定中由 文殊師利傳授無上瑜伽，那都是騙人的！文殊師利還會傳給他們外道邪淫的欲界貪愛法嗎？還會傳給他們常見外道法嗎？譬如宗喀巴說他自己常常感召到黑色的文殊師利菩薩。但我跟你們講：那個「黑文殊」絕對不可能是眞的 文殊師利，都是魔所化現的。眞正的 文殊師利菩薩來示現時，怎麼可能傳給他們常見外道法呢？更不可能示現爲黑色的身相。又譬如蓮花生那個人，他們說他是「阿彌陀佛」化生。但如果是眞正的 阿彌陀佛化生來人間時，還會常常搞女人嗎？「佛」化生的蓮花生上師卻還是把人家婦女的肚子搞大了！你想眞的佛會有這種可能嗎？一定不可能嘛！這是很粗淺的道理啊！用膝蓋想就知道了啊！根本就不必用腦筋想！可是西藏密宗行者卻有很多人相信。他們那些人都是著了天魔的道兒啦！所以也跟著勸他人接受女色與男色。

可是有人打電話去正智出版社抗議說：「你們蕭老師書中說得活靈活現的，事實上密宗眞的是這樣嗎？如果是眞的，那麼密宗怎可以叫作佛法？我們學密這麼多年了，從來沒有聽說過密宗佛教裡面有這種修法的呢！你們蕭老師書中寫的雙身法的事，有什麼根據？」那我們還要找根據給他（編案：後來出版《狂密與真密》四輯，已全部舉證清楚了）。可是他們又說：「我們學密法很多年了，密宗裡面沒有男女合修的雙身法啊！」那就表示他們學密還很粗淺，還沒有眞的入門。因爲他還沒有修到密宗眞正行者所應該修的階段嘛！他可能是淺嚐即止，不久就離開了！或者他對上師的供養不夠，上師與喇嘛都不教他密宗最基礎也最重要的雙身法；或者他（她）生得實在太醜了、太老了，讓上師看不上眼，所以上師與喇嘛見了他（她）就倒胃口，根本不願與他（她）上床教授雙身法。

如果他們一直修下去，遲早都得要修雙身法；因爲西密自始至終都是圍繞著雙身法而廣作文章的，離了雙身法，西藏密宗就再也不是西藏密宗了！所以他們在因地灌頂的時候，都是以這個法做爲中心思想來爲信徒灌頂的，上師是觀想「佛父」與「佛母」交合受樂流下淫液，再以那淫液觀想灌入徒弟的頂門，這就是密宗因灌時上師要作的功課（編案：詳見宗喀巴著《密宗道次第廣論》所載，及平實老師《狂密與眞密》的舉證說明）。上師在因灌時給信徒所吃的五甘露（五甘露是什麼東西做的？你們還不曉得；將來《甘露法雨》出版時，你們再去讀吧！我現在先不講他，講了我也不好意思）（編案：已出版），因灌時吃了上師賜的五甘露，也都是和雙身法有緊密關連的東西，可是密宗行者吃下五甘露，卻還不曉得是什麼東西做的，還吃得滿心歡喜呢！眞是愚痴啊！但事實上眞的有這種事情啊！不是沒有啊！可是他們大部分人還是不知道，還是繼續在護持破法的西藏密宗啊！還繼續在供養破壞佛教正法的密宗喇嘛。那些喇嘛們其實都是依照天魔所化現的假佛、假菩薩傳給他們的雙身法在修的，都不是眞正的佛法。

西藏密教的四種灌頂，其實都是在「勸令受女等色」，從因灌到第四灌都一樣；只是他們在台灣很小心的傳，只有極少數的人知道密宗自始至終都是圍繞著雙身法的理論而修行的，所以他們在台灣，並不像在歐美那樣公開的傳。所以我們台灣有好多學佛人很有智慧，去學了一段時間就知道那個法不對，趕快就溜了！不再回去了！可是我們會裡走掉的某些人卻不知道，還要再投入密宗的外道法裡面去，這就是「更修雜業，捨本勝行」。

「或令其飲食乍少乍多」，在台灣有沒有現成的例子呢？也有啊！以前美國的卡普樂「禪師」（他也稱作禪師，其實都還沒有明心啊！）他來台灣尋根時，放著眞悟的土城廣老不去參訪，卻是去參訪南懷瑾，南懷瑾就跟他誇口：「我可以一餐吃幾天的量，接下來可以五天、十天、半個月不吃飯。」以此事相來炫異惑眾，南老師就是以這種事相籠罩卡普樂「禪師」：以飲食乍少乍多，惑亂眾生。眾生不曉得內情，就盲目的崇拜，這其實都與佛法不相干。

「或使其形容或好或醜」，使修行者的面貌、身形，有時變好或者變醜。經由這些事相上的變化，使學人對魔所說的法產生信樂；或者以使人形容變醜的手段，來阻礙學人修學正道。如果有人因此產生了煩惱，被煩惱所擾亂，就會漸漸的退失往昔種下的善根。

可是歸根究柢，都是從自己的煩惱來。意思就是說，如果被各種障難所障，產生了錯誤的見解，以及被煩惱所惱亂，就會因爲前面所說的這些狀況，退失往昔所修集的種種的善根。所以應該很審愼而且詳細的觀察，以免因爲自己錯誤的見解，以及還沒有斷除的見思惑煩惱產生的惑亂，退失了往昔所修集的種種善根。修學佛法本來是善法、是好事，但卻往往學佛以後反而因為惡緣，而在實質上造作破法的大惡業，這是大家都應很謹慎小心觀察應對的正事。譬如學西藏密法的人，學到最後一定要修雙身法，誰也不能避免，除非是想永遠停留在初學階段；所以後來不管是跟女上師上床，或者跟男上師上床，都是嚴重毀破菩薩最重戒，結果變成捨壽後一定會墮落地獄而一一的次第受苦於三惡道中。這是很嚴肅的事情，以學善法的正因，本應獲得善報，卻因為遇到密宗的惡緣而變成獲得惡報，眞是非常可憐！可是密宗行者多數並不知道，知道密宗的法義是以雙身法的異性交合樂空雙運的久學弟子，雖知有這個法，也在修習中，但卻不知這根本就與佛法的修證無關；當他們跟異性上師上床合修而證得樂空雙運境界時，其實只是人間的欲界淫樂「技藝」的學習罷了，卻還以為他們眞的成就正遍知覺了：**把淫樂觸覺遍身領受的欲界貪樂知覺境界，當作是報身佛的正遍知覺**。然而正遍知覺不是講那個欲愛境界，而是對於如來藏中一切法正確而全部普遍的了知，才是正遍知覺，不是密宗講的淫樂身觸的遍身知覺啊！西藏密宗以自己的想法而發明「佛法」，以自己所想的意思、以外道所知的「佛法」來取代眞正佛法修證上的名相，破法破到這個地步，非常的嚴重！因此說，所有的學法人都應該很詳細的加以檢查，審諦觀察的「諦」字，就是非常用心的觀察而確實了知，不可含糊籠統了事。

假使有種種障難的話，應該生起這樣的心念來責備自己：「我會有這些障礙阻難，都是因爲我往世所修的善根仍很微薄，我自己業障厚重，所以會被天魔、鬼神……等所迷惑。」不必怪天魔、不須怪鬼神、也不可怪外道，都要怪自己善根微薄以及業障深厚沈重，福德太小而導致威德不足，所以才會被魔鬼、鬼神、外道所迷惑。他們會來惱亂我們，都是因爲我們自己把機會呈獻給對方，讓對方有機可乘。因此，只要自己有正知見，善根深厚，別人就無法遮障我們；天魔、鬼神以及外道，無妨繼續存在，而我們不會受他們的影響，不被鬼、魔所惑。換句話說，要以意識覺知心很清楚地觀察：自己心中所生起的覺想與煩惱是否相應？有沒有問題？再用意識來觀察意根的自己，有沒有處處作主而導致無法遠離我所的煩惱，讓魔有機可乘？假使能努力的觀察而斷除掉，天魔再怎麼來惱亂，也不會有作用的，也就不必再去責怪天魔了。

上週所講本論第七分的障難已經說完，接下來要講第八個部分「結論」：

論文：【如是知已，念彼一切皆唯是心；如是思惟，刹那即滅，遠離諸相入眞三昧。心相既離，眞相亦盡，從於定起，諸見煩惱皆不現行；以三昧力壞其種故，殊勝善品隨順相續，一切障難悉皆遠離，起大精進恆無斷絕。】

講解 前面第七部分講的是：由於有的人善根比較少，或是更少而稱之爲微，因此被諸魔、外道、鬼神所惑亂；惑亂的情形很多，上週已經講完了。接下來這一段論文要做結論了，所以接著說：有這麼多的狀況出現，大家已經知道是諸魔、鬼神、外道所障礙與惑亂，還得要憶念這一切的擾亂境界也都唯是自心所現。「念」就是「於所曾經境，憶持不忘。」這是我們意識覺知心相應的心所有法之一，是五別境心所法中的一個，意思就是說：「你得要記住，這一切的諸魔鬼神外道的障難，其實也都是從自己心中所出現的。」換句話說，如果自己的心是正直的，就不會有這些問題的出現或存在；如果自己的心是堅定的、不動搖的、離貪的，諸魔、鬼神、外道想要怎樣來影響你，其實都沒有辦法起作用的。正因爲自己福德不夠、心不堅定，有以往的我執、我見、私心的習氣，所以才會被鬼神、諸魔、外道所利用。

既然知道這個道理，知是自己心不堅定所產生的問題，自己就會很清楚：只要我自己堅定不移，鬼神、諸魔、外道是沒有辦法奈何我的。這樣去思惟清楚時，妄境在剎那間即滅，諸魔與鬼神就都會在剎那之間消滅了。換句話說，最主要的還是在於自己的心；只要自己心堅不移，就不會被他們所迷惑、所擾亂。當這一切障難的境界都消滅了，從此就遠離種種的有相法。遠離了種種有相法以後，制心於眞如境界一處之中而定下心來，「遠離諸相、入眞三昧」，漸漸的就可以進入眞實的三昧裡面去。

既然是講眞實的三昧，當然不是指一般未證道者所修的世間禪定的三三昧，而是自己能夠安住於般若慧的「空、無相、無願」三昧中，用這個般若慧來安住於意識如理作意的定境之中，這才叫作眞三昧。菩薩、聲聞、緣覺所修證的四禪八定，固然是通外道定，但菩薩於四禪八定的境界當中安住時，和外道的安住四禪八定中，是完全不一樣的，因爲是轉依第八識眞如心，所以心境是絕對不同的，所以叫作入於「眞三昧」中。由於這種「入眞三昧」的緣故，就會有一些功德力用（功德力的作用）漸漸出現。正知見確定了，觀察完成了，就離開世俗人所有的覺知心貪著種種境界的心相了。捨離時就是捨離虛妄相，接下來則是「眞相亦盡」。

什麼是「眞相亦盡」？在道種智上面說：有**眞相識**，有**業相識**，有**分別事識**。

業相識、分別事識都屬於妄心的法相，眞相識就是我們大家都本有的第八識心體。第八識心體就是眞相識，當你證悟之後，隨即可以現前體驗運作第八眞相識。你在現前體驗運作第八識的初期過程中，會覺得第八識眞的很神奇，怎麼以前自己都沒注意到？眞是日用而不知。剛悟時，一開始會一直在第八識心體本身上面做種種的體驗，去領受祂本身的自體性；但是領受、體驗完成之後，還得要懂得轉依祂的清淨涅槃體性；這樣子轉依成功，才算是眞正的開悟者。沒有轉依成功的人，即使知道了答案，知道阿賴耶識心眞如的所在，也仍然不是眞悟的聖人。

眾生在還沒有證悟之前，都是把第八識抓得牢牢的，把祂據爲己有。當我們這樣說的時候，那些悟錯的、未悟的人，都會辯解說：「哪兒有？我們連第八識在哪裡都還不知道，怎可能把祂抓得牢牢的？」可是你們這回禪三破參回來的人，聽了就知道我確實沒有說謊，都懂得這句話的意思；眾生都是把祂據爲己有，這就是一切種智中說的「眾生恆內執阿賴耶識爲我」，不只是外執意識覺知心爲我而已。可是這個據爲己有的習性，對於一個明心的人來講，還是得要漸漸的把祂捨掉。因爲把這個心眞如據爲己有時，就表示我執一直存在而沒有斷除，所以才會把第八識據爲己有，才會把第八識、第六識的功德當作是第七識自己的功能性。

把祂據爲己有時，就表示我見與我執還是繼續存在的；有「我」繼續執著存在，就不能證得解脫。所以證得第八識以後，還要漸漸放下對第八識種種功德的執著。

爲什麼要放下呢？因爲想要求證解脫果！連自己都不執著了，還要執著第八識做什麼？所以就把祂放下。所以，證悟的人如果再把第八識看得很重，繼續再執著如來藏，就變成「於圓成實上面起虛妄執著」，那就表示你還沒有轉依成功，還是住在妄心的體性上面，還沒有轉依眞心的體性，這就是「於圓成實性上生起執著」，這也就是還有妄心法相的執著存在；眞悟的菩薩們，對此妄心的心相也得要遠離。妄心的心相執著離開了，不會再受天魔、外道的惑亂了，剩下的只是對於圓成實性、對於眞如體性的執著，這也得要把祂丟掉，別每天老是想著：「**我悟了！我找到如來藏，我好歡喜！**」當你好歡喜時，那就是「我」還沒有死掉；有一個我證得如來藏，那就是我，就是還有「我」的執著存在；「我」也就是他，也就是壽命、眾生，那就四相具足：我相、人相、眾生相、壽者相都有了，這樣就不能得到解脫。

所以證得如來藏之後，你得要會轉依，也就是依祂的體性。如來藏根本就不執著你，你想要自殺死掉，祂一點兒也不擔心。既然祂不擔心你，你擔心祂做什麼？所以你也不必去擔心祂。因為我執斷盡了，所以你不擔心祂，將來捨報時，五陰十八界的你不想再出現於三界中了：我自己想要滅盡而得度（滅度）。當你把我執斷盡時，祂也不擔心你還會不會再出生，但是祂就因此而不再出生未來世的你了，也不再生出中陰身，就不再入胎而生出下輩子的五陰；祂既不必被你拖著去入胎而輪迴生死，也不必拖著下輩子另一個你去輪迴生死，你也得解脫，祂也得解脫，大家都解脫，這不是俱皆歡喜嗎？那你為什麼還要執著祂呢？祂又不掛念你，你為什麼偏要掛念祂？這樣一來，**眞相亦盡**，眞得解脫了！

你證得如來藏以後，要懂得這樣轉依。如來藏都不牽掛你，所以你也不必牽掛祂。你懂得這個道理，你就是會轉依的人；會轉依，就是「眞相亦盡」，不必再去掛念祂還在或不在。因為你根本不用怕祂壞掉，祂從來不壞，也不必你為祂添加防腐劑，也不必把祂存到冰箱，祂自然的永遠不會壞，所以不必你去為祂做什麼。所以既然不必你擔心，你執著這個眞相識做什麼？不執著妄心的離念靈知自己，不執著處處作主的意根自己，是妄相已盡，就是實證二乘解脫果；但是大乘菩薩甚至於對心眞如的存在與否，也因為實證、現觀而有智慧的緣故，所以對眞相識如來藏也都不掛礙了，那就表示他們已經實證馬鳴菩薩所說的「心相既離，眞相亦盡」的境界了。

「從於定起，諸見煩惱皆不現行」：當你從這種決定心的境界中生起覺知心的分別作用，這就是從於定起；接著再作細密的觀行、細密的整理與思惟，這就是思惟修。思惟修的結果，當然能使種種錯誤的見解不再現行，也能使思惑……等種種煩惱不再現行。假使是有禪定證量的人，他可以用親證心眞如的決定心，而住在初禪定境中作深入的思惟修；因爲二禪以上的等至位，都不能做思惟修。初禪的等至位則可以藉語言文字去作思惟修。因爲初禪是有覺有觀三昧，所以你能住在初禪中跟人家說法，可以住在初禪中寫書、弘法，可以住在初禪中爲人開示妙理。這也可以說是「從於定起」，所以等至與等持要分清楚。這樣從定起，思惟過以後，諸種邪見與煩惱就不再現行了。換句話說，你必須有**心得決定**的功夫，深細的加以整理、思惟，才可能轉依成功而使得諸見和煩惱都不會再現行。

諸見就是錯誤的邪見，包括斷我見後修所應斷的更微細的疑見、戒禁取見、邊見……等等，全部都不會再現行了，思惑就漸漸的斷除了。這是要透過悟後深入整理，才能達成的；如果悟後不深入整理的話，般若智慧的見地仍將是很粗淺的，只是總相智，也就是根本無分別智而已；必須透過深入的思惟整理，深入的把很微細的我見斷除掉，不但可以使自己成功的轉依心眞如而不會退失，也可以發起後得無分別智，也就是別相智與一切種智，所以悟後的觀行思惟整理，確實很重要。因爲現在外面道場沒有證悟的地方，所以我們只說以前的叢林就好；以前的叢林裡面，只要你找到了如來藏，師父就賞你一棒，這叫賞棒；給你賞棒以後，就把那個拄杖給你；或者用香板打你，叫作賞棒，打了以後，這個香板就交給你；意思就是說你可以出去開山，可以去當開山祖師去了。但古時那些得到賞棒的祖師們，大部分都只是悟了一個總相而已，就出去當開山祖師了。

這在古時禪宗叢林是很平常的，古時的叢林大多是這樣的。但是我們正覺同修會則不然，我們這裡是悟了之後，你還得要在禪三道場裡靜坐三天，我會施設題目讓你不斷的整理思惟，這就是思惟修；這樣觀行思惟體驗以後，你的般若智慧才會不斷的出現；然後進到小參室時，我還會再爲你旁敲側擊的提出種種問疑；我不直接告訴你答案，不直接說明更深細的法義，我用提問的方式，從各種面向來提升你的智慧，使你的智慧一分一分的出現，終至能在三天之中轉依成功。所以，以外面道場來講，開悟明心是他們一生所要追求的最終目標；但在我們正覺，明心只是剛剛入門，只算是註冊完畢而成爲正覺的眞正學員，接下來還有許多悟後要修的法等著你。這意思就是說，悟得總相智以後，你還得要做許許多多的觀行；這許許多多的觀行，就是要幫助你把我見從根徹底挖掉，不要讓你有機會使我見又生根發芽，這樣證悟了以後，才不會再生疑而退轉，而大膽否定如來藏。

上週在台中禪淨班的課程中，我已經開始殺學員們的我見：**講解五陰的虛妄性，七轉識的虛妄性，這就是在殺大家的我見**。在參加禪三的精進共修之前，就必須先把我見殺掉；我見殺掉以後，一旦悟得心眞如，你就絕對不會退轉。不管誰來嚇唬你，或者有鬼神化現作文殊菩薩、普賢菩薩的模樣來跟你講：「**蕭平實的法是錯誤的，阿賴耶識不是如來藏。**」你也不會聽他的。你當場就會知道：「**這根本就是魔所化現的假冒佛菩薩，亂講一通。**」這就是說，我見是必須要先殺掉的；我見如果不先殺掉，或者殺得不徹底，後來被人家一嚇唬，就會又退轉回去，又把那個見聞覺知的意識再抓回來，認定意識覺知心才是心眞如，還會自認爲是更加增上的修證。所以悟後一定要再透過方便施設的體驗方法，藉體驗心眞如而一再的進入初禪定中去深入的、細密的加以思惟、加以整理；如果沒有禪定功夫，可以住於不受打擾的安靜境界中來深入思惟；思惟過後，才能成功的轉依心眞如，就可以使得諸見不再現行。

煩惱，是由於我見、我執做根本而產生的；有我見、我執做根本，就會產生了私心；因爲是以自我爲中心，所以觀念與想法一旦與別人不同時，就無法與人溝通，就會從自己的立場去決定要做什麼、不做什麼，而不肯以整個道場的立場去決定要做什麼或不做什麼，這就是**我所**的煩惱。這些煩惱的根源都在於我執，而我執的最大根源就是末那識的遍計執性；這種煩惱，在悟道以後還是會繼續現行的，除非能夠確實的轉依而進入修道位中，才有可能慢慢的不再現行。一般人還沒有證悟之前，總是把開悟想成是很玄妙的事，常常認爲開悟了就是幾地的果位或是阿羅漢了；等到自己眞的開悟了，才知道根本就沒有地可以讓自己登上去，也沒有果可以讓自己採摘，只是把自己殺掉而叫作證果，只是出現實相般若智慧並且通達了，所以叫作登地。

所以登地與證果，其實根本沒有地可登，也沒有果可得。眞正開悟了才知道自己受騙了、上當了，但是卻又想：「受騙卻是很心甘情願受騙的，上當還是很情願上當的，不但絕不後悔，而且很慶幸自己已經受騙、上當了。」所以我們證悟之後，只是剛剛要開始斷我執而已。如果你已經先有一段降伏我執的過程，譬如說，一塊大石頭把草壓上好幾年，後來你把石頭搬開以後，草一拔就拔掉了，可以連根拔掉了。可是你如果沒有用石頭把它先壓上好幾年，你就得要用東西去挖到深土裡面，才能把根拔掉。斷我見就好像把地面上的草剪掉，可是草根還在，根就是意識的我執慣性，也就是末那識相應的我執。末那識意根，祂會使得眾生在斷我見以後，心裡面有所掙扎：要不要把我執斷盡？這也是悟後仍保留著的一念無明中的「起煩惱」。

我見斷了以後，諸見跟著斷：疑見、戒禁取見、邊見都會跟著斷。除非我見還沒有眞的斷除。可是修道所斷的煩惱則不然，這種煩惱並不是見道所斷的。煩惱障裡面，見道所斷的只有見一處住地煩惱，在聲聞法裡面就叫作三縛結。但是菩薩證得心眞如時，雖然已經把我見斷了，但還有根末剪斷，那就是末那識的我執，這個末那識意根就是我執的根本。意識本身也有我執的部分，這個意識的我執，透過禪三悟後的整理，以及透過日後的思惟，都可以斷除掉；但是末那的我執很難斷，因爲祂的執著很深細、很廣泛，悟後的意識覺知心只要稍微不注意，就會被末那的我執慣性所掌控。意識明明知道是不對的，卻還是會順著末那作出的決定指令繼續去做，所以有的人心裡面會有掙扎：明知是不對的事，但是沒有辦法控制。這就是因爲末那的關係而使他繼續再作不好的事情，這就是末那識的我執種子還沒有斷除。因此在悟道之後，並非已經一切沒事，所以一定是要悟後起修的，不是悟了就沒事了（除非你是最後身菩薩來人間成佛）。

怎麼樣才算是與末那無關？這要分成二個部分來說。菩薩悟後的修行，在煩惱上面永遠都是和末那識有關的，第一個部分是染污末那，另一個則是清淨末那。染污末那，是從世俗諦解脫果上面來說的，與轉依成功的諸地菩薩無關，因爲他們都已經永伏性障如阿羅漢了，都不會再與解脫果所斷的染法相應了。至於清淨末那，也是依世俗諦來講的；從解脫果親證的立場，說諸地菩薩與阿羅漢們都沒有末那識的心行了；但其實還是有，只是轉變爲清淨末那識的心行而已；所以是依染污末那的心行而說有末那的心行，依末那的染污性淨除而說沒有末那的心行，其實都是方便說，只是轉染污末那的心行而變成清淨末那的心行而已。

以大乘菩薩們來說，清淨的意根心行是不可以斷的，也是絕對不應該斷的，因爲這個清淨意根如果斷了，你就永遠沒機會成佛了。清淨意根如果斷滅了，那就是無餘涅槃。入了無餘涅槃，什麼時候能離開無餘涅槃再修佛菩提道？沒有機會了！除非你的善根眞的很夠，透過以前所熏習而曾經生起欣樂之情的阿賴耶（異熟）識裡面的佛菩提道種子的自心流注，可能在三大阿僧祇劫後，或無量無量的阿僧祇劫後，或者是無量恆河沙數的阿僧祇劫以後，才有可能促使意根種子流注出來而再度出現了意根，而又出生了中陰身去投胎，又回到人間來，才可能繼續你的菩薩道，才能成佛；但是入了無餘涅槃以後，這種自心流注的成功的機會是非常非常少的；所以想成就佛道的人，清淨末那是絕對不能斷除的。一直到成佛以後也是永遠不斷的，爲利樂有情而永無盡期，這就是清淨末那。

可是染污末那則不然，染污末那決定任何事情時，一定跟清淨末那不一樣。染污末那做事的時候，如果以我來講，我現在暫時帶領同修會共修，如果我是染污末那的話，一定會規定：每一個人最少要贊助一百萬以上，才會錄取你去參加禪三，否則就不讓你去，這就是染污末那的心行。可是我們也有人從來都不曾贊助過一毛錢，也能去參加禪三而明心。這意思是說，我們不用染污末那來做事；如果要用染污末那來作事的話，我一定會規定：參加禪三的資格是捐一百萬，禪三時想要明心的話是五百萬，想要眼見佛性的話得要再捐一千萬。那可眞是賺死了，我只要抽五成就可以了，那可眞的是賺死了！

如果捐出六百萬而可以買到明心，絕對划得來。當年如果我正在參禪的時候，如果有人敢開出來六百萬一定可以明心，而且保證一定是眞正的明心，不是意識境界的「明心」，我一定會去跟他買。因爲參到走投無路的時候，根本就沒辦法了，而這個明心太迷人了，所以一定會跟他買。還好當年沒有人敢這樣保證，不然的話，我以後還會再跟他要回那六百萬，因爲他們的明心都是錯誤的，都還只是意識心離念靈知的境界，和常見外道一樣的境界。如果眞的這樣作，那就是染污末那；凡事都以自己的世間法利益作中心而去設想，這就是染污末那。

如果是清淨末那，爲眾生、爲佛教做事時，照樣是努力去做，一定會爲了自己在佛法修證上的利益以及眾生修學佛法的利益而努力去做。就像我現在這樣，在同修會裡面不曾有一絲一毫可以賺錢的念頭，沒取過一分一毫的錢財，而且還捐款支助同修會的弘法事務。我在自己出錢開設的正智出版社中，辛辛苦苦、夜以繼日不斷的寫，不斷的做，既不支薪，也不要著作權費與版稅；所賺的錢繳了稅以後，全部捐給同修會。我也不用眞名眞姓去求名，也不想跟人家攀緣結交；諸方想要見我、供養我，我都不見！我什麼都不想要。這麼辛苦而沒有任何世俗法上的利益，爲了整體佛教，爲了同修會的未來，還是得要努力去做。我們所看到的不是只有同修會的未來，還從整體佛教的現在與未來著眼。

如果是只爲正覺同修會設想，而不是爲整體佛教設想的話：不管是誰，都得要在同修會裡面任教，將來我就全省設道場，法師如果出去開疆闢土，就把他們一概封殺。如果這樣子想，就是染污末那的心行。我們好幾年前就講過，就自我設限：我們同修會不跨過濁水溪。換句話說，濁水溪以南都是要留給法師們去發揮的空間。瞭解了嗎？所以趁這個機會說明一下也好，台南共修處，我們請法蓮法師去開班，但是他的財務是獨立的；雖然照我們同修會的規矩，學員仍然可以來本會共修，但在組織上並不隸屬於同修會，所以他們的學員證悟了以後，也可以來正覺進修悟後增上的課程；我們的禪三精進共修，也保留名額給他們；但實際上是由法蓮師去獨立運作的。

目前正覺同修會小有名聲，我們就支持他們去利樂有情，我們不必說那邊也是我們同修會所有的，就限制法師們：「你們法師不可以去那邊弘法、接受供養。」我們不這樣作，我們是從整體佛教來看待；因爲不能夠只有居士在弘揚了義究竟的正法，也需要一些法師來弘揚究竟、了義的正法。所以要保留一些空間給他們去發展，所以我們是從整體佛教的立場來看，這樣子作，就是清淨末那的心行。（編案：後來因為法蓮法師被楊榮燦先生誤導與唆使的緣故，在授課時公開對學員否定阿賴耶識如來藏正法，隨即又出書公然否定阿賴耶識，謂非如來藏；平實導師因此認為南部佛子證悟之緣未熟，決定放棄南部學人，不再另行新設台南道場。但因台南班學人都不知台南道場是由本會支持成立，而其本質屬於法蓮師所有，故提出責任說，要求同修會另設台南講堂繼續共修；即使後來知道內情，仍認為同修會既將名號借與法蓮師使用，即有義務圓滿台南學員道業，強烈要求正覺同修會不得關閉台南講堂；並表示不願跟隨否定如來藏正法的法蓮法師，強烈要求同修會新設講堂，必須負責繼續維持台南學人的共修事宜。因此緣故，同修會不得不跨過濁水溪，於台南市另行設立新講堂，攝受多數台南學員，保持他們修學了義究竟正法的權益）。

並且，我們寫書出來，不惜得罪大師們；對於沒有名氣的法師與居士，我們都不擾動他們，專挑那些名氣最大而且曾經誣謗我們正法的大師們。爲什麼要這樣作呢？因爲他們是勢力最大的，而且誣謗正法時的影響力也是最大的。一般人吃柿子時總要挑軟的吃，我們偏揀最硬最大的來吃，這眞是不合常情；但其實不然，這就是爲佛教的整個前途與未來設想，不是從同修會的利害來設想的；所以明知這樣子硬碰硬，同修會一定得不到好處，還會招來大師們的聯合抵制，大大不利於同修會，但我們仍然必須這樣做；因爲，這樣作雖然不利於同修會，但是卻對整體佛教的未來最有利，所以這樣作，就是清淨末那的心行。

我的個性一向是：平常軟得像麻糬一樣，不計較個人的得失利害，也絕不在意恭敬與利養；可是爲了整體佛教的未來，該站出來做事的時候，我比誰都強硬；誰要想跟我威逼利誘，門兒都沒有！只要是破法的人，我一定會指正他；不論對方是哪位大法師，不論他的勢力多大，我都不顧慮。爲了佛教的長遠利益所該做的事，我就去做，不考慮利害與得失。我的個性就是這樣子，這種個性也是很難改的；因爲很多年、很多世以來就是這樣，一直是這種個性。但這是好個性，是好習性，不但不應改，而且還要繼續維護及增長它，才能迅速成佛，才能廣利眾生。這意思是說：你必須要用清淨末那去作事、去修行。所以如果有人罵你說：「你的末那作用很重。」那要看他講的是清淨末那？還是染污末那？如果他說你的清淨末那很重，那是好事，那個清淨末那的習氣永遠都不要改變它，你就說：「謝謝你！」就跟他打躬作揖。如果他講的是你的染污末那，你就得檢討看看：「是不是我有私心？我執、我所執很重？」你要去返觀。

但是爲了利益眾生，清淨末那一定要拿出來運作；如果不是這個清淨末那的堅持，菩薩不可能夜以繼日的辛苦爲眾生做事而不求絲毫回報。當聲聞僧是很簡單的，早上十點出門托缽，十一點鐘回到道場；用過齋、洗洗腳，上座說一點法，就去樹下、山洞裡又打坐去了；這一進入滅盡定，要到了明天早上才會出定，那眞是過得很寫意，也不必洗菜、切菜、炒菜，什麼都不用做，眞的很寫意。但菩薩不是這樣當的，菩薩除了自己修行，還要爲衆生說法；爲利樂衆生、修集福德，還得要做很多的事，常常忙到半夜。所以聲聞人只要把自己照顧好，利樂衆生則是隨緣的；菩薩不然，菩薩是要爲衆生的出世間和世間利益而一直做下去，永無止盡，不是爲自己；所以菩薩做事的時候，往往策劃下去就要執行到底，不能中途停止。就像我們正覺同修會，絕對不搞大工程、大道場，只要可以滿足我們共修使用的道場就夠了；我們所要做的是健全整體佛教百年乃至三百年、五百年、一千年的基業，讓這個制度健全的運作下去，讓正法的弘傳可以藉健全制度的運作不斷而永續的弘傳下去；現在電腦建制完成了，接著就是大家分工合作去做。

譬如說：行政組管行政組的檔案，他進不了財務組，他也不必擔心財務組怎麼樣，也不必想要知道財務組的內容；財務組也不能進入福田組的檔案，只能管財務組自己的部分；福田組只能管自己組裡的事情，也不能管行政組的部分。我呢？我哪一組都進不去，我統統不知道，我只管弘法、寫書，這就是分工合作。不要說這個同修會一定得由誰來掌控，不要這樣想；這樣想的人就是染污末那識作主，這就是煩惱。現在大家分工合作去做，我做我份內的事情，我把它做好，這就是護持正法，不要管別組檔案中有些什麼東西。我們也設計得很好，你要管也管不到，你沒有各組不同的密碼就進不去。換人接辦時，你拿到密碼，就得要自己再換一個新的密碼，才可以繼續使用；這個新密碼只有你一個人知道，我也不曉得，檔案總管也不曉得各組的密碼是什麼；各組自己去換新的密碼，誰也不知道。這樣大家分工合作，也不必去管會裡面有些什麼；凡是已經有人負責的事，我們就不必管它。

應該有好的觀念：不必凡事都要靠我，我不在的話，會務照樣可以運作下去。所以死了一個總統也沒有問題，還有副總統；副總統再死了，還有人能夠繼續頂上來。天塌下來了，自然有人頂。所以大家都用這個觀念，盡其在我而不必邀功，大家分工合作去做事情，不要有煩惱出現；大家這樣努力的話，十年、二十年後，整個佛教的百年大業，會因爲同修會的制度繼續運作，使得了義正法就依附在這個制度上面，一直不斷的弘傳延續下去；一代一代遞傳下去的結果，會使得未來世的佛教，不論法師或是居士，都可以因爲同修會的存在而繼續得到了義正法傳承的果實。這樣子，未來的眾生就大有福氣了，這樣想、這樣作的心，就是清淨意識；決定要這樣貫徹到底的心，就是清淨末那。所以這個制度，我一定會把它貫徹到底；我不想知道本會電腦裡有哪些詳細內容，也不想進入電腦中瞭解。我們有兩位同修設計軟體程式，從設計到電腦組裝完成，都是自己來，這工程不小，他們已經作了將近五個月，費掉很多的心血。但我從來不跟他們說：「你要專門設計一個讓我蕭平實方便進入的程式，讓我可以隨時進入每一組的檔案中。」我不這樣做，而是要確實分層負責去做。不然的話，就不需要這些分層負責的幹部了。

這就是說，你要用清淨末那去做事，但你不可以責備我說：「你爲何一定要貫徹到底？這樣不正是末那識的執著嗎？」這不是末那的執著，而是爲了了義究竟正法的未來，爲了佛教整體的未來，必須要這樣子去做；這是貫徹無私的制度，不是依於私心煩惱而做的，完全是爲了利樂有情而做的。所以菩薩看見有人要殺害很多人的時候，寧可起瞋去把那個壞人殺掉而自己下地獄，你卻不能責備這個菩薩說：「你的末那識執著很重，那麼執著善心、善業！」他完全是爲了利樂眾生而去殺害那個壞人。這就是說，所作所爲是不是與私心、煩惱相應？要去檢討它。如果不是依於自己的利害關係，不是從自己的我見、我執所生的煩惱去做，那就是清淨末那的作意，這個好習性是不應該改掉的，而且還要努力的保持它。

為自己打算而堅持要做某些事，那就是有為有作了。如果是為了利樂眾生，為了整體佛教的未來，為了義究竟正法的延續而努力推動正覺同修會的會務，使它制度能夠很健全的、不會被少數有私心的人所利用，能永續的集體傳承下去；這樣的堅持絕對不是有為有作，絕對是應該世世保持發揚的好習氣；因為這是無漏法，是為了利樂眾生的善心而生起的，不是從**我所**煩惱中生起的，就不能責備我：「你蕭平實堅持不讓有私心的人作事，這個堅持就是執著，就是有為有作。」絕對不可以這麼說。這就是說，證悟了之後，要修斷諸見。諸見中最主要的就是惡見，惡見又叫作我見、邊見、邪見、見取見、戒禁取見，有這五邪見合起來就叫作惡見，而惡見中的深細部分，也就是思惑，是修所斷的煩惱。

從這個惡見，會產生許多不如理作意的見解與私心，這些見解都要消除掉；諸見斷了就不再現行，就是斷了三縛結的初果人了；可是這個斷除惡見的境界，得要透過整理和思惟才能達成。煩惱主要是從意根的執著所生的，因為它是修道所斷的煩惱，包括**我所**煩惱、**我執**煩惱，這並不是證悟時就可以斷除的。屬於見惑所攝的惡見，則是見道後就可以全部斷除的；惡見共有五種邪見，這五種邪見像骨牌一樣，只要我見斷了（我見又名身見，梵語名為薩迦耶見），下面的邪見、邊見、見取見、戒禁取見，都會像骨牌一樣一個推倒一個，就跟著次第不斷的全部都倒滅了，這五利使是經由見道所斷的。

可是煩惱不一樣，煩惱就是思惑，思惑中有極大部分其實就是很深細的惡見，都是修道所斷的煩惱。意識的我執煩惱部分，也就是分別我執的部分，透過見道後處在定中思惟修，以及歷緣對境中的思惟修，都可以斷除掉，很容易修除的。可是末那識相應的我執煩惱卻不容易斷，這是根深柢固的煩惱，就像俗話說「野草燒不盡，春風吹又生」一樣，你必須從根去把它挖掉，這得要悟後一步一步確實去做；除了思惟修以外，還要再歷緣對境去修除。思惟修爲什麼有用呢？這就牽涉到明心的見道有沒有落實？是不是悟錯了？悟錯了就不會有功德產生。譬如明心的部分，有些人是抱定一個宗旨：「寧可這次禪三參不出來，我也不要別人跟我明講證眞如的密意。」那麼這人是有智慧的。有的人則不是：「我這次去參加禪三共修，如果沒有破參回來，眞是沒面子。」就老是想要別人對他先明說密意。

但是這兩種人破參出來的功德，絕對不會一樣的。第一種人親自經歷了參究的過程，所以他對於惡見的內容，已經具足了分辨的能力：他參究的過程中不斷的碰壁，遇到很多種我見的變相境界，一一思惟整理清楚了，不會再落入我見的變相境界中，所以後來當他一旦找到心眞如的時候，當下就可以承擔下來而無絲毫的懷疑；當他一承擔起來，般若實相智慧就開始出現了。後者則是請別人先爲他透露密意，剩下只是自己去那邊體驗和接受印證；可是這種人的惡見其實都是還沒有死盡的，禪三被印證回來以後，見地不會很迅速的通透，常常還會落入惡見中而不自知。即使後來通透了我見的內容，也是後來經過很多年的悟後進修，才能漸漸的完成，所以悟後許多年了，仍然處在初見道的智慧境界中，悟後進修所應有的智慧，在生起的速度上永遠都比別人慢很多。

這種人還有一個缺點，如果遇到大名聲的法師跟他否定：「你那個不是心眞如，笑死人了！那個怎麼叫作眞如心！」他當場就會懷疑而退轉了。爲什麼會退轉呢？正是因爲他沒有經歷參究的過程，所以不能一一滅除惡見的種種變相境界。在自己親自確實參究的過程中，其實就是意識在說服末那斷除惡見的過程；當你親自參究而參出某個答案時，後來很快就發覺它不對，也經由思惟觀而瞭解是什麼原因而不對，隨即放棄；不久又參出另一個答案來，還是會發覺不對，也瞭解是什麼原因不對。在這個重複參究檢驗的過程當中，意識不斷的分辨整理，詳細的瞭解對與不對的原因所在；這過程，末那識都在背後看著，祂很清楚的實地瞭解對與錯，所以末那識會接受，因此你悟後不必再去說服祂遠離錯誤的見解。當你這樣如法的找到心眞如的時候，也不必再另外去說服祂斷除我見：是因爲什麼緣故，所以一一蘊、一一界、一一處都是虛妄的，所以祂確實是心眞如。你不用額外再去說服祂，因爲當你不斷的檢討最後所悟的那個心，在那個過程中就已經把祂說服完成了。

當你找到心眞如的時候，一邊體驗祂到底是不是眞如？心中也會想起經典中和蕭老師書裡面是怎麼說的：「離見聞覺知，從來不曾作主，從來不曾分別，從來不曾起念。」你以這些正見作試金石，一件一件去檢驗對照，在這個體驗、檢驗、對照的過程當中，你的末那識就被參禪的覺知心給說服了；所以當你確定無誤而承擔起來時，意識就會絕對認定，堅決不會退轉，那就是起了定心所了；這時候，意根就隨著轉變了。這時，縱使名聲再怎麼響亮的大法師來籠罩你，都起不了作用了。因爲有這個過程，你也可以很清楚的把見地顯發出來，這時已經不是在知見的層次中了；所以你才剛從禪三共修回來，經典一翻，隨即就通了。如果是人家告訴你的，沒有這個說服末那識的過程，沒有這個參究而斷我見的過程，自己都不通透，意識都還在懷疑對或不對時，又如何能使末那識確定不疑？所以當你被印證了以後，心中仍然會很猶疑：「難道這個心真的是心真如嗎？我想可能不是吧？怎麼這樣輕易的就可以找得到？」心中始終不敢承擔，見地就出不來了，就是沒有發起般若智慧的凡夫；不能死掉我見，不能轉依第八識眞如心，雖然知道了密意，仍舊不能使你成爲通教聖人，不能成爲別教賢位菩薩。

但是，縱使是自己辛苦參出來的，你還是不知道一件事實：你能輕易的悟得，是因爲來到這裡，我們給你正確的方向和知見，並且有人爲你教導參禪用功的方法，所以顯得很輕易。你不知道這個道理，所以就會懷疑：「開悟眞的是這樣嗎？我哪有可能也會開悟？」若是別人跟你明講的，因爲沒有自己參究而斷除惡見的過程，就不肯斷除以前認定覺知心常住不壞的惡見，就懷疑這個心到底是不是心眞如？寧願保持離念靈知心是常住不壞心的惡見。因爲你沒有那個斷惡見的說服末那識過程，所以只要有一個大名聲的法師否定你，立刻就會退轉了，就會自我否定，再回去認取一念不生的覺知心，見地就不會通透，就又讀不通經典了，煩惱就不容易斷除（編案：後來二〇〇三年初，楊、蔡、蓮……等人就是因為這個緣故，加上私心不遂而退轉，隨即出書否定正法，詳見《燈影、辨唯識性相、假如來藏、真假開悟》等書，以及正覺電子報《識蘊真義》連載之法義辨正）。所以參禪與悟後思惟修的目的，都是說服末那識的過程。經由悟道之後，在定中專心一意的思惟煩惱的內涵、思惟斷除煩惱的方法，並且思惟有哪些煩惱是染污末那識相應的？爲什麼我應該要斷它？又應該如何去斷它？在這樣如理作意的思惟過程中，就足以把你的染污末那給說服了。

末那識被說服的時候，祂的**我執**與**我所**煩惱，就會一分一分的漸漸消除掉；每說服一次，它就消除掉一分。所以現在正覺同修會裡面初悟的人，我們不再像以前一樣立刻派出去當親教師，現在都要從義工、助教作起，要磨上好幾年，以後再派出來時，就不會像以前那些人一樣煩惱一大堆，不好的習性往往顯現出來。你們假使問我有沒有煩惱？我說：「有！我煩惱一大堆。不過都不是爲自己而煩惱，都是爲了佛教的未來、爲了學佛人的未來而煩惱，也都是爲了同修會大眾的未來而煩惱。」所以煩惱還是一大堆。你們看我寫這本公案拈提第五集，寫到今天下午快四點了才完工，序文都還來不及寫；序文要等到下一週打字行把內文打好了，我再來寫（編案：當時平實導師還沒有學習電腦輸入法）。我的煩惱這麼多，半年來寫了這麼多，都因爲法事上的煩惱很多，忙個不停。然而這是清淨末那相應的煩惱，所以沒有關係，根本不會障礙修道，所以這種末那識的好習氣不應該改變，要繼續堅持下去，該做的事情還是得努力去做。

如果要說個人的私心煩惱，這我沒有！我也跟諸位講過，也在等待某一天有個八地、十地的菩薩來率領我們共修；如果確實的檢驗而認定是眞的，我就會請他來主持同修會的共修法務。我以前也曾邀請過人家來領導，只是人家沒有來；後來知道他是不敢來，知道他的證量是吹牛的。但是我仍然沒死心，還是在等待別的八地、九地菩薩出現。我並沒有因爲對同修會付出這麼多，我就一定要把它掌控在手裡；我不能這樣想，這樣想就是私心，那就是有爲有作的末那執著，就是染污末那識的煩惱，我們不要有這個末那的煩惱。如果將來有一天，人家介紹一位眞的八地、十地菩薩來，我將會親自勘驗，不會再像以前那樣單純的只憑熟人的推介就相信，我一定會親自詳細的證明是眞的，然後才會像以前一樣，請對方來率領我們同修會，我和大家一樣跟著他修行。我今天帶領大家走到這個階段來，假使他還有更好的法義，能讓大家增上，那當然更好啊！假使我能爲大家設想而讓大家都得到更好的法，大家當然不會見怪於我才是，這樣一來，大家都同蒙其利；但是我捨了同修會領袖的身分以後，將會是蒙受最大利益的人，我的佛菩提道，依於現有證量的基礎上來看，將會走得比大家更快，這就是無生法忍的無我、無私習氣的功德所在。

所以說，我所、我見與我執的煩惱，都是跟「我」相應的，都應該要趕快丟掉；如果是跟「我」的執著不相應的，純粹是清淨末那的作意，則應該要堅持到底的去做：爲眾生、爲整體佛教，該怎麼做就怎麼做。我們在弘法的過程中，不是只有考慮同修會的未來，也考慮整體佛教界的未來，這就是清淨末那的作用，不要落在染污末那上。如果是染污末那運作的話，我這幾年來就會專挑沒有名氣的小法師、小居士來殺；絕對不會故意放過小法師、小居士，卻特地面對大法師、大居士的抵制而作正面的公開回應與辨正。我不會特地避開大法師、大居士對我們正法的否定與誹謗，不會希望避開大法師們最大的攻擊。這意思就是說，所作所爲都不是從自我的利害關係上面來考量的，就是不受思惑干擾的心行；所以思惑煩惱一定要修斷，但是惡見中極深細煩惱的斷除，是屬於思惑所攝的，這得要透過定中或者不受打擾時的詳細思惟修，才能一分一毫慢慢的斷除它，除非你本來就有四禪八定的降伏我執過程了。

因爲四禪八定具足的時候，證得非非想定的時候，你的三界思惑煩惱都已經被降伏而不能斷，只剩下一點點見惑所導致的思惑煩惱不能斷除，這時來到這裡，我只要跟你講幾句話，開示意識心與意根心的虛妄性，不必超過十分鐘，你就可以成爲俱解脫的大阿羅漢。但是你如果沒有這個降伏我執的過程，你和一般貪著的凡夫們完全一樣的話，那就得要先從斷我見和明心證眞，然後再一步一步的斷除思惑煩惱，斷染污末那的我執，次第走上去；那就是大乘佛菩提道的正修，不是從二乘無學聖人迴心過來而修的，也不是從二乘俱解脫的境界迴心而來的。如果是佛菩提道的正修，得要等到進了三地的入地心以後，你才可以來問我說：「老師！四禪八定要怎麼修？」還沒到三地入地心以前，不必急著修定；先把我執的煩惱永伏了，先把一切種智修習了，先把入地所需的福德修集了，先把十無盡願發了，先把入地應有的金剛心引發出來了，然後再來講四禪八定的修證法事。

當你們有很多人具足了金剛心以後，我們一定會有因緣來開禪定班，枯木禪壇場就會蓋起來，那時大家都來打坐修定，在大殿中坐著一動也不動，就好像一根根的枯木豎在大禪堂裡一樣，所以叫作枯木禪。但這得要有次第性的來做，不能想要一步登天，佛法的斷煩惱事修以及理證上的一切種智修證，永遠都沒辦法一步登天的，一定要按部就班來。經由這樣的關係，你在定中透過對這個般若的三三昧，也就是空、無相、無願三昧來做思惟修，斷除諸「見、思」煩惱，使它們不再現行，這就是「以三昧力壞斷我見我執……等煩惱種」。當我見我執等煩惱種子，透過三昧中的斷煩惱思惟修之後，種子壞掉了，就可以使得煩惱不再現行，就可以使殊勝善品法隨順相續的現前。

「殊勝善品」是說，此後你所剩下的貪只有法貪，沒有我貪、我所貪，也沒有我瞋，剩下的完全是爲了利樂有情而有的法貪，只剩下對破法者的法瞋，永遠都不會再有我貪和我瞋了，這就是地前的殊勝善品法；我們以空、無相、無願三昧的決定心，以定法相應的定境中的思惟修，使得心中更加堅定的斷除煩惱種子以後，這些善品法都可以隨順你，並且相續不斷。相續就是不斷絕。日本人講遺產繼承叫作相續，「相續」本是中國河洛地區古語，日本人至今仍沿用著；所以以前我們台灣老人家如果去找土地代書辦理財產繼承登記時，他們不說繼承，他說「我要辦理相續登記」；所以相續也就是一代接一代延續下來而不斷絕的意思，這就是殊勝善品隨順、相續。

殊勝的善品法隨順相續不斷時，一切天魔、鬼神、怨家、外道的障礙惑亂與爲難，全部都會漸漸的開始遠離了。障難遠離之後，當然就可以永遠不斷絕的發起大精進。可是大精進眞的很不容易，一般人如果每天打坐修定二小時，他就認爲自己很精進了；可是他們從來都沒有想到過，菩薩爲眾生、爲佛教做事的時候，是如何拼命去做事的，並不只是爲自己的道業而努力精進才是大精進，所以大精進也是隨順著個人所能體會的認知而有所不同的。

論文：【若不修行此三昧者，無有得入如來種性。以餘三昧皆是有相，與外道共，不得值遇佛菩薩故；是故菩薩於此三昧當勤修習，令成就究竟。】

講解 這意思就是說，如果不修行、熏習眞如三昧的話；也就是說，你所修習的四禪八定，是跟外道一樣的修法，而不是像菩薩們依心眞如的般若智慧來修四禪八定，這樣就是不修眞如三昧的凡夫所修的四禪八定。如果不修這個眞如三昧的話，是不可能進入如來種性的。換句話說，眞正的進入如來種性，是從你找到心眞如時才剛開始的。我這麼講，這話傳出去，諸方自認已悟的老宿們又要罵我了：「你怎麼這樣狂妄！用這種話來否定別人。」可是我說的確實是眞話，因爲還沒有證得第八識眞如心的時候，根本就不知道什麼叫作如來！不知道**如來眞實義**時，怎可能是眞正的如來種性？沒有證得心眞如實相，將來有一天遇到別人講一句話：「解脫的修證比較快，如果是很精進的話，最笨的人頂多四生就可以出三界了；如果是利根的話，當生就出三界了；你們學什麼佛菩提道，得要三大無量數劫才能成就，我看還是算了。」聽到這話就被他轉了，就改修二乘解脫道了。

如果你原來只是不定種性的菩薩行者，遇到這個法，算你運氣好；你就因爲親證心眞如而且深觀之後，心得決定，變成如來種性，將來一定會成佛。如果運氣差一點而遇到緣覺法，就會變成緣覺種性；如果運氣更差，遇到了聲聞法，就變成聲聞種性；這就是不定種性的人。如果你眞的是如來種性，這就表示過去世曾經熏習這個眞如與佛性的法很多劫了，所以跟你講解脫出三界，你聽了都沒興趣：「那有什麼意思？十八界都滅盡了，又不能利樂有情，又不能成佛，我幹嘛要聽你的？」你聽不進去了，這就表示你確實是如來種性，你往世多劫眞的有熏習進去了。但是眞正確定成爲如來種性，還是要到明心了，眞正找到心眞如時，你就能完全的確定自己一定要走這一條路，因爲佛菩提道太殊勝了！

譬如我悟了出來，你看我現在講的這些話，阿羅漢們一定都聽不懂（假使現在仍有阿羅漢的話）；你們看到確實很殊勝，心中就確定未來一定走佛菩提大道了。心中確定要走佛菩提大道，悟後決定不移，就眞正的成就了如來種性。如果不修證眞如三昧，換句話說，你所修的三三昧是有覺有觀、無覺有觀、無覺無觀的四禪八定世間三昧，這是與外道所修的四禪八定共通的禪定，不是修這種不共外道的眞如三昧，就沒辦法進入如來種性中，因爲你隨時都可能會被別人所轉；將來可能遇到某一個有證量的阿羅漢，或是遇到大名氣的師父，他不懂佛菩提道，所以度你取證解脫道，你就會改走解脫道的路，就離開佛菩提道，心裡就會想：「成佛得要三大無量數劫，累死人了！我還是入涅槃算了！」你會這樣想，就無法成爲如來種性。如果證得心眞如的時候，智慧出生了，悲心也會跟著出生，就不會被轉，就能以心眞如的體性與見地、悲願來修眞如三昧，這就是進入眞如三昧的悟後起修階段了。

由於眞如三昧以外的三昧，都是有相的三昧，都是和外道共通的，所以無法眞正的成就如來的種性。爲什麼說其餘的三昧都是有相的？譬如說初禪，你沒有證得心眞如而入初禪；在初禪中可以跟語言文字相應，初禪中也可以跟外界的色塵、聲塵、跟身體的觸塵相應，這就是有相法。又如二禪，先不說等持位，等持位當然有相，可是等至位仍然有相！因爲二禪等至中仍然有覺知心，這意識覺知心不就有心相存在嗎？意識住在等至定境當中，又有定境中的法塵相應，還是有相。不管你禪定修爲多高，即使到了非非想定，還是有個覺知心住在非非想定的定境法塵裡面，還是有相。可是，我們修眞如三昧的時候，雖然照樣有這些相，但卻是以所證的心眞如無相法爲究竟歸依，將來可以入滅而不入滅，將覺知心依眞如無相法自住境界的見地和般若慧，來修共通外道的四禪八定有相法；所以在有相法的四禪八定境界中卻住於無相的智慧之中，這種四禪八定不與外道共，也不與聲聞緣覺共。

爲什麼末法時代的今天有那麼多人修學三昧，卻都落到有相的、和外道共通的四禪八定的禪定法中？爲什麼這樣辛辛苦苦的修持禪定以後卻又證不到初禪？這是因爲他們沒有好因緣遇到佛或菩薩們。如果你們不是到這裡來，你們將來所修的禪或定，一定都是有相的禪定，跳不出外道定的範圍。你們到正覺來，不但現在親證心眞如而得空、無相、無願三昧，將來我們開始講授禪定時，你們一步一步的進修，也可以依無相的眞如三昧而住於四禪八定中；因爲你們有遇到眞正的法，你們也遇到菩薩了。遇到菩薩其實不稀奇，因爲菩薩有賢聖菩薩，也有凡夫菩薩；有出家菩薩，也有在家菩薩；有出家凡夫僧菩薩，也有出家勝義僧菩薩，也有在家勝義僧菩薩，所以菩薩有很多種，遇到菩薩並不稀奇。

難道你們不是菩薩嗎？你們受過菩薩戒以後就是菩薩了！如果證悟了，能夠教人眞如三昧，就是如來種性的眞正的菩薩了！所以菩薩不必一定要像在家勝義僧的 觀世音菩薩那麼高，也不必一定要像出家勝義僧的 玄奘菩薩那麼高。明心了就成爲賢、聖位的菩薩：從凡夫與外道們來講，明心的人是聖位的菩薩；從大乘別教來講，明心者只是賢位的菩薩。這些人也都是菩薩，像這樣有修證的菩薩們，不必一定是很高層次的菩薩；只要眾生有緣遇到一個眞正明心的菩薩，用他明心所獲得的見地來教導三三昧，也可以使眾生在悟後漸修眞如三昧。眾生隨著這樣的賢位菩薩修行，修道速度會比地上菩薩所教的慢一點，但也無妨正確的逐步走上去，這樣眞正明心的人也是實義菩薩。所以遇到菩薩其實沒什麼稀奇的，應做如是觀。

這就是說，由於前面所講的這些緣故，既然眞如三昧能夠使佛弟子眞實進入如來種性中，所學所修都不與外道、凡夫共，由於這個緣故，菩薩應該對眞如三昧勤加修習。「修」就是修學眞如三昧，「習」就是回來以後不斷的練習，這叫作修、習。修習之目的是要使得眞如三昧能夠成就，不但成就，還要究竟；究竟就是像諸佛那樣究竟了知。到那時跟你恭喜，你其實也是無喜可言，諸佛就是這樣子。接下來進入第九個部分，修習眞如三昧的利益：

論文：【修此三昧，現身即得十種利益：一者、常爲十方諸佛菩薩之所護念。二者、不爲一切諸魔惡鬼之所惱亂。三者、不爲一切邪道所惑。四者、令誹謗深法重罪業障皆悉微薄。五者、滅一切疑諸惡覺觀。六者、於如來境界信得增長。七者、遠離憂悔，於生死中勇猛不怯。八者、遠離憍慢，柔和忍辱，常爲一切世間所敬。九者、設不住定，於一切時一切境中，煩惱種薄，終不現起。十者、若住於定，不爲一切音聲等緣之所動亂。】

講解　習修眞如三昧的利益，共有十種。如果有眞正修證第八識如來藏這個心眞如三昧的話，就會有十種的利益；也就是十全十美的意思，所以大乘佛法中人都應該要修習。但是修習之前，先要瞭解十種利益的內容，才能發起願樂之心，來求證眞如三昧。有哪十種利益呢？

第一、現生可得這個利益：常常會被十方諸佛、諸大菩薩們所護念。也許你修學以後，不但不曾感覺已被十方諸佛菩薩護念，連一尊、兩尊佛菩薩都沒看見過。可是護念，並不一定要讓你看見！他們護著你、念著你，但不一定要現身；意思就是說，他們會看著你，暗中照顧你。譬如子女在成長的過程當中，父母護念著他，但不一定時時都現身在他面前，不必一天到晚都跟著他。父母心裡面想：

「我兒子、女兒現在大約如何如何了！明天、後天大約如何如何了！」到了某一個時節，父母才會現身爲他作某一件事；但是多半是暗地裡託人照顧他，不會直接的讓他知道，這就是有智慧的父母親所作的事。佛與大菩薩們也如是，當你在修習眞如三昧的過程中，如果到了應該轉折的階段時，你不懂如何轉折，佛菩薩就會出現了；或是在你定中來告訴你，或是加持你而使你心中生起一個知道轉進的念頭，你不就轉進成功了嗎？

可是你還沒有到達應該轉折階段時，還有很多事情要做，這些該作的事情你都還沒有做好，又怎麼可以一天到晚想要佛菩薩示現給你看？所以諸佛菩薩的護念，不必時常都讓你看見。我這一世自從學佛以來，見過 釋迦牟尼佛也只有兩次而已，並沒有每天都來讓你看見。 世尊哪有可能閒著無聊呢？我們學法、護法也不曾閒著無聊啊！如果 祂老人家每天都來，我們可能會向 祂說：「佛啊！您不要每天都來看我，我很忙呢！」所以護念並不是一定要時常讓你看見他們，他們會觀察因緣；如果在修行的過程當中，你已經有一個眞有證量的好師父、好老師帶著你修行，必須是走到某個階段，連你的老師都沒有辦法幫你突破，而這位老師自己對下一階段的修證也沒辦法突破時，才是他們出現的時候。他們不必一天到晚來跟你摩頂，來跟你放光照耀。所以「常爲十方佛菩薩之所護念」，不必每天都見到他。

「二者、不爲一切諸魔惡鬼之所惱亂」：這意思是說，如果你眞的在佛菩提正道上一步一步去修學努力，惡魔鬼神都無法擾亂你的，但是你得要有正確的知見、正確的心態以及無我無私的心態。如果起了私心，別說外面的諸魔，自己的五陰魔就會先跟你擾亂了，所以一定要時時注意自己心態的問題。精進修習眞如三昧的人，諸魔惡鬼不能惱亂，除非自己有私心。諸魔惡鬼的擾亂，有時是跟過去世的因緣有關係的；如果過去世一直都喜歡跟鬼神混在一起，喜歡修習鬼神相應法（譬如密宗的息增懷誅、雙身法等），那他今生修學解脫道時，他們就會常常來找他，一定會被他們所惱亂，這是跟過去世的緣有關係。

所以我們學佛的過程當中，要有正確的知見，就是不要去干預因果。干預了因果，鬼神就會常常來找你。以前我出來弘法的早期，常常有人要我跟他加持，我說：「我自己身體都不好了，老是病歪歪的，我還跟你加持？」「拜託啦！拜託您跟我加持啦！」沒辦法！我就加持他；他的病果然好了，可是我自己的病還是好不了。初期弘法時曾加持了三個人，都有效；後來有一天，我發覺這是在干預因果！因爲那些人的業報，找了許多醫師都醫不好，一定是有往世因果問題的。以前汐止還有個工廠鬧鬼，後來透過一位很要好的同修來跟我求，我當時沒辦法推辭，就加持了一個咒語給他，他們放在工廠裡就不再鬧鬼了。可是我自己還是繼續病歪歪的，這是我加持別人的第三件事，以後我就不再做了。

後來又有人來請託，我就故意拖延整整一年，才把他那一串念珠加持給他，以後就沒有人再來找我加持了。從此以後我就打定主意，不再爲任何人加持，因爲那是干預因果。凡是與因果有關的病症，都要用解決因果的方法去治；所以菩薩雖然也學醫方明，卻是在有了三地的四禪八定、四無量心、五神通以後，能夠善觀往昔無量世的因果了，也就是在三地滿心以後才開始學醫方明。因爲菩薩得要注意看，那些很會治疑難雜症的神醫（全天下醫師都治不好的，某位神醫卻能夠治好），他們大部分人後來臨命終時，都不太好。因爲凡是天下醫生依照必定可以治好的醫方來醫治，卻又醫不好的病，那一定是有往世因果的；神醫卻偏偏醫好了，怨家債主當然要找他了！他干預因果，使那些有冤的鬼神要不到債，當然要找神醫了，所以神醫死時有許多人是很不好的；除非他私底下積了很多的福德，低價收費又加上常常免費施藥給貧困者，所以產生大福德而使鬼神無法找他算帳。

所以菩薩學習醫方明，通常是在四地心才開始修；因爲天下名醫都醫不好的人，來到這裡，你除了爲他把脈確定病症、處以藥方以後，還要以大神通幫他觀察往世十百千生乃至多劫的因果，除了服藥以外，還得彌補往世所造惡業的因果，然後才服藥治病。這就是說，往世因果的病源得要先治；因果的病沒有治，債主的怨氣未消而幫他治身體的病，就是在干預因果，這個事情最好少做。有的人慈悲心大發，一天到晚喜歡跟別人加持，多數的情況是有用的；可是加持以後，一方面你付出了心力，大部分還是靠鬼神幫忙；那些密宗的喇嘛們用鬼神相應的咒語召喚了鬼神來幫忙，以後還是要還鬼神的「神」情，將來當然要還他們，這是很簡單的道理。最好的辦法是像三地滿心菩薩一樣，自己有能力加持別人，也有能力化解怨仇；如果沒這個能力，最好是請那些業障病者自己去求　觀世音菩薩。觀世音菩薩大慈大悲，求什麼事情都沒有問題的，都可以做得到；我們未滿三地以前，還是少干預爲妙。

我們得要留著色身來爲正法、爲佛教、爲眾生作事，讓正法在人間永續的延續下去，這是我們的使命所在。我們奉　佛之命再回來人間，不是爲了治眾生的身病；那些眾生身病，由世間眾多醫生去治就夠了。爲避免未來世的道業不斷的被諸魔惡鬼之所惱亂，我們得要減少干預因果。因爲光是弘揚正法而破斥混入佛門中的邪法，天魔對我們的擾亂就已經夠瞧的了，不必再去干預因果而招來更多的鬼神干擾。假使能確實證得眞如三昧，住於法界實相境界之正見中，鬼神當然是無法惱亂你。

第三、證得眞如三昧而不懷疑，心得決定而不退轉的人，決定不會被一切邪道所迷惑。「一切」邪道，當然是包括無量無數的邪道。爲什麼不會被他們所惑呢？當你轉依心眞如的體性，並且進入定中去做思惟整理，在這過程當中，一切的邪道，由於你的見地非常的深妙，他們根本無法瞭解你的智慧，何況能跟你惱亂？他們想要迷惑你，絕對迷惑不了的；因爲他們的「智慧」境界，你都看得清清楚楚的，而他們完全不知道你的智慧境界，那你怎麼會被他們所迷惑？這不必靠別人的力量，靠你自己的世、出世間智慧就夠了。

當今之世，最容易迷惑眾生走入外道法的，就是西藏密宗的法。密宗的法是最容易迷惑眾生的，因爲眾生總是求有，喜歡三界有所攝的意識覺知心享樂境界；而他們的求甘露法、財神法、因地灌頂以及四種灌頂，都是從外道中攝取進來的邪見。甘露不過是欲界天人的飲食法，吃了絕對不能生長智慧的。前些時候在中央日報有登出一個廣告，不曉得誰去剪了下來，放大貼在佈告欄上，說有個外道仰諤益西主持最後一次的甘露法會，以後不再主持了，宣稱要隱居了，所以請大家趕快去參加他的求甘露法會。他如果眞的觸道、證道了，爲什麼還要去隱居呢？他至今連一個眾生都沒有度入見道位中，怎麼就要隱居去了？這其實都是有原因的，因爲他們裡面的徒眾，已經有很多人在流傳著一個說法，說那個仰諤益西是義雲高化裝假扮來籠罩人的；他怕時間久了會被人家當面拆穿，所以再弄最後一次甘露法會、趕快聚斂一批錢財以後，就可以讓仰諤益西永遠消失不見了，這個假冒的人從此就消失於人間，永遠找不到了，就不會被人當面拆穿了。如果一而再的不斷冒名出現，可能有一天被人上前把他一頭篷髮假髮扯掉，又把鬍鬚扯掉以後，證明原來是義雲高假扮的，那可就完蛋了。

所以這些人都是外道邪見，甘露不過是欲界天人日常的飲食，那些外道們卻妄稱吃了欲界天的食物以後，可以使人出三界的功德增長；但是欲界天人也是凡夫，他們日常的食物被人類吃了以後，怎有可能增長菩提？如果眞能增長菩提，那些欲界天人每天吃甘露，豈不是早就各個都成佛了？而且色界天人以禪悅爲食，層次遠高於欲界天的甘露，那麼色界天人的證量，依照義雲高他們的說法，豈不是應該成爲「佛上佛」了？所以絕不可能有這種事情！想要增長菩提，就得修證佛菩提道，就得從親證如來藏入手，除此別無法門。這就是說，義雲高和西藏密宗那些外道們，都想要以邪因來增長正因，根本就是牛頭對不上馬嘴。他們密宗又說修氣功可以成就佛菩提的境界，那也是騙人的；因地灌頂、四種灌頂也都一樣，都是外道邪見。你如果有了心眞如的見地，再深入修習眞如三昧，你就不會被這一些外道所迷惑了；因爲你已經很清楚的知道，那些東西畢竟都是欲界世間的有爲法，都是欲界世間的有漏法，和眞實理完全不相干，所以就不會被迷惑。

第四、證得眞如三昧的人，可以使以前誹謗深妙法的重罪和業障全部都變得更微薄。這個功德眞的很迷人，因爲誹謗深妙法的事，在末法時代的今天確實是常常可以看見的，那就是誹謗如來藏，將萬法根源的如來藏謗爲實無，將如來所傳的最勝妙一切種智所依的如來藏和祂所含藏的種子，全都謗爲實無，說是富有外道神我色彩，讓人誤以爲如來藏眞相識就是外道所說的常住不壞的神我，這就是誹謗深妙法的一闡提人。這種人在末法時代的今天，常常可以看見，那就是印順法師與昭慧、星雲、證嚴……等人，就是藏密黃教的達賴喇嘛等人，他們都以凡夫妄想所得的應成派中觀邪見，來否定如來藏，來否定最勝妙的一切種智唯識深法。直到現在，仍有許多法師與居士，抱著邪謬的應成派中觀邪見而不肯放棄，掙扎圖存的繼續造作誹謗最勝妙如來藏法的業行，反而無根誹謗我們的如來藏妙義是外道神我思想，所以就無根誹謗我是外道，並且在網站上貼文公開無根誹謗，這就是現代誹謗深妙法的具體事證。

如果是粗淺的法，大家都比較能瞭解；譬如有人弘揚五陰苦、空、無我、無常的道理，說一切眾生不離一切苦，所以宣說苦集滅道、十二因緣……等二乘菩提的三十七道品。這些佛法，初聽的時候就會承認是佛法，因爲這是最基本的佛法，也容易理解，所以大家聽了都會相信是佛法，不是外道法，所以一般人根本就不會誹謗它。可是深妙法就不同了，譬如說如來藏勝法一講出來，可能馬上就會有人根據印順的《妙雲集》邪見，就會根據密宗應成派中觀的邪見來跟你講：「你所信受的如來藏法義，其實就是外道的神我思想。」印順法師的書上不都是這麼寫嗎？《妙雲集》幾乎每一冊都這麼寫，幾乎每一冊都有，不斷的明說與暗示「如來藏就是外道神我」，這就是誹謗深妙法的具體事證。

誹謗深法、妙法的事，並不是現在的台灣與大陸才有，古天竺時就有了，那就是月稱、智軍、寂天、安慧、般若趣多、阿底峽等人所弘傳的應成派中觀的邪見。安慧法師根據應成派中觀思想而造的《大乘廣五蘊論》，也早就被天竺第一義天 玄奘菩薩廣破了；他的徒弟般若趣多因此更寫出《破大乘論》來誹謗大乘法，所以也曾被 玄奘菩薩當面破斥而不敢作聲；後來阿底峽把他們的邪見傳到西藏，但並不很流行；後來由宗喀巴發揚開來，再由黃教藉政教合一的勢力，強力弘傳，直到今天仍由達賴喇嘛繼續弘傳；印順法師則是自己去承接密宗應成派中觀的邪見，與他師父太虛大師大力弘揚眞常唯心思想是完全悖離的，而且是公然否定太虛大師所主張的如來藏眞常唯心思想的，正是中國傳統佛教「三界唯心、萬法唯識」的傳統佛法的叛徒。

他們爲何否定如來藏深法呢？因爲如來藏講的是眞我，也就是原始佛法四阿含諸經中 佛所講的眞我、如、實際、本際、識、我；他們單取**蘊處界無常的無我法**，可是卻將 佛所說的「蘊處界無常、無我，依眞我而有」的道理，全面否定。四阿含諸經中，常常說：蘊處界緣起性空故無我，蘊處界與「**我**」不一、不異、**不相在**。這就是四阿含諸經中所說的**眞我**，所以四阿含諸經的眞實義，是以**眞我**來說蘊我、處我、界我虛妄，而說五蘊、十二處、十八界都**無我**，但是這個無常無我性的蘊處界卻都與我不一亦不異，又是不相在的；所以**無我**是依**眞我**而有的，眞我就是第八識如來藏；這在四阿含諸經中都可以找到證據的，將來我們會以《阿含正義—唯識學探源》一書，舉證這個道理。

他們不懂如來藏是萬法的根源，不懂蘊處界無我的緣起性空法，都是依如來藏眞我而有的；他們既然證不到第八識如來藏，他們也不知道：如來藏是第八識，而外道神我、眞我是第六意識心。所以就認定說：**蕭平實講眞我，外道也講眞實不壞我，同樣是講眞我，所以蕭平實就是外道**。眞是離譜！他們不曉得我們所講的如來藏眞我，是由於祂的不生不滅性，所以叫作**我**，佛在四阿含諸經中就是因爲這個緣故而說爲「**我**」，這個**我**其實是**第八識**如來藏；可是外道所講的眞我，是會壞滅而自以爲不壞滅的**第六意識**覺知心、離念靈知心；這種有生有滅而不能常住的第六意識心，怎能叫作「**我**」？所以我們說離念靈知心的**第六意識心**是無常、無我的。而如來藏眞我卻是**第八識**，從來離妄念、離語言文字、離六塵中的見聞覺知；外道所講的神我、眞我，則是**第六意識**覺知心：一向不離妄念，一向不離語言文字，一向在六塵中見聞覺知，顯然是第六意識心。我們弘傳的眞我是第八識離見聞覺知的如來藏，外道弘傳的眞我是有見聞覺知的第六意識，差異這麼大，怎麼會一樣呢？怎會把我們親證的第八識如來藏，與外道所說的第六意識心混爲一譚而誹謗我們是外道呢？這不是強詞奪理嗎？這不是指鹿爲馬嗎？這不是故入人罪嗎？

那些在言語上誹謗我是外道的人，以及在網站上面匿名貼文無根誹謗我是外道的人，他們正好卻是落在外道神我思想中的佛門外道，因爲他們所謂的證悟，都是落在第六意識覺知心中，都同樣是以離念靈知意識心，作爲眞如佛性的人，正好與外道的神我思想完全一樣，所以他們才是眞正的外道。可是，他們自己是外道，卻反而顚倒黑白的誣謗我們不落入外道神我境界的親證菩提者是外道，天下竟有這種人！眞是可笑！還振振有辭的在他們的網站上貼文誹謗我們是外道，這樣看來，似乎佛教界已經沒有正法的公理了，似乎佛門裡面的修行人已經是不想分辨是非黑白的了，你說可悲不可悲？

追根究柢，其實是因爲這個如來藏勝法太深奧了，如果不是再來人，根本無法自己證悟；如果沒有再來人出面指示，根本沒有機會悟證如來藏的存在，只好每日受用而不自知，還要強出頭的誹謗他們自己每日受用的如來藏心，謗說是不存在的**唯名無實**法。而且，又因爲如來藏眞我，在表面上看起來好像與外道的神我有些類似的地方，因爲雙方都說是常住不壞心，看來似乎是相同的，所以眞的很難解釋，所以眞的是很深奧的勝法。這個很深奧的勝妙法，我們弘揚出來，免不了被那些執著斷滅見的人誹謗；因爲現在的佛弟子衆，已經被普遍的教導印順法師的密宗應成派中觀的斷滅見了，所以當他們聽說一切法無常時，就信受；當他們聽說一切法無常的當下，另有一個常而不壞的如來藏心時，就會根據印順書中所教導的先入爲主的錯誤觀念，來排斥勝法如來藏妙義。

因此，誹謗我們所弘揚的如來藏妙義的人一定會很多；所以不管誰告訴我說，又有誰在誹謗我，另有一個誰也在誣謗我是外道，我都說這是平常事。因爲他們都證不到如來藏，因爲他們都不知道如來藏眞我是第八識，而外道所說的眞我是無常性的第六識意識心；他們也不知道他們所「悟」的離念靈知是第六意識，他們一同墮入意識的境界中，當然會認同外道神我的離念靈知心而誹謗我，所以那都是正常的。如果這個世界的凡夫們都不誹謗我，那就表示這個世界的人都已經斷我見了，或者都已經親證如來藏了，都是賢聖了，那就跟琉璃世界一樣的清淨了！因爲衆生的根器都是那麼好，當然是跟琉璃世界一樣了，跟不動如來的世界一樣了！那就不叫作五濁惡世了！可是這世界就是因爲衆生根器相差很多，高低之間相差很大，所以眞正深妙的法一定會受到誹謗，這才是正常的，沒什麼可奇怪的。所以不管我們法講得多好、多妙、多眞實，照樣有人會誹謗，特別是在虛擬世界的不必負言論責任的網際網路上。

正因爲在網際網路上面是罵人不必負責的，隨便任何人取個化名，就可以上去無理的公開辱罵別人，不必舉證就可罵人；歪曲正理也可以罵人，而且都不必負責，所以一定會有人在網站上無根誹謗。但是這些無根誹謗的人，如果能夠懺悔，改修眞如三昧、求證如來藏眞如心，發願力護正法，也確實去作，他就可以使得以前所造誹謗深妙法的重罪，經由眞如三昧的轉依與深入修證而漸漸的轉變微、薄。修證如來藏眞如三昧，爲什麼能使重罪微薄下來？因爲是在空、無相、無願三昧上面去取證四禪八定和滅盡定，去取證四無量心，這樣的結果，會使得他們原有的煩惱種子，很迅速修除掉。所以，修學佛法不能只有乾慧，還得要有實際上的心眞如的證境，以及藉禪定修證來揉伏性障的證量，配合眞如三昧的見地，才能把煩惱種子和誹謗深妙法的業障從根拔除掉。所以開悟之後，如果發覺以前曾經有過誹謗深法重罪業障的話，要趕快起修眞如三昧。

關於罪障的問題，上週有人向我表示要懺悔，我說：「你要懺悔什麼事？」他說：「我以前不知道，所以跟著人家說某某人是幾地的菩薩，那我不是也變成大妄語罪了嗎？」這就表示我那一次所講「大妄語的成就要有五個條件」，他還沒有聽進去，其中有一個條件，我說的是「有欺誑心」。你明知道他不是地上菩薩，而你向人說他是某地菩薩；或者明知道他不是佛，而你說他是佛，你有故意欺誑聽者之心，這才叫作大妄語罪。你當初並不知道他只是凡夫，不是某地菩薩，更不是佛，不知道而相信別人所說；當初認爲是可以信靠的人向你推薦某人是某地菩薩，你信了他的話，所以跟著講出去，你心中其實並沒有欺誑他人之心，所以不算是大妄語；如果是爲人印證某人是某地菩薩，而心中明知其實不是，那才是大妄語罪；你並不是故意欺誑他人，沒有大妄語罪，那你是要懺悔什麼呢？

「五者、滅一切疑諸惡覺觀。六者、於如來境界信得增長。七者、遠離憂悔，於生死中勇猛不怯。八者、遠離憍慢，柔和忍辱，常爲一切世間所敬。九者、設不住定，於一切時一切境中，煩惱種薄、終不現起。十者、若住於定，不爲一切音聲等緣之所動亂。」：前半段已經說過修習眞如三昧（阿賴耶三昧）十種利益中的四種，後半段續說第五至第十個利益。第五個利益是如果修學阿賴耶三昧，你可以滅掉一切的疑惑；所滅掉的一切疑惑，包括見惑、思惑乃至塵沙惑，最後都可以究竟斷盡。因爲只有阿賴耶三昧可以讓你究竟成佛，除此以外，外道任何法門乃至佛門中的二乘聖人所證的解脫道，也都沒有辦法讓你究竟成佛；沒有究竟成佛，就表示仍然不是斷盡一切疑，只有阿賴耶三昧——眞如三昧——可以使你滅盡一切疑。由於滅一切疑的關係，會使你漸漸地深入洞悉外道法的本質，當然也可以因此而滅除諸惡覺觀。

《大乘起信論》出現的時間，大約是天竺密宗開始興盛的時間；所以這裏講的諸惡覺觀，主要是講密宗的雙身修法**樂空雙運**的淫觸邪見覺觀，名爲**惡覺觀**。密宗說男女雙身合修到淫樂遍身時，正念分明、不打妄想的住在享樂境界中而不散亂、不昏沈，就叫作正遍知覺，但那絕對不是佛法中的正遍知覺。如果那樣就是佛法所說的正遍知覺，佛授記的《彌勒下生經》就得要改寫了；佛在經中所說的**諸佛都以一切種智而成佛道**的經文，也都得要改寫了，所以密宗的雙身法淫樂遍身覺受而覺知淫樂空無形色、當時境界中的覺知心也空無形色，而說爲**樂空雙運**、**正遍知覺**，正是 馬鳴菩薩論中所破斥的**惡覺觀**。因爲這種覺觀，是人間欲界最低下、最粗重的覺觀，與輕安大相違背，也與離欲大相牴觸，正是世間最粗重的貪著。

如果那樣的低賤境界可以稱為正遍知覺，像密宗這樣的修法，那些古今密宗祖師（不必說古時候，就說現在好了），應該已經有很多人成就「正遍知覺」而成為究竟佛了；所以他們宣稱密宗裡面已經有許多人究竟成佛了。可是明明 彌勒菩薩還沒有降生人間，明明經中佛語記載：在 彌勒菩薩下生成佛以前，不會有人成佛，那是不是經典應該要改寫呢？所以他們所謂的袞覺查爾、龍點金、阿達魯馬佛，都是以「淫樂遍身知覺而稱為證得正遍知覺」的惡覺觀，都是把欲界中比一般人更粗重的大貪邪法，高推到佛法的最究竟法之上，而謊稱是最究竟的佛法，密宗就是這麼虛妄！可憐的是，仍然有很多人迷信不已，一同落入惡覺觀之中。

如果你能修眞如三昧——阿賴耶三昧——你就會知道佛菩提道的見道、修道內容是什麼？當你知道佛菩提道的內容時，你就可以滅掉密宗的惡覺觀了！你也會很清楚的知道，密宗的無上瑜伽、大樂光明、俱生樂、嚇魯噶的修法都是欲界貪，都是欲界惡覺觀，都與眞實佛法的兩個主要道完全不相干；如實的了知以後，惡覺觀就滅掉了。

第六個利益是：對於如來境界之信心得以增加和長養。一般人未悟之前，心裏面大概都會這樣想：「佛在人間還不是跟我一樣吃喝拉撒？他的境界大概就是這樣子啦！所以和我應該差不多。」就以自己的狀況、境界來衡量諸佛的狀況和境界。他們都不曉得佛、菩薩來人間示現，是依眾生的業力和眾生的福德因緣果報來示現的。如果現在這裏的眾生是壽命八萬四千歲，佛菩薩這時來示現就是八萬四千歲；如果現在這裏的眾生壽命只有十歲，佛菩薩來示現時也將會只有十歲。但是人壽十歲時不可能來示現，因爲十歲的人類智慧根本沒有辦法修學佛法；當人壽最長只有十歲時，人類連麵包都不會做了，還有人能學佛法嗎？不可能啦！

這麼深的佛法，連「很有智慧」的九十幾歲的印順老法師（編案：這是二千年時講的）都會弄錯了，何況是十歲時的人類？一定是人壽一、二百歲或以上時，具備了修學佛法的世間智，佛菩薩才會在人間示現。但這是心智最雄猛、最不怕辛苦的、最有大悲心的、慈心最強的佛菩薩才會來這裏示現。這不是說諸佛互相有差別，而是在因地所發的願力有差別，也就是別願有所不同。一切佛都是一樣的大慈大悲，但是因爲在因地時所發的別願不同，就會導致出現的時機有所不同。彌勒菩薩是在人壽八萬歲時來人間成佛，他來成佛時，是今晚出家明天成佛，與釋迦佛的六年苦行而放棄以後才成佛，大不相同。

人壽八萬四千歲時的日子是很好過的，一定是很好過，才會活到八萬四千歲；

現在人壽百歲時並不是最好過的時候，因為與人壽十歲的境界只有九十歲短短的距離而已。但是 釋迦佛因為因地時不忍見到百歲時的眾生愚痴苦難，所以發願在人壽百歲，沒有人願意在這個時候成佛時，他老人家願意不計辛苦的來人間示現成佛；因為人壽百歲時，畢竟還是有一些人具有得度的因緣，所以 祂願意承受辛苦來度大家。正因 祂因地時發了這個大願，所以我們今天才有佛法可以學，不然今天哪有佛法在人間弘傳？既然是以這時的因緣來示現成佛，當然應身佛的壽命也是不過百歲的。這就是說，如來、菩薩在人間示現，是依照眾生的福德因緣來示現的。如果是在天界示現，那就隨著諸天的境界而示現相同的境界相，但是諸天天主與天人都看不到佛菩薩心中的妙法，看不到他們心中的種子智慧。如果眞的想要知道諸佛的智慧境界，只有等到成佛時才能眞的確實了知，但是眞正明心的人已經能稍微知道一點了。

如果是自大的、慢心很重、性障很重的佛弟子，當他明心又再見性時就會想：「佛是明心的人，我也是一樣的明心；佛是見性的人，我也是一樣的見性了；所以 佛的境界就是像我今天這樣的境界。」他就會這麼想！所以以前也曾有人明心以後就生起這種妄想，就敢罵起 佛來了。但是我們從來都不敢這樣想，當年我明心又見性了，可是我想：「奇怪？我明心了，也眼見佛性了，但為什麼還不能成就佛地的境界？佛的境界應該不只是這樣子。」然後就請出大藏經來一直讀，讀到後來：「啊！眞的差遠了！可是同樣是明心與見性，為什麼我仍然不是佛呢？」又深入探究，深入探究的結果就跟無始無明的上煩惱相應了，這時候才眞正與無始無明的上煩惱相應，這時才生起成佛的煩惱，這是與流轉生死的煩惱無關的煩惱，所以不是**起煩惱**，而是**上煩惱**；這時開始探究什麼時候可以成就究竟佛道？如何才能成就究竟佛道？探究到後來：「原來佛道是這麼深妙！這麼廣大！」你越學下去，就對 佛越有信心；越學下去，對 佛的信心就不斷的增長加強。

如果不是這樣，誰願意這麼辛苦的出來義務度眾？你們看我坐在這裏說法，好像是高座享受恭敬，但是我告訴你：「我過的不是人過的生活！」我在上個禮拜二把「公案拈提」寫完，交給打字行。禮拜二晚上講經完，我得到一個穩壓器，禮拜三早上趕快把它裝好，我就開始打字輸入；昨天打完以後，把自己校對的部分校對好了，今天晚上要交給別人校對前，把它列印出來，卻發覺還少了一篇序文，就趕快再補打序文，所以在今晚交出功課了。補寫的內文大概九十八頁，連序文加起來大概一百零幾頁，總共只有七天，夜以繼日的拼命寫，因為預告六月要出版的書，拖到現在已經快七月了，不趕不行了！所以今天要來講經時還猛打哈欠；現在上座得要提起定力來講經，當然不可以打哈欠，其實蠻累人的。

也許有人會說：「出錢、寫書，賺了錢全部捐出去；如果同修會買道場時，還得要拿錢來贊助，連一點點的利益都撈不到，這還能是人幹的事嗎？」確實不是人幹的事，因為你想要作菩薩，菩薩就要這麼幹，所以這是菩薩幹的事，不是人幹的事。菩薩不能為自己設想：「我在佛法裏面應該可以賺一點財利。」不能這樣子想！一分一毫都不可以！能確實如此，才是眞正的在家菩薩。在家菩薩如果想在佛法裏面得到一絲一毫的世俗財利，那就大錯特錯了。但是為什麼我現在這麼幹下去，後面卻還有許多在家菩薩跟著我一步一步走上來，願意作這種傻瓜呢？這都是因為對如來的境界與信心越來越增強，長養得越來越好的緣故。對如來境界的信心，是因為信如來有大功德，也信我們自己這樣子精進努力的去做，將來也可以證得跟如來一樣的大功德。有了信，才願意這樣子吃苦、這樣子耐勞與任怨，要不然，當阿羅漢豈不是更聰明？為什麼你這麼傻？得要三大無量數劫的苦修？如果要說眞話，今天我的日子可以過得很輕鬆啊！何必這麼辛苦？但是為了佛教的未來，為佛教正法的永續流傳，為眾生的多世法身慧命，有很多應該做的事，都是不做不行、不趕不行的！

佛教走到今天這個地步，被藏密移花接木，以外道法全面取代佛教原本清淨的正法；也被印順與達賴的藏密常見與斷見論，改變得面目全非了，我們不趕快做眞的不行！所以得要這麼辛苦的趕著做。但這都是基於對如來境界和信心的增長，所以我們才能夠這樣長遠的、無怨無悔的辛苦做下去。有時候，我兒子說我過這個生活好像沒有什麼意義，因爲什麼享受都沒有嘛！一天到晚就是一直做、一直做，他認爲我的生活眞的很枯燥無味（你要是領受不出這個味道，可以親自試試看：連續七天，每天十小時在電腦上打字，都是義務性的，而且寫出來以後送給別人讀，還得要挨罵），你這樣子打打看！累不累人？但我們還是要拼啊！十個鐘頭打下來時，體力透支了，打完而鬆懈下來時，就得一直猛打哈欠，眞的很累。我也是剛學會電腦輸入法，每天連續寫十個小時，眞的很累啊！但是卻不可以懈怠，得要經年累月的做下去。所以菩薩們在佛道上的修行，確實是不容易的！

千萬不要如此想：「我明心了，我見性了以後，就一勞永逸、就安穩了。」我告訴你：你修得越好，往後就會越辛苦。也許你心中不以爲然的說：「總有一天可以不辛苦的享受成果。成佛以後不就不再辛苦了嗎？」但我告訴你，成佛以後其實比菩薩更辛苦。眞的啊！不信的話，有一天你去朝聖的時候，坐遊覽車都會呱呱大叫：「天氣這麼熱！竟然沒有冷氣，渾身都溼透了！好難過。」我們以前去印度時，那是一九八九年，那時印度的遊覽車還沒有冷氣，酷熱的天氣，又是汗流浹背，又多是碎石路，塵土飛揚的，一坐上車就是顚簸六、七個鐘頭；從菩提伽耶到瓦拉納西得要坐七小時的車，大家累得呱呱叫。我說：「你們大家不要叫苦啦！佛可都是坐十一號公車的呢！」坐十一號公車，就是憑兩腿走路的意思！連馬都沒得騎，都用走路的；現在有遊覽車給你坐，你還嫌苦！

如果你認爲成佛以後就一勞永逸了，我告訴你：成佛以後更辛苦啦！你看祂在這裏度眾這麼辛苦，全靠兩腿走路到處度眾生。但 佛只在這裏辛苦奔走度眾生嗎？不！這邊度完了，還有別的星球眾生等著祂，每一個世界都要一一親自去，所以成佛時更辛苦。但是你們要不要成佛呢？當然還是要啊！因爲這才是究竟法，其他都是虛妄法。所以成佛之路是無法回頭的，回頭之後將來不論多久，仍然還是得要再回到這條路上來，這就是先給諸位打個底子。台灣有一句話叫做「覺悟」，心裡先要有一個自覺：「成佛更辛苦。」明心見性以後，會發覺有更多的深妙法等著我們去學習，所以開悟以後越辛苦；可是眞正的當起菩薩來了，又更辛苦了；成佛以後就更累人了！但是如果不願這麼辛苦，你也可以發個不同的願：「我不要這麼累，我要像 彌勒菩薩那樣輕鬆的成佛、輕鬆的度眾。」那也可以啊！只是成佛的時間比較長遠，這就是別願的不同。諸佛的通願完全相同，但是別願則不一樣，所以也可以輕鬆的成佛，成佛以後輕鬆的度眾。

菩薩們能夠夜以繼日這樣子辛勞地、長年地爲眾生工作，爲佛教正法的永續流傳而任勞任怨的工作，自己完全沒有因爲錢財與身力、智慧的付出，而得到世間財上面的利益，都沒有在這上面用心過，這是什麼原因呢？是因爲對於如來的境界信心具足長養的緣故。可是，對於如來境界的信心可以具足長養的原因，則是從你證得如來藏時才眞正開始的；在這之前，都是自以爲已經對如來境界有信心的；所以才會認爲意識離念靈知心就是佛地眞如、就是諸佛如來的眞心，都是誤會一場！悟後再經由如來藏體性的轉依，進修如來藏自性的種種別相，再進修如來藏含藏一切種子的智慧，證成了如來三昧，也就是親證究竟地的眞如三昧、阿賴耶三昧，終於可以究竟成佛。

修證阿賴耶三昧的第七個利益是：可以遠離憂悔，於生死中勇猛不怯。爲什麼能遠離憂悔？因爲證得如來藏以後，你會繼續走下去，遲早有一天你會弄清楚

死後轉入中陰身的過程，也會詳細的瞭解**在中陰身時應該如何正念分明的入胎受生進入下一世**？你自己漸漸的會很清楚。入胎時要怎麼入胎？去極樂世界時應該怎麼去？往生極樂時，因爲心性的不同、所造業行的不同，所以往生極樂世界的果報也不同，悟後又應該如何進修？這些情形，你也都會漸漸的弄清楚。以後的佛道，應該要如何進修？佛道的次第與內容，你既然都清楚了，捨壽後詳細的過程轉變也都清楚了，將來面對生與死的時候，還會有什麼好憂愁害怕的呢？所以心中就遠離憂悔而能自在的面對生死，就不會像聲聞聖人一樣的害怕自己不能理解受生與捨報死亡的過程了（聲聞聖人因此都不想再受生人間、三界中）。

爲何悟後就可以不懼怕生死？因爲根據《觀經》裏面的開示：只要有明心見道，一定可以上品上生；若加上眼見佛性的話，更沒問題。有的人還沒有明心、見性，只是具足了至誠心等三心，都可以上品上生，那只是發起大心而已，還沒有悟入；何況你已經眞正的明心了、見性了，怎麼不可能上品上生呢？上品上生去到極樂世界時，是生在實報莊嚴土中，往生到那裡隨即見佛聞法，聞法以後就進入初地以上了；從那裏往上進修，也有可能很快就證得第八地了，那你是想要早去、還是晚去呢？所以明心以後想一想：「我還是應該要早點兒去！」想要早去，當然就應該早死嘛！應該早死的時候還會怕死嗎？當然沒有恐懼了！所以你對生死沒有畏懼。像這樣子，去極樂世界一次，就獲得一個更高的果位與智慧，法眼越來越強、道種智越來越深妙；然後就發願又來娑婆，在娑婆世界又來正覺繼續進修，然後依照《觀經》所說，領受 阿彌陀佛的悲願，又再去一趟極樂世界，賺阿彌陀佛的便宜，又獲得更高的智慧與果位回來。阿彌陀佛就是願意讓你賺便宜啊！那你就得要懂得去賺這個便宜、去撿這個便宜；像這樣在娑婆與極樂之間，不消幾個來回，佛地果德也就差不多了。這麼便宜的事，為什麼你不要？

如果對阿賴耶三昧有眞的修進去了，瞭解這些道理了，這時的你，在未來無量世的生死當中，自然可以勇猛不怯，有什麼好怯弱的呢？這時一切的憂愁和後悔等事，當然也都不存在了。對於往昔所造的惡業障礙，你會覺得過去所做的一切惡事，因爲現在明心了、見性了，可以藉實相來懺悔一切的業障，來滅除較輕的惡業，來減輕較重的惡業；何況現在可以上品上生，以現在的證德而去極樂世界獲得無生法忍，這是多麼美妙的事！心中清楚自己所住的境界，清楚未來所將往生處和將得的利益，所以一切的憂悔就會遠離了，所以對生死中的辛苦，當然也就能夠勇猛不怯。但這是基於證得心眞如、進修阿賴耶（眞如）三昧的基礎上來說的；如果還沒有證得這個基礎，這個勝妙法就對你不適用，你就得像老牛拖破車一樣，慢慢的往上進修，最多就只是中品中生而已；如果不曾聞熏正確的般若知見，不發菩薩大心，雖然加修十善業而很勇猛精進，最多就是中品上生，只能生到極樂世界的方便有餘土中，只是成爲阿羅漢而已。

三明六通的大阿羅漢境界，從一位沒有神通的別教直往初地、二地菩薩的智慧證境看來，眞是不值得一提；這並不是輕視他們，而是說佛菩提的種智太深妙了，阿羅漢所不知的大解脫道，諸地菩薩都已了然清楚，所以絕不羨慕三明六通的大阿羅漢證境，所以不在即將滿足三地心以前去修學三明與六通。阿羅漢所證得的解脫，並不是究竟解脫，他們也不曾證得無餘涅槃中的實際；但諸地菩薩卻已經開始分斷習氣種子了，也證得涅槃的實際與無生法忍了，當然大不相同，所以別教直往的初地、二地菩薩雖然還沒有修學四禪八定與五神通，但是絕不羨慕三明六通的大阿羅漢證境。

一般來講，如來種性的人一定會想要獲得上品往生；然而如果是還沒有破參的菩薩心性者，大部分人都是上品下生；假使能夠上品中生，心裡可得要歡喜的偷笑了。如果有修證眞如三昧——明心不退——你就可以得到上品上生，去到極樂時最少是初地、二地啊！因爲上品上生是往生當時即可見佛聞法，聞法之後當場獲得無生法忍；無生法忍則是初地或以上的證境。如果在這邊就已經證得初地，去到那邊要證得八地的智慧回來娑婆，可眞是易如反掌。阿彌陀佛就是有這個慈悲，願意讓你佔便宜；所以說你要像我們剛剛講的那樣，要以修得眞如三昧作爲基礎，來受用 阿彌陀佛的大悲願，藉以迅速增進自己的道業。但是你如果還沒有證得如來藏、還沒有獲得阿賴耶三昧作基礎，我剛才所講的話就對你不適用了，那你最多就是中品上生或中生，不然的話，最多就是上品中生了，那就差很遠了！上品的上生與中生，果報可眞的是差一大截呢！

第八、證得眞如三昧以後，可以讓你遠離憍慢，心地變得柔和忍辱，因此緣故而常被一切世間人與天人所敬重。爲什麼證得眞如三昧以後可以遠離憍慢呢？因爲，當你的智慧越來越好時，就會發覺：「隨著自己所知道的法義越來越多，反而瞭解到自己所不知道的深妙法也越來越多了，原來諸佛的智慧眞的是無量無邊。」你眞的想像不到，由於這個緣故，所以你就會越來越沒有憍慢了。且不說諸地菩薩，就說剛證悟的人好了：剛證得如來藏時，有的人會嚎啕大哭；爲什麼大哭呢？「原來開悟證果，也是無所得。原來自己從無始劫以來不斷執取種種事物，根本就從來沒有所得，我以前卻這麼愚痴的在到處攀緣，不斷的執取這個、執取那個，眞的好愚痴！這一世也一樣，自己騙自己，騙了幾十年，到現在才知道原來根本都無所得。都是意識心在得，而意識心得了以後還是要死掉，還是一場空；原來眞正有所得的是如來藏，而如來藏本身卻從來都不領受一切所得的境界，所以本就沒有得，也無所失。既沒有得也沒有失，爲什麼自己那麼愚痴，在世間法上去貪著造業呢？眞是愚痴！」原來是無始劫以來就一直自己騙自己，這一世也騙了幾十年，現在終於恍如大夢初醒，所以就嚎啕大哭一場。

這個嚎啕大哭，並不是只有你們女眾會哭咧！男眾也是照樣哭啊！甚至有的男眾悟後哭得比你們還要大聲！這都是因爲證得空性時，才發覺原來根本沒有得失可言，既然是這樣，在世俗法上還有什麼好驕傲的呢？還有什麼可以對人家起慢心的呢？都不需要了！從此就可以柔和忍辱的修道了！因爲當你轉依空性心時，那時反觀空性心：祂曾經有過剛強與傲慢嗎？根本就不曾有過！那麼意識心想一想：「空性心既然是這樣，我轉依空性心沒有剛強傲慢的境界，那我就得把剛強傲慢消滅掉。」消滅掉以後你就柔和了，就不再像以前一樣的剛強與傲慢了。

從證得阿賴耶識心體上面去修止觀，發起阿賴耶三昧，你就可以證得世間忍；

你有了世間忍，就可以柔和忍辱；能夠柔和忍辱，就一定常被世間有情所恭敬。但是能夠忍辱，是因爲你的法忍：於如來藏空性法已經得忍。你得了無生的忍心，能夠安忍而住，自然而然就可以忍辱。且不說「法忍」，一個人如果不能證得「生忍」，他出來義務的利樂眾生，把最難證、最難修的般若種智正法送給眾生時，遇到忘恩負義的眾生反過來誹謗，一定會被氣死；氣死了以後，家屬追究死因而去醫院爲他驗傷，也仍然驗不出來，想告都無從告起。眾生就是這樣啊！

你們看現在的佛教界，隨便哪一個網站論壇，你們上去看，多數不都在罵我嗎？（編案：這是二千年時講的，現在已經很少了）我把正確的妙法，義務的送給眾生，救他們免除大妄語業，救他們回歸正道，他們卻還要狠狠的咬我呢！如果沒有生忍與法忍，早就被他們氣死了！是不是？可是我從來都不氣，因爲我自從出來弘法時，心裡早就對自己作過心理建設了：「眾生本來如此。」我心中先自己接受眾生會對我忘恩負義的事實，先接受眾生的五濁心性，所以就沒有苦了！有的人還會把網站上罵我的文章下載寄來給我，我大略的前後一翻就知道了：「哎！這是無理取鬧，又亂罵一通了！」知道就好了，就把它擺在一邊，也沒有空去一一的看它們。並不是看不下去，把那些文章當作戲文來消遣時間也不錯！但是我眞的沒有時間去看它們，我要做的事情太多了，沒時間去管那些無聊事。如果看見人家寫信來罵你，網站登出來罵你，你就生氣！那你就是沒有智慧，因爲你已經上當了，人家就是要你生氣嘛！就是要浪費你的時間，讓你少作破邪顯正的事情嘛！可是你如果有生忍與法忍，還會跟他們生氣嗎？還會因爲好奇而想一一知道嗎？當然不會啦！當然會一笑置之，因爲你還有很多正經事要做，爲了佛教廣大信眾的未來千年大計，你都忙不過來啦！還有時間去理他們？

我聽一位同修說，有人藉口在網站上面罵：「這個蕭平實說，要跟他辯論法義就得要寫下生死狀。他就是一副要人死的樣子啦！」其實這不是要別人死，這也有可能是要我死、害了我平實自己！因爲生死狀寫下來，是雙方對等的，我假使輸了，我也要自裁啊！在這種完全平等的待遇下，他們爲什麼會感受到壓力？因爲如果他們不出來作法義辨正，就表示他們理上有虧嘛！可是想要出來公開辨正嘛！可能得要自裁，或者要認蕭平實爲師，這又受不了；因爲心中不願服輸，不願當人家的徒弟，那麼辨輸了就只剩下自裁一條路了，他們因此就受不了啦！

這就是說，他們都沒有把握。有把握的人當然立刻就會來找我了！他們來辨正贏了，我蕭平實若不自裁，那就一定得當他們的徒弟嘛！不一定是他們來當我的徒弟。誰當誰的徒弟、誰要自裁？鹿死誰手？都還在未定之天；所以這是完全平等的，不能夠說：「蕭平實一副要別人死的樣子。」事實上應該加上這一句：「蕭平實也是一副想要自己死的樣子。」這樣說，才是平等心而說的言語。所以那些在網站論壇上化名隱匿身分，而又不依世間道理在說話的人，都是沒有辦法用道理來跟他們說的。今天你當上了秀才，可是你若遇到了一個大字識不了一籮筐的大老粗士兵，那就沒什麼好論理的啦！那你只好轉身走人、不理他，你幹麼還在那邊說他「不講理」？你說什麼都沒用的！他就是不講理！你罵他不講理，他還是照樣不講理。你想要救他們，他們還狠狠的反咬你幾口，這種人很多的，所以這個世界的眾生才會被　佛叫作**五濁眾生**。

因此，你想要當菩薩來利樂眾生的話，必須要轉依阿賴耶識心體的清淨自性、眞如自性；轉依了以後再從阿賴耶的實相來修止觀，這樣修止觀才能獲得阿賴耶三昧，你就可以得到世間忍、得到法忍；有了世間忍、法忍時，當然心地就可以柔和忍辱，遇到別人無理毀罵時，你都可以無動於衷，繼續作你該作的事，不受干擾！能夠這樣的話，外面的人看久了以後，心裡想：「你看！人家網站上把蕭平實罵死了，他還是如如不動，也不上網去回應，這個人似乎還不錯。」有智慧、理智的人就會這麼想。罵人的不一定會被尊敬，除非他所罵的都是指正世間人的錯處；但是我們不罵人，我們都只是在法義上作辨正，從來不涉及人身攻擊；反觀那些人，卻都是在事相上捏造莫須有的罪名，對我作人身攻擊。但是，我們經由法義辨正而提升了佛弟子們的智慧，甚至於有人因此而生起慧眼，確實在實際上利益佛子了，因此而開始被某些人感恩，長久的將來以後，一定會被一切世間所尊敬。這就表示你在六度的精進上面已經漸漸地成就滿足了。

證得阿賴耶三昧的第九個利益是：假設不住於定境當中，就算是在平常一切時間、一切境界當中，煩惱的種子也都會漸漸的變成很微薄；這樣子次第進修到最後時，終究不會再有煩惱現起了。因為你如果精修阿賴耶三昧，眞正如實去修的話，再加上平常有在修集福德，有轉依心眞如性而修除貪瞋，使得性障輕微，就會以大家所料想不到的速度進入初地去；這一進入初地，一切的煩惱都不會再現行了。在一切種智裏面說：「初地菩薩永伏性障如阿羅漢。」阿羅漢們，你如果罵他一句：「你這個狗屁阿羅漢！」他心裏面還會有一念的瞋，但是不會相續，幾分鐘就過去了。他也不會從這個瞋而轉為恨，恨再轉為怨，怨恨再轉為惱。他們都不會，他們不會有恨、怨、惱等法現行，他們雖然還會有一念起瞋，但不會現起瞋相；那是因爲瞋的習氣種子還沒有斷盡，所以一念起瞋；但這個瞋不會現行，瞋的現行已經永斷了，所以阿羅漢永遠都不會跟你發脾氣；如果會跟你發脾氣，那一定不是阿羅漢。

菩薩的煩惱種子淡薄，這跟阿羅漢不同，這表示菩薩在一切時地不但修斷煩惱的現行，而且也從煩惱的習氣種子下手開始在漸斷了。換句話說，本來會起瞋心的，但是沒有現行生氣起來，只是心裏面老大不痛快；但是菩薩發覺了，就立即把它修除；下一次再遇到了，可能心中還會生氣，在心裏面生悶氣五十秒鐘，然後漸漸地修、漸漸地變短；到最後則是最難的，只有一刹那就滅了，這是最難斷的。但是諸 佛心中連一刹那的瞋都不會有，那才是最難斷的，那就要花更長的時間，在歷緣對境上面去斷，這就是在煩惱的習氣種子上面去修斷；可是沒有到達究竟佛地時，始終不可能斷盡，所以諸菩薩努力修除習氣種子，只能使煩惱的種子微薄。微薄了以後，你要修三三昧可就輕鬆了；這個道理，在《甘露法雨》書中的問答裏面曾經說過了。

有的人修禪定，始終沒辦法制止語言、影像的妄想出現；有的人好一些，但是偶而仍會有語言妄想出現；有的人程度高很多，但還是會有無語言的妄念出現，也知道那個沒有語言的妄念是什麼意思；有的人程度又更高，連那個妄念是什麼意思都不知道，就這麼一閃而過，糟糕！一閃而過就出在二禪定外了，又回到初禪去了。這就是說，你如果想要迅速的修得禪定，特別是你想要修無覺無觀三昧的話，你得要先作預備工夫，預備工夫就是先斷煩惱、先伏煩惱，我所、我見、我執的煩惱被斷了、或除掉了，四禪八定的修行就事半而功倍了。所以佛菩提道所安排的修學禪定的次第才會被排在第三地。所以大乘法的佛菩提道，凡不是從二乘無學地或大乘通教無學地而迴心大乘別教的修法，都是到了三地的無生法忍修好了，才開始修證四禪八定、四無量心、五神通，以這樣的次第來完成三地無生法忍的。因爲在這之前，你得先要去斷煩惱、伏煩惱，修禪定時才能事半功倍。可是你想伏斷煩惱習氣種子，還得要跟眾生在一起才好斷，讓眾生來磨你啊！磨久了，被磨就變成習慣了，習慣了就覺得沒什麼好掛礙的了，妄想、妄念就不會再時時現起了，這樣子修證四禪八定也就容易多了。

又譬如初地滿心修「猶如鏡像」的現觀，還是得要跟眾生在一起，才會有因緣證得；二地滿心所證得的「猶如光影」現觀，也是要跟眾生在一起，你才會有好因緣出現，才容易修證。不然的話，那個疑情要從哪裏來？沒有疑情就不可能修成這些現觀。其實那些疑情都是眾生給你的，得要在眾生的境界裏面同事，才會出現那些引發現觀的疑情，然後由佛菩薩加持你去特別注意那個疑情：「咦？這個好像有些意思喔！」就從那裏再下手去參，你才能夠證得啊！等這一些現觀證得了以後，你會發覺：疑情與現觀之間，從初起疑情時的情境來看，二者幾乎是完全無關的。現觀完成時，煩惱也已經很淡薄了，具備三地心的境界了，那時就是你修習禪定三三昧的時間了。

談到禪定三昧的修證，有人聽到一些風聲，就來問我：「老師！我們是不是快要有本山道場了？」我告訴你：「八字都還沒有一撇。」因爲人家要價一億多，我說：「我們沒有那麼多錢。」既沒有那麼多錢，幹嘛去買那麼貴的地皮幹什麼？這就是說，凡事都不能急的（編案：當時所談的地是在土城，不是現在所購的較便宜的大溪土地）。所以佛菩提的道次第是一點兒也不能亂的，一定要依照 佛講的次序來，除非你想事倍而功半：很努力卻獲得很少的功德。 佛會安排別教戒慧直往菩薩的這種修道次序，不是沒道理的。當你的煩惱還沒有「永伏如阿羅漢」時，想要修學禪定三三昧，我告訴你，我就算傾盆倒給你，你那時的容器就只像一個小杯子一樣，當然就只能得到一杯的分量。如果能夠把你的容器擴大到很大時，我整盆全倒給你，你就可以全部收到了，這不是更妙嗎？所以禪定的修證，現在不急；禪三道場、本山枯木禪的修習道場，就看因緣罷！（編案：已經在籌建了）

這就是說，想要得無生法忍而進入初地的人，還得要去伏斷你的煩惱習氣種子，不是只有斷現行！換句話說，起心動念之間都要去觀察、去覺照，努力去轉變它；後來終於有一天煩惱種子淡薄了，終於不會現起了，那才是你修證禪定三昧的時間了。因為那時你隨便一坐，自然而然就沒有妄想，這樣來修禪定三昧不是很輕鬆嗎？何必在那邊盤腿熬夜跟妄想對抗？你如果沒有把煩惱消除，你就一定要跟它對抗，以對抗的方法修定就會很累。所以我這一世初學佛時，在○○寺參加禪坐會共修時，那時還沒有破參，但是我知道要除煩惱，所以妄想很少，坐下去以後三個鐘頭才下座，下座後精神好得不得了！愉快得不得了！可是有個姓林的同修說：「我越坐越累、越坐越苦。」為什麼他坐到後來下座時，渾身累得不得了了？因為他都在跟妄想對抗，這很累人的！這比起拿鋤頭種田還要累，拿鋤頭時還可以很輕鬆的揮鋤，可是他不行啊！他一直要跟妄想努力的對抗，那真的很費心力。

如果有證得如來藏，你有真實的轉依祂的體性以後，你就會想辦法把性障永遠降伏住，使它永不現行；剩下的煩惱障中的習氣種子就可以一分一分的歷緣對境慢慢去斷。這就是修證阿賴耶眞如三昧的人，所能得到的利益。從此以後，人家見了你也歡喜呀：「這個人都不會生氣呀！都不會記恨啊！心性眞好啊！」當然你自己也會因此而永遠心情愉快呀！沒什麼可氣、可記恨的。這就是從你修證如來藏及轉依眞如三昧來的。如果不修眞如三昧而轉依成功，努力修學禪定時都會是「如石壓草」一樣，都只能用壓制的方式，而不是從根本去做起，修起來就很費力，卻又得不到什麼效果。

第十個利益：你如果有修眞如三昧，假使住在定中等至位裏面，就不會被一切的音聲等外緣之所動亂。「不會被外緣音聲所動亂」，這得分成兩個部分來說。第一個部分說，你如果證得初禪的話，初禪是有覺有觀三昧，所以不論你怎麼動亂，反正都無所謂；因爲初禪中也可以說話，初禪中也可以寫書，初禪中也可以吃飯、散步、說法，做什麼都可以，都沒有關係啊！音聲怎麼動亂都無所謂。因爲進入初禪是只要你一念心起，一刹那間就可以進去了，不必努力加行轉進，都不需要！至於二禪以上，那就不一樣了！二禪以上的等至位，如果要長時間的安住而不動，不被外面的音聲所擾亂的話，必須要你的末那識自我降伏得很好；必須把末那識以遍計執性對外五塵上面的法塵的執著性降到很低。如果末那不會被影響時，就不會使得意識轉到外相分來攀緣，你就會一直在自己的定境法塵內相分中安住，就不會被外面的音聲、其他的外緣所擾亂。但是這要依眞如三昧來修，使得煩惱種子微薄了，才能夠這樣。如果不依眞如三昧來修，像那些沒有證悟的人，或是證悟了以後不肯修伏性障的人，以及外道凡夫在修四禪八定，那就要用很強的意志力把末那管束住，這樣子修證禪定當然很辛苦。以上是說修習眞如三昧的十個利益。接下來《起信論》的第十分，又回到止觀來說：

論文：【復次，若唯修止，心則沈沒；或生懈怠，不樂衆善，遠離大悲，是故宜應兼修於觀。云何修耶？謂當觀世間一切諸法生滅不停，以無常故苦，苦故無我；應觀過去法如夢，現在法如電，未來法如雲，忽爾而起。】

講解　現在又要重說止觀了，說來說去還是要依你的如來藏自體的眞如性來修止觀。如果只是修止而不修觀行的話，心就會低沈而不明利，就會像沈沒了的東西看不見了，因爲沒有自覺與觀照，就會住入昏沈、無記的狀態之中，就好像未到地定過暗一樣，智慧不能增長，定境也不能增上。如果只修止而不修觀，往往會變成懈怠，爲什麼會變成懈怠呢？因爲貪著定境中的輕安，心裡就想：「打坐就進入定中，當個無事人，眞是享受。」確實是享受！如果你會修定，入定眞的是享受；但是貪著這個定境，不願意在種智上面再進修，就不能在成佛之道繼續邁進，那就是懈怠。

有的人喜歡打坐，他進入定中安住，一晃就是三、四個鐘頭過去了，下座時：「哇！好舒暢！」我今生破參，還沒有出來弘法時，那段日子眞是好過哩！午餐過後，沙發上坐一會兒，覺得稍微消食了，就上三樓佛堂！這一坐，得要到六點時才會下座，日子過得很快、很寫意，眞是痛快啊！現在可沒那麼好命了，現在很忙。可是從佛菩提道來講，未到三地心以前，貪著定中的滋味就是懈怠。一天到晚坐在那邊無所事事，佛菩提智沒有在進步，你提早修學禪定的三三昧，也會是事倍功半的。我是今生初學佛時自己就懂得六妙門的禪定修法，當時也不知道那就是六妙門的行門，只是自己憑著直覺而修，也讓我修成功了；但是你們沒有這類知見，沒有往世這種熏習，修起來就會很辛苦，一定事倍而功半，所以現在還不是你修禪定三三昧的時候啊！是應該在佛菩提智上面突飛猛進以後才修的啊！因爲佛菩提智可以讓你在以後修證禪定時事半而功倍，可以使自己得到大利益，也可以讓眾生得到大利益。結果你不在這上面用功，只想自己的禪定三三昧；將來縱使禪定三三昧再好，眾生仍然不能從你這裡得到眞實的利益啊！從　佛的立場、從菩薩們的立場來看，就得要罵你懈怠啊！

懈怠之後則「不樂眾善」。「不樂眾善」有兩個意思，第一是不願意去作利他的事，也就是不樂於教導眾生修學佛菩提道和解脫道，第二是講自己不肯再進一步去修慧，這叫作「不樂眾善」。因爲不樂眾善、懈怠的緣故，就「遠離大悲」。不是講小小的悲心，而是大悲心。小悲心大家都有，看見一條蚯蚓爬到馬路上來，趕快把他捉回草叢去，這就是惻隱之心；可是大悲心就很難發起，因爲大悲心並不是專在小事上面著眼的，往往要你出來當惡人：有那麼多眾生被誤導，竟然沒有人敢出來破斥邪見、救護眾生。因爲大家都想要當好人，沒有人願意當惡人，這時你就要出來當惡人！這種願意爲了救護無量不認識的眾生，而願意得罪大師們，不畏懼大師們的抵制，也不畏懼他們指使手下來圍剿而受到損害，這才叫做大悲心。有大悲心的人一定不怕得罪大師，肯專挑大師們、針對他們誤導眾生的部分提出來辨正，把證據陳列出來，把對與錯的眞正道理講出來；得罪了大師，所以在佛教界中成爲「眾矢之的」：每一枝箭都拿你做標的，都射向你。明知會得到這種待遇，仍然無所畏懼的繼續努力救護眾生，這才是眞正的大悲心。

就是因爲這種緣故，所以我的書中都不印照片，所以我開車或者騎單車出去，都沒有人認得我。有時騎著十幾年的破摩托車出去，也不會有人認得我，眞好！多麼自在！別人要謾罵就讓他們去罵，沒有關係！因爲我早已成爲眾矢之的，可是將來眾矢之的背面是什麼？台灣十年後（2010 年）將會有更多的正法銳箭，瞄準了想要繼續使眾生喪失法身慧命而射向蕭平實的那些萬矢，將射向蕭平實的眾矢一一射落。因爲眞正想要學佛的人們，詳細讀過我的書，詳細比對經典聖教，漸漸會知道那些射向蕭平實的箭都是惡見，所以他們就會支持弘揚正法的蕭平實，支持使他們得到般若智慧的蕭平實，反而準備更多的箭來瞄準眾矢，射下眾矢（編案：這個現象已經開始出現了）。但是，在眾生還沒有警覺自己被大師們殘害法身慧命以前，我作這些救護眾生的事，還得要被不明內情的眾生們，依照大師們的指示來辱罵我、來收集銷燬我救護他們法身慧命的書，所以我作的事情全都是吃力不討好、不利自己的蠢事。可是你得要敢做、也願意繼續不斷的做這種不利自己而能利益眾生的事，才能說你眞的有大悲心。

華嚴講的菩薩十無盡願，有很多人敢發心，可是發心的人如恆河沙那麼多，但是能成就十無盡願的人就像是指甲上的泥土一樣少，所以大悲心不容易發起，更難維持久遠。如果要做個世俗法上的聰明人，我也會做啊！我每天修我自己的三三昧就好了，何必吃力又不討好的救護不知恩德的眾生呢？我只管自己的道業，不是很輕鬆嗎？每天享受禪定之樂，快樂得不得了！可是，爲什麼我可以這麼做而不這麼做？這就是大悲心。你眞的要有大悲心，佛才可能不斷加持你引生深妙的智慧。如果沒有大悲心，你膽子不夠、怕受到傷害而不敢做，就算是把十無盡願的文字在佛前很懇切的每天發願，可是等到境界現前，該救護眾生而得罪大師的時候，又不敢作而退縮了，這就表示你還沒有發起大悲心，仍然沒有發起十無盡願的願力，只是口頭上唸一唸而已。

這種人心中只是想：「我自己修好就行了，希望蕭老師把他知道的所有法都傳給我；至於別家的子弟法身慧命死光了，還得因爲跟著大師們謗法、抵制正法而下地獄，那也都跟我不相干。」這就不是大悲心，而是私心了；不肯爲眾生的法身慧命設想，只想作個濫好人而不願得罪大師。這就是只修止而不修觀的過失，心很沈沒而不能起心救護眾生，也不樂於修造眾善之業，也發不起大悲之心；由於這個緣故，所以我們不該只有修止，應該兼修觀行而發起深妙的智慧與大悲之心，所以止定與觀行應該要雙修，才不會偏在一邊。

那麼修觀應該要怎麼修呢？應當觀察世間一切法都是生滅不停的，所以是無常的，這才能夠使你對我所的執著消滅掉。世間有哪一種法不是生滅不停的呢？有的人說：「至少這棟大樓沒有生滅不停吧！」我告訴你：「還眞是有哩！」一棟鋼筋混凝土造的大樓，標準壽命是六十年，所以折舊率是以每年六十分之一去計算，所以我們在帳上得要每年提列折舊準備，六十年後就得要拆除，所以是無常。也許你說：「六十年之間至少沒有變動嘛！」其實還是有變動，只是很微細，所以你沒有感覺而已。上週的大地震，我們布告欄那邊不是裂了一條縫嗎？可是別擔心，那不是結構的問題，因爲那個地方是用磚頭砌起來隔間的，也沒有砌到頂，所以地震時會裂，那是正常的。

世間所有的法，沒有一法是常住的，都是生滅無常；金剛鑽是許多女人最愛的寶物，可能壽命也會很長，但是也許有一天孩子拿了把錘子一槌，也就把它槌壞了，所以也是無常。或許有人說：「我把它埋到深土裏面去，那就永遠不會壞了！」但是一個大劫以後，它又怎麼樣？還不是爆炸、消失在宇宙中？還能存在嗎？它還是得回到碳元素的極微地大狀態去了。所以一切的法都是生滅不停的，只是轉變的快與慢的差別而已。既然是生住異滅就表示無常，無常的東西當然是苦，既然是苦，苦則當然是無我。爲什麼佛法常常要講無我？因爲蘊處界都是無常，所以才叫作無我。可是無常、無我的背後，佛卻又說有我。

並不是只有在般若跟唯識的種智經典才開示眞實常住的「我」，而是在原始佛教的四阿含諸經中，早就講有眞實不壞的「我」了。譬如阿含裡面說：色蘊，不論是遠色近色、大色小色、長色短色、現在色未來色，一切色**非我**、**不異我**、**不相在**；受、想、行、識亦復如是，一切**非我**、**不異我**、**不相在**。這意思就已經很明白的指出來：蘊處界都是無常故無我，可是卻與眞我如來藏非一亦非異的。這是原始佛教的四阿含經典所講的**眞我**，難道印順與達賴他們可以睜著眼睛說瞎話，硬說四阿含沒有講眞我嗎？所以不能夠說佛法單講無我，佛法中也是有講到眞我的；應該函蓋**無我與眞我**，才是具足完整的佛法。但因爲眾生偏執蘊處界等我，所以偏重在蘊處界無我上面來講；但若只講蘊處界無我，就會落入斷滅見中，就和斷見外道完全一樣了；所以單講無我而否定第八識眞我的人，決定不是眞的懂佛法，所以三乘佛法都是講「非有我亦非無我」。

那爲什麼偏講「無我」的時候多呢？因爲五陰、十二處、十八界都無常嘛！

無常當然是苦，苦就不可能是眞我嘛！眞實的我應該是無苦、應該是恆常，所以說「**蘊處界非我、不異我、不相在**」；這個阿含中很有名的名句，是很多人都知道的、都讀過的；這句經文中所說的眞我是什麼？就是你的第八識如來藏啊！就是無餘涅槃中的本際，就是你的名色七識心所緣的另一識啊！名色的「名」裏面已有七個識，因爲六識加上意根就是七個識了；由名色七識心所緣的另一個識，不正是第八識嗎？這個第八識和名色非一亦非異，所以 佛才會在四阿含諸經中說「非我、不異我、不相在」。這個中道的妙理，在阿含經裏面就已經略說過了，並不是沒有講過。

所以不能像印順法師一樣，一口就否定第八識眞我的常住，又否定第七識意根的存在而主張只有六識。所以佛法不是完全無我性的，在初弘期的原始佛法中，偏重二乘解脫道的斷我見與我執，所以細說蘊處界等法都是緣起性空而無我性的，因爲都會壞滅、都是無常的法性；但是原始佛法四阿含諸經中所說的無我，是講五陰、十二處、十八界的無常故空，是苦，所以叫作無我，但是從來不曾說過名色所緣的第八識是無常、苦、空、無我，所以不曾否定第八識的存在與常住性；但因阿含偏重解脫道的取證，只要斷除我見與我執就夠了，所以就不在第八識心體上面多作宣說，但決不是不曾講過第八識的常住與存在的。所以，蘊處界的無常空之中實有不空的法性，那就是名色七識心等所緣的另一個識，就是阿含部經典中講的如來藏、識、我、本際、實際、眞如、如，這才是眞正的原始佛法。

那麼世間法，一切都是無常、是苦、生滅不停。請問：如來藏是不是世間法？有的人搖頭，有的人想點頭但不太敢點。假使如來藏是世間的法，那麼如來藏就不是涅槃之體了，如來藏就不可以講是不生不滅的了。反過來，如來藏假使不是世間的法，那麼如來藏就應該一直都處在三界外了！可是如果你能出現在三界外時，卻又絕對找不到如來藏了；因爲你既然消失了，如來藏又離五別境心所法而不返觀自己，所以也不知道自己的存在，那你在三界外當然還是找不到如來藏的。無餘涅槃既是以如來藏爲體，所以涅槃當然非三界法、非非三界法，如是方可名爲眞實涅槃。假使如來藏是要出了三界才找得到，可是沒有「人」（五陰十八界就是人）能出三界，那就沒有人找得到如來藏了，也就沒有人能證得佛菩提道了；因爲斷除了三界中的五陰、十二處、十八界，世間的我都全部滅盡了才是出三界，這時既然沒有見聞覺知的我存在，又是誰能找到如來藏？所以你想要找到出世間的如來藏，還得要在三界裏面去找。

可是不懂佛法的人聽到這個說法，他們可能會罵：「**這個蕭平實！說話顛三倒四！如來藏是出三界的法，怎麼可能在三界中找得到？**」這些人眞是不可避免的會誤認佛菩提的證悟。所以佛菩提道眞的是甚深極甚深的道路，你要跟那些不懂的人說這種極深妙的法，眞的是雞同鴨講，沒有交集點。所以佛法的修證，必須要從基礎的佛法中一步、一步的修上來，不能一下子就跳躍過去；所以我們的禪淨班的教材，才要爲諸位準備兩年半的課程，從最基礎的佛法開始講，把證悟之前所該具足的知見都告訴你，將來你證悟了之後就有能力去整理它，智慧就開始出現了。

在破參明心之後、眼見佛性之前，我們又施設許多法門，讓大家按部就班的修上去：**如何作看話頭的功夫？如何修集見性所必需的福德資糧？如何增益般若別相智？**所以說正覺同修會的法義是很深妙的法門，不是只有明心見道而已，當然很不容易和外面的大師們對話。你若想要跟那些知見嚴重不足，而且知見顛倒卻又自以爲是的大師們對談佛法，眞的沒有交集點，一定沒有辦法跟他們溝通、宣說的，除非他們捨棄了面子，願意虛心與你談論。

當你證得如來藏時，可以現觀世間一切諸法生滅不停，無常故苦、苦故無我，你就知道這都是在講五陰十八界無常、無我的自性。接下來你又反過頭來觀察如來藏，祂從來沒有生滅，**體恒常住**。「恒」就是永遠是不滅，「常」就是常常這樣子安住而不會變來變去的改變清淨涅槃自性。然後再從如來藏來看待世間，這個世間最多不過是一個大劫，還是會壞掉；可是如來藏絕對不會壞，祂將會一直延續下去，這個才是眞實法，這樣子才是眞我：沒有**蘊我性**、**處我性**、**界我性**，可是卻常住不壞，所以才是眞我。這樣觀行之後，你的智慧就會和以前不一樣。這樣子觀行完了以後，再依如來藏而觀過去法：過去猶如昨天的一場夢。過去無量劫以來不曉得死過多少個蕭平實了？把那些屍體堆起來的話，一定會比須彌山還要高；因爲過去有無量世，沒有辦法計算，所以堆積起來一定比須彌山還要高。佛曾說過：「你們這些眾生，每一個人過去無量世以來所喝的母乳，比四大海水還要多。」眞的是很多，因爲過去世無量，既然是無量世，所喝的母乳加起來一定很多，一定超過四大海水，當然得要恭敬一切女人，她們可都當過你往世的母親呢。

你如果有修眞如三昧，有一天你眼見佛性時，世界如幻觀當下就成就了，一剎那間以眼觀山河大地而成就世界如幻觀，親眼看見世界如幻。如果沒有眼見佛性，當然也可以成就如幻觀，但是必須很辛苦的觀行多劫才能成就。不見佛性的人當然也可以修入初地、二地，只是很辛苦、很費力，所經歷的時劫也會很長。當你到了初地滿心時，你就有能力從外相分直接切進內相分，你就看來看去的到處看，看你自己的內相分：無量無數的內相分。比如說你過去世曾當過牛、也曾當過總統國王、也當過午夜牛郎，什麼都曾經當過！最高貴的、最低賤的都曾經當過，可是現在看起來眞是如夢一場，如夢觀也是遲早都會成就的，但是不見佛性而證這種現觀，就必須長劫觀行，以及心地清淨而與往世的種子相應，才能在定中以及夢中親見，才能成就。

但如果眼見佛性品質很好的人，這個身心世界的如夢觀、如幻觀，都是在見性的當下就完成了，都是一剎那間就解決了。就不必再透過修行而作身心世界如幻、如夢的觀行了。眼見佛性就是這麼妙，但是見得不眞時就沒有辦法獲得這種功德。你如果見性見得很眞切，這個功德是非常強烈的。世界如幻，它就是那麼虛幻；但這不是依佛性眞實常住而對比出來的，而是以肉眼親見佛性的異常眞實，以慧眼親見心眞如非常眞實；以肉眼親見世界與五蘊身心的虛幻如夢，是見性的當下就同時成就而不必再作觀行的。至少我個人在見性時就已經是這樣的，這是在一九九〇年的見道報告中就已經這樣寫的。

當然，見性後也可以從佛性的眞實與心眞如的眞實性上作對比，而現見五陰身心和世界的虛幻。佛性相對於五陰身心和世界同時存在，但是以肉眼看起來，身心和世界都很虛幻，這不是你去感覺、去體會、去思惟而得到的虛幻感。這就是說，當你眼見佛性很清楚、很勝妙、很眞實時，功德具足時就是這樣子，在一刹那間，如夢觀、如幻觀統統解決；如果見得不分明，那就沒有辦法了。那你只好修眞如三昧，一點一滴來證解「過去法如夢」。

「現在法如電」，看現在的一切法刹那、刹那一直流注生滅、一直過去，沒有停止而一直變異不斷的消逝過去。「未來法如雲」，天上的雲朵，沒有辦法永遠把它消除掉，就算是連續十年鬧乾旱、苦旱，有時候天上也會飄來一兩朵白雲，你沒有辦法完全把它消滅掉。這裏「如雲」的意思是講，未來未生的法，好像雲那麼多，就像滿天都是烏雲時。因爲有情眾生既然不入無餘涅槃，可想而知，他們未來將生的法一定會不斷的現前，數也數不盡，所以說未來法如雲，將來都會忽然而現起，在眾生心的覺知心中不斷的來來去去。以過去法如夢、現在法如電、未來法如雲的觀察，來除去我執、除去三界一切法的攀緣。還要在未來的法上面去觀察，未來的法一定會如雲一般相續的忽爾而起。爲什麼未來的法會如雲忽爾而起呢？這就表示煩惱還很重。

煩惱如果輕了，就不會有未來法如雲而起，往沙發上隨便一靠，心中都沒有妄想；就這樣子，心理上完全沒有負擔，就這樣子安逸的過日子：身苦而心輕安。雖然外面有些人不斷大罵蕭平實，但是我們無所謂（編案：現在罵的人減少了，因為大部分人已經在罵的過程中加以分析思惟而了知法義的正邪了）。這不是因爲我臉皮厚而無所謂，只是覺得短時間裡對那些人「理也理不清，說也說不清」，所以不想理會。該說的法，該改正眾生邪見的地方，我們趕快把它說出去、寫出去，讓眾生趕快瞭解，這才是正辦；至於那些大師們是不是派一些手下極力在網站上面謾罵、人身攻擊，是不是派了人專門收集我們的書去焚燬，我們都不必管它。因爲我們心中沒煩惱，所以努力寫書，寫累了，一靠下來休息，心中一點兒念頭都沒有，心中沒有心理上的任何負擔：當我該做時就能努力去做，累到必須休息時，我就休息一下，就這麼單純。如果煩惱沒有斷，我告訴你：一定會煩惱一大堆，常常在生悶氣。

「未來法如雲忽爾而起」，到底是從哪裏出現的？眾生自己也不知道！但我告訴你，都是從你的末那識所引生的。正因爲末那的遍計所執性的關係，所以未來的種種法就從你的如來藏心中相續不斷的跳出來，太多了！就好像下雨一樣的不斷跑出來。這都是因爲煩惱沒有斷嘛！那你如果能夠這樣子現觀，就懂得悟後修道的眞理，漸漸就不會有這個問題，這是我們所應該要觀察的。

上週講到第三十六頁的倒數第三行：「未來法如雲，忽爾而起。」接下來說：

論文：【應觀有身悉皆不淨，諸蟲穢污、煩惱和雜。觀諸凡愚所見諸法，於無物中妄計爲有。觀察一切從緣生法，皆如幻等畢竟無實。觀第一義諦非心所行，不可譬喻不可言說。觀一切衆生從無始來，皆因無明熏習力故，受於無量身心大苦；現在未來亦復如是，無邊無限，難出難度，常在其中不能覺察，甚爲可愍。】

講解　這一段論文說，在止觀方面，要依智慧去現前觀察：過去法如夢，而現在法如電，念念不住；未來法如雲，忽爾而起。這樣觀察之後，知一切法無常、變異、非是究竟。然後從法上轉頭回來，還要再觀自己的五陰十八界；應該要觀察：凡是有身，總是不清淨的。欲界人間一切的色身都不會是清淨的色身，不管你看到多麼俊美、漂亮的有情，其實都是不淨的。不論是多麼漂亮的生物，都是屬於欲界身；欲界身都是由四大和合假合而成的！凡是欲界身，都是有摶食才能生存的。摶食之所從來，不管是水果、稻穀、都是從泥巴裡面生出來的，當然不是清淨物。有些人有潔癖，出門或者在家做事時，有時候叫他光腳在地上踩一下，他都覺得地上好髒；甚至於家裡的地板，他還要用清潔劑消毒一下，不然他踏得不安心啊！但是他對所吃的東西，卻不曾覺得不淨；其實食物都是從最髒的泥巴裡面，攝取腐化後的不淨物而長出來的，然而我們的欲界身卻都必須每日吃這些以泥巴及不淨物為成份所生出來的食物；食物吃進身子以後，又變成糞穢，我們的身體不就是一個行動尿桶、糞桶嗎？所以說人間凡是有身悉皆不淨。

色身是眾生輪迴生死中的法相，眾生不瞭解色身的虛妄而被色身所羈絆，被色身所遷轉；這在道家裡面，已經有人能夠瞭解這個禍患了。所以老子不是有一句話很有名嗎？他說：「吾所以有大患者，為吾有身。」有的人說相聲時就拿這句話來開玩笑，他說：「不是只有女人才會『有身』啊！男人也會『有身』啊！」在古時候比較含蓄的說法，說懷孕叫做「有身」。對方問他說：「你是個男人，哪裡能夠有身？」他說：「有啊！我已經有身啊！」人家問他：「你是男人，怎麼可能有身啊？你根據什麼而這樣講？」他就說：「老子有這麼講啊！老子說他最大的過患就是有身嘛！」那不是他懷孕了嗎？原來是聽者誤會了，說相聲的人是拿這一句話來當作笑話來說。不過這樣講笑話實在是沒智慧，不管怎麼樣，老子終究是世間境界裡的聖人啊！向出世間聖人開玩笑固然不好，但是拿世間境界的聖人開玩笑也不好，將來還是會有果報的啊！

你看老子雖然還沒有證得如來藏，還沒有出世間，但他也知道色身就是一大過患。但是就算能夠離開色身，並且證得無色界的四空定了，終究也是只能到達無色界而已，還是無法完全的捨離世間的輪迴。這意思就是說：只要是有色身，就會因爲這個色身的維護或貪著，而造作了許許多多的業，往往爲了色身而去造善業求生天國。生天倒也是好的，怕的就是爲了色身的享樂而去造惡業，惡業一造，眞的是很難收拾，未來多世可就難過了！這都是因爲色身的緣故而造善惡業，所以色身就變成過患了。如果是懂得正修佛道的人，有色身倒是好的，因爲色身是個修行的工具啊！因爲你的意識心、末那心要修行，但如果沒有色身，你就不能修行，所以它就成爲你的修行工具了，從這觀點來看色身，倒是好的。

就像是一把刀子，可以救人也可以殺人，它是兩面的。色身也一樣，可以是衆生輪迴的根源，但也可以是衆生解脫輪迴而出三界的解脫道修行的工具，端看衆生怎麼樣去用它。從修道的人來講：首先要觀察的就是色身清淨不清淨？有沒有必要去執著它？有人很喜歡阿難尊者，就是摩登伽女；《楞嚴經》即將開講了，經裡面說：摩登伽女喜歡阿難尊者，因爲他好英俊！佛說：「那你喜歡阿難哪個部分啊？」「鼻子最英俊了！」佛說：「那我把他的鼻子割下來給你好啦！」她說：「我不要。」佛說：「不然，你想要怎麼樣呢？」後來她才瞭解到阿難其實是由無常不淨的四大組合而成的。既然是組合而成的，妳那麼貪著他作什麼呢？這個摩登伽女，聽了佛的說法，就證果了。她擾亂了阿難菩薩，卻還可以証果，但這是有過去世的因緣，不是平白無故的擾亂人家也可以證果的。千萬不要隨便去跟人家擾亂，沒有前世的特殊因緣，想要擾亂別人而可以証果，沒這回事！這就是說，欲界人間的一切色身都不是清淨身。

乃至欲界六天的天人們，他們也還是有摶食的啊！只是他們的摶食比較微細而已啊！既然有摶食，當然也是有五臟六腑的嘛！當然也是不清淨的！所以欲界身都是一樣不淨的。那我們觀察色身不清淨，不再執著欲界身了，這就是解脫欲界的繫縛了！只要加以一些定力，就可以發起初禪境界了。假使不先解脫欲界的繫縛，就想要一下子出離三界，對一般人而言，那是不可能的。固然也有一句「善來比丘」就成爲俱解脫阿羅漢的，但是先要曉得這些人已經四禪八定具足，已經把三界的煩惱給降伏了；之後就只差一個我見還沒有斷除，這我見一斷，當下就因爲智慧上的親證解脫，配合原有的四禪八定而成爲俱解脫，就可在捨報後或提前出三界了嘛！所以他們都有一個見道前的修行降伏我執的過程。

一般人沒有四禪八定的降我執過程，所以修學解脫道的話，一定要先從觀察色身不淨去斷身見、我見，身、我見斷除之後，再來觀察欲界的覺知心依緣而起、虛妄不實。觀察完成以後再來觀察色界的覺知心不眞實而虛妄，觀察色界身的虛妄不實，再來觀察無色界的定中覺知心，也是不眞實的虛妄法；得要透過這樣的觀行過程，才能把三界一切境界中的我見斷除盡淨。三界我見的微細部分都斷除盡淨時，我執就斷了嘛！這樣才能稱爲慧解脫的阿羅漢嘛！這樣一步一步出離三界。因此要除欲界身的貪愛，要除欲界法的貪愛，得要先從欲界身見的斷除來作起。因爲欲界五欲我所的貪著，都是根源於欲界的色身而來。欲界色身的身見斷除了的話，再來斷欲界諸法的貪著，就比較容易啦！因爲欲界諸法的貪著，都是依附於欲界身而有，欲界身尚且虛妄，何況是欲界我所的種種法呢？所以要從觀察欲界的有身悉皆不淨開始。

爲什麼說欲界身不淨呢？因爲欲界身有諸蟲穢污嘛！再加上煩惱和雜，哪有清淨性？也許有人說：「哪兒有？我們台灣現在衛生蠻好的，不像四十幾年前、五十幾年前，小孩子肚子裡面都是迴蟲、蟯蟲，現在哪有諸蟲和雜？」可是等你眞的瞭解人體醫學的時候，你會發覺你的色身其實就是諸蟲生活的世界。在種智裡面有說：「欲界眾生的摶食是以爛壞爲相。」換句話說，欲界中的眾生吃食物，它是一段一段一團一團有固體的、也有流體的，都是有物質的；而我們吃東西之後，其實這個「食」法都是以吃了以後會爛壞而作爲食相，才能成就飲食長養色身的功德。你的飲食之相能夠成就，就是因爲所吃的食物在肚子裡會爛壞；如果在肚子都不會爛壞，你就不能吸收營養啊！譬如端上桌來的食物是一盤塑膠粒，那你吞下肚去之後，明天照樣原封不動又拉出來，那你能達成飲食的法相嗎？不行的！將完全沒有飲食的法相了。正因爲它們都不爛不壞，你就無法吸收它們的能量啊！不能攝取它們的能量，那就是沒有食相。

譬如熱騰騰的一個素包子，蒸出來給你吃；假使吃下去以後都不爛壞分解，又保持剛嚼爛時的狀態再拉出來，那你能夠有食的法相完成嗎？（大眾回答：不能。）當然不能！因爲它不爛壞。必需要會爛壞而分解，才能吸收營養，才能完成食相。現在再請問：爲什麼爛壞分解才能夠完成你的食相？爲什麼你能從裡面吸取營養呢？因爲它一定要經過發酵，發酵以後才能夠分解，分解了以後你才能夠吸收它的營養，不然你無法吸收它的營養。吸收了營養以後才可以讓你的色身欣欣向榮嘛！所以這個飲食的法相必須透過發酵、分解，你才能夠吸收營養，吸收了裡面的營養以後，你的身體得到了能量，就能好好的生活與修道了。

但是爲什麼食物能夠分解讓你吸收？首先你的唾液產生了消化作用，接下來進到胃裡面，分泌了強酸來分解它。如果你吃了什麼微生物進去，雖然活吞下去，牠們多數會死！因爲你的胃分泌強酸來溶解食物或小蟲；但是太酸也不行啊！所以經過十二指腸時又分泌了強鹼來中和酸性；中和以後就變成食糜，已經快要靡爛的樣子。如果你看到食糜，可能都要作嘔了，當然無法再吃回肚子裡（眾笑），但是你的生命卻要靠它來生存啊！現在你說說看：你的身體儲存和吸收這個東西，會是清淨的嗎？當然是不清淨的。食糜轉進到了小腸，繞來繞去，在腸裡面就有一些跟你共生的細菌，牠們依靠你而生存，你也依靠牠們而生存。所以有很多人重視保健，每次餐後都要吃表飛鳴，或者一定要喝養樂多；可是你如果拿顯微鏡放大來看時，你一定又不敢喝了：「怎麼都是細菌！」你嚇死了！表飛鳴與養樂多，其實都是酵母細菌啊！所以世人沒有不放屁的。因爲食物一定要經過發酵才能分解嘛！分解了，你才能夠在小腸裡面把食糜中的營養吸收嘛！所以結腸、十二指腸這整個過程，都是在幫你發酵跟分解，當然就會出生一些氣體，當然得要排出來。

在小腸中你開始吸收營養，發現小腸裡有這麼多的細菌，這難道不是「諸蟲穢污」嗎？要是弄個小腸的切片出來，顯微鏡一瞧，你看見自己的身體都是細菌，都會起雞皮疙瘩啦！如果正是個有潔癖的人，那他就死定了！因爲他會一天到晚殺菌，那些細菌因爲你抗生素用的太猛，就全部死掉了！當你把黴菌全部殺掉了以後，跟你共生的有益細菌，幫助你攝取營養的有益菌也全部被殺掉了，那你就無法吸收營養而死掉了。或者成爲敗血症，你的白血球也全部壞掉了，那你就死定了。所以說：你身體裡面一定是有很多很多的小蟲，經裡面叫做「細蟲」，現在的名詞叫做細菌。講「菌」比較好聽一點，比較不會怕。要是跟你講細蟲：「唉喲！我肚子裡面都是蟲喔！」（眾笑）所以說是諸蟲穢污啊！

你要想：那些蟲在你的腸胃裡面，它吃了你所供應的食物啊！它就排泄一些東西出來啊！然後你再去吸收它們排泄出來的東西，作爲你的營養。那請問你：你這個身體清淨嗎？怎麼說都不清淨啦！所以欲界中沒有什麼清淨的色身可言啦！如果要談清淨的色身，那就得要到色界去。色界身沒有五臟六腑，不吃摶食，所以也沒有細菌，也不會被感染，所以色界天的天人既不會被細菌感染，也不會感冒。

爲什麼又說是「煩惱和雜」？因爲欲界的眾生就是貪著欲界中的五欲，也就是色、聲、香、味、觸，財、色、名、食、睡，所以人間才會攝屬欲界嘛！這五欲正是三界世間最重的貪，因爲這五種人間最重的貪，所以就產生了世間最嚴重的瞋，所以就殺人、放火、強姦、擄掠，都是在欲界人間才會有的法；在欲界天，最多是把人家女兒搶回來當老婆，不會有強姦的事情。只有人間才會有強姦的事，所以人間的人眞是煩惱最重的眾生，所以當然是煩惱和雜。也許有人會說：「那我行善往生去欲界六天就沒煩惱啦！」但是欲界六天就沒煩惱嗎？照樣有！欲界六天也是不清淨啊！等到我們接著講《楞嚴經》時就會講到了，現在且不說它。所以欲界六天也是有煩惱的，只是比人間稍微輕一點，所以也是煩惱和雜。

學佛人都應該從欲界色身上面先去觀察，然後再觀察凡夫和愚人所見的種種法：他們都是「於無物之中妄計爲有」。「凡」字是指世間的凡人啦！世間的凡人包括莊子、老子、墨子、孔子、耶穌基督等，因爲他們雖然都是人間的聖人，但在佛教的出世間法上來講，仍然只是凡夫；乃至天界的聖人譬如耶和華、阿拉，也都是凡夫；因爲從二乘解脫道的出三界生死來看，從大乘般若的修證來說，他們都還在三界輪迴當中，都無法超出於三界的境界，也都還未曾親證法界的實相，所以從二乘解脫道來說，都叫做凡夫。可是阿羅漢超過三界的凡夫境界了，但是卻在大乘法中被 佛稱之爲「愚」；因爲他們對於般若，對於實相都不瞭解，都未親證啊！所以雖是出三界的聖人而不是凡夫，卻還是愚人。只有菩薩証悟了如來藏而親自領受如來藏的眞如法性，並且通達了以後，才說不在「凡、愚」之數中。

這是從通教來說阿羅漢們都是聖人，如果從三藏教來講，他們也都不在「凡、愚」之數中；可是如果從別教來講，通教菩薩和阿羅漢們雖非凡夫，卻都仍然是愚人；至於親證如來藏而未通達——未進入初地的人——依通教及三藏教來說，也都是聖人，因爲三縛結都斷了，至少是初果聖人；但是依別教的修證內涵與階位來講，都只能叫作**外聖內凡**的賢人。相對外道及佛門內的凡夫來講，相對於二乘菩提來講，說證悟般若的人是聖人；但這種聖人，若從別教來講，只能說是實相外門的聖者而同時是實相內門裡面的凡夫。既然只是別教內門的賢位凡夫，那就沒什麼可高傲的啦！就不需要驕人啦！這就是外聖內凡的別教三賢位的賢人。

可是阿羅漢既然已經能出三界，乃至諸天天主都應該要供養他們，雖然慧解脫的阿羅漢們一點兒禪定與神通都沒有，但慧解脫的阿羅漢也是「應供」啊！諸天天人還是應該要供養他們，所以天主來了還是要供養他們啊！可是在別教裡面卻說他們還只是愚人；雖然已不是凡夫，但仍然是愚人。因爲他們對於法界實相一無所知，所知障還沒有打破，未證得法界的實相，所以是愚人。法界的體性是什麼？就是這個第八識的「函蓋能生與所生，而又常住清淨涅槃界中的境界相」。當你證得第八識以後，能夠如實領受第八識這種體性，所以了知法界萬法都是從如來藏心體中生出來的，所以都以如來藏爲依歸，都依如來藏而運轉，都是緣起性空，都依如來藏才能不生滅；這樣親證及現觀，才是證得一切法界的體性智慧啦！所以法界體性智只是總相智慧，正是佛菩提道中眞見道之所得慧，是初見道所得到的智慧，這就是**法界體性智**；並不是密宗講的：「密宗的佛多證了一個法界體性智，顯教佛沒有這個智慧。」西密又說：「法界體性智是在佛地四智之上，只有密教佛才有這個智慧。」其實法界體性智是四智之下、再之下、再三之下的，只是般若初入道、初見道的總相智慧，就是方才所說的**現觀如來藏出生法界萬法的眞實相的智慧**，但是他們西藏密宗法王、上師都不懂。

法界的體性是什麼？就是如來藏性。法是指三界中的所有法，界就是功能差別，所以法界的意思就是：一切法的功能差別與界限。他們不曉得十八法界、十法界、一切法界都各自有其差別與界限，也都同是以第八識心的體性爲根源，也都是從第八識心體中出生，再依附於第八識自體性的運作才能不生不滅，所以第八識心體就是一切法界的體性，所以法界的體性就是第八識的體性；當你證得第八識如來藏，就知道一切法界的體性都是以如來藏爲體；當你有了這個智慧，就是親證**法界體性智**。

阿羅漢們不曉得法界的眞實相，除非他不是決定性的阿羅漢，迴心大乘之後，親從菩薩修學，後來終於證得心眞如啦！才算是親證**法界體性智**了，那就不只是**非凡夫**，而且也離開**愚者**之列了。也許你們未來在弘法的過程當中，會碰上一個南洋來的阿羅漢（假如南洋現在還有阿羅漢的話），他來到這裡聽你宣講般若，但是卻聽不懂，所以願意拜你爲師；你就教他法界觀的正確知見，你可以當阿羅漢的師父，教他法界體性的意義，然後一步一步幫他建立知見，教參禪的方法和方向；他依照你的教導參禪，有一天終於找到心眞如第八識時，就懂得涅槃的本際就是這個心！他終於知道了，這時才算是眞正的**實證無餘涅槃**了；因爲涅槃也是法，但涅槃這個法卻是以如來藏爲界、以如來藏爲體的，他終於知道涅槃法界的體性了，這就是證得法界體性智了。

他以前是可以在捨壽時入無餘涅槃的，但終究沒辦法證得無餘涅槃；因爲入無餘涅槃時的十八界都滅盡了，如何能有阿羅漢來實證無餘涅槃境界？他未入無餘涅槃前卻又不知道涅槃中是以何爲體？而那個心體在何處？他也不知道；所以從菩薩的智慧上來看，阿羅漢是永遠都不能實證無餘涅槃境界的，所以菩薩們看阿羅漢所證的涅槃，一定會不約而同的認定爲方便說。但是他現在明心了，還沒有入涅槃就先證得無餘涅槃中的境界了。這時候阿羅漢一定很歡喜的五體投地跟你頂禮，那時你可以受之無愧。雖然你也許當時還是身著白衣，身還沒有出家，也照樣可以受之無愧；因爲他從此進入別教的眞見道位了，在你的指授下，他不久就可以到達通達位了，就脫離愚者的身分了，就不在**凡**和**愚**兩種人之中了。至於凡夫，包括外道所謂的聖人，包括他們的天主，他們所信奉的「至高無上」的神，其實都是凡夫。「愚」是指二乘的定性無學，即是不迴心的阿羅漢，都叫做愚，愚於法界實相故。

那你證得法界的體性而發起法界體性智之後，要去觀察諸多凡夫和定性阿羅漢等愚人所看見的三界中種種法，你將會發現他們都是「於無物中妄計爲有」。其實三界中的一切法都是因緣假合所成的，都是從如來藏中出生的，都不是眞實有；都是在某一個過程中示現爲有，或者只能依如來藏心體的常住而生滅不已，而依攝歸如來藏心體的原則說爲不生滅。但它們本身並不是恒常不壞的，可是凡夫與愚人們都不曉得，所以就虛妄的計度（計就是錯誤的判斷，「度」字讀作「墮」音，就是猜測的意思），他們虛妄的猜測、判斷，誤認爲諸法離於如來藏而眞實有：確實有外法可以被有情們的覺知心所接觸到。譬如定性的聲聞種性阿羅漢，他們爲什麼捨報後一定要入無餘涅槃呢？因爲他們認爲諸法雖然是無常，可是五陰、十二處、十八界都是在外法上面眞實有。所以，如果不入無餘涅槃的話，就一定會有苦受被自己眞實的領受；他們認爲外法眞實有，所以在這一世證得盡智、無生智之後，如果不入涅槃而再去受生，受生了以後，下一輩子換了一個全新的意識覺知心，成爲隔陰之迷、一時若忘；萬一重新再修學解脫道時又被大師們誤導了，又去執著離念靈知意識心，又被外境所引誘而造作壞事的話，豈不是又要流轉生死而無了期？所以他們會害怕。這就是因爲誤認外法眞實有的緣故。

十八界在世間是眞實有的，雖然無常、是苦、是空，下一輩子可能忘了這一世的修證，而會影響到佛菩提的道業，因此，阿羅漢會這樣子想：「既然外法是眞實有，我還是先入涅槃再說，以免來世初學佛法時萬一不小心遇到惡知識把我籠罩了，我又得輪迴三界去了。萬一沒有好的因緣遇到個大善知識，萬一下輩子來讀不到《邪見與佛法》的正知見（眾笑），那我又得輪轉三界去了。」如果他有福報，下一世又讀到《邪見與佛法》，他就會與上一世的解脫法相應，就知道：「我上輩子證的就是這個解脫道。我這輩子照樣把輕微的我執斷了就出三界啦！十八界都滅盡了，就入無餘涅槃了。」但是如果沒有這個因緣，或者從小就遇到個瞎眼的阿師誤導他：「蕭平實是外道，他都是胡說八道，你不要相信《邪見與佛法》書中的話。」就會被先入爲主的觀念影響，萬一捨報之前仍然沒有弄清楚，這下子就得重新再輪迴生死去了。什麼時候才又能夠解脫、又能證得阿羅漢果呢？他實在沒有把握啊！所以他就因爲未離胎昧而害怕了。他會害怕，就是因爲認爲外法眞實有。其實本無外法：自己覺知心所接觸到的六塵都是自心如來藏所現的境界啊！但是他們不能如是現觀，所以就「於無物中妄計爲有」。

菩薩爲什麼不是這樣呢？諸地菩薩都會這樣說：「五陰十八界都是自己的如來藏所生法，哪裡是外法？都是我自己的如來藏裡面的法。」《楞嚴經》就是要告訴我們這個道理：「云何五陰本如來藏？云何六入本如來藏？爲什麼十八界本來是如來藏？爲什麼四大、七大都本來是如來藏法？」然後再長篇累牘的解釋五陰、六入、十二處、六識都是如來藏的無量法性所函蓋的功德。佛在楞嚴中告訴我們：五陰、四大、十八界等法，都不是單憑因緣所成就的，也不是自然而有的；眾生的六識自性（離念靈知）及意根的思量性，都不能歸還於外法的因與緣中，證明七識自性都確實是從如來藏中出生的，只能歸納到如來藏中來，不能推爲外法因緣所成就的，所以八還辨見等法都是在說明七識心的自性是眞心所出生的法性，不可歸於外因、外緣，所以 佛說七識性「非因緣、非自然」，意思是：七識自性「本如來藏妙眞如性」。爲什麼不是因緣所成？也不是自然而有？因爲都是如來藏假藉因緣法及業力、無明而自然出生的法相，所以說「非因緣、非自然」，都是如來藏所生，攝屬如來藏的無量法性之一。所以楞嚴中說「本非因緣、非自然生」，「本如來藏妙眞如性」。意思正是表明：離念靈知等七識心的自性都是如來藏的種種法性之一。《楞嚴經》中的開示，就是告訴你這個道理，如果能讀懂楞嚴，而且能貫通前後經文而不斷章取義，就能懂得這個道理。

證得如來藏而有了別相智的菩薩們一聽我這個開示，現前觀察的結果：「眞的有道理！」菩薩們已經證得法界根源的第八識心體了，所以從現有的十八界往上推求、觀察，到最後會發覺：果然能見之性、能聞……乃至能知、能覺之性，都是從祂而來，果然是本來就應該攝歸如來藏，本來就與如來藏非一亦非異，所以一切法本來就是如來藏所生的功能差別嘛！那怎麼不是如來藏的無量體性之一呢！既然是這樣，原來我是如來藏的一部分，而我也都是生活在如來藏所生出的六塵萬法裡面；原來我從如來藏心中出生，活在如來藏所出生的六塵中，從來沒有生活在我的如來藏外面，所以我從本以來不曾接觸過外法，外法也絕不可能被我所觸知；既然萬法都是自己的法，一向都在如來藏所生的法裡面生活，從來也沒有離開過自己的如來藏，那我怕什麼輪迴？就算是有胎昧，我這一世悟過了，在無量的未來世中，遲早還是會再找到自己的如來藏；只要未來的無量世中有一次再找到祂，我就一定會再回到佛菩提道中，就能延續前世的道業了。

因為未來世無量無數，永遠都不會斷絕，總有一世會再度找到如來藏；就算還沒有離開隔陰之迷，再受生以後忽然忘了，總有一世還會再找到祂，也總有一世會撞上一位大善知識，我不是又可以再度回到成佛之道了嗎？如果運氣好，智慧夠，也可以像蕭平實那樣自己再參究出來啊！這不是現成的例子嗎？那我還怕什麼輪迴？不怕了！因爲一直都沒有外法，外法都非實有，都是自心如來藏的法相：六根、六塵、六識（十八界）所合生的六入諸法，其實也都是自己如來藏所生的法，都是內法，都不是外法。既然都是內法，未來世我也可以從內法裡面找到如來藏的所在，又能再證知法界的根源，又重新具備了法界的體性智，又會次第增上道業，那我怕什麼輪迴呢！受生就受生嘛！下輩子換個色身與意識再來，一旦重新悟入了，一定還會再跟這世意識所熏習的智慧種子相應，就會再度接通了！

菩薩正因爲這個緣故，所以不會「於無物中妄計爲有」，所以菩薩不在無物之中錯誤的、虛妄的判斷實有外法。他認爲一切法全部都是內法，所以沒有外法可得；然後又觀察一切從緣所生的萬法，其實也是從十八界作爲藉緣而生的，又有哪一個法不是無常變異的呢？既然都是從緣而生，將來緣散了還是得要壞滅的，那就全部猶如幻化、暫有不實。就好像魔術師在變東西出來，其實不是眞正的變化出來，而是用障眼法去變出來的，並不是他們眞的能變；就會說：眞正的魔術師正是我自己的第八識如來藏，祂能變現一切法。百法之中，從七轉識到最後的六種無爲法，都是由如來藏變現出來的；一切的解脫功德、般若實相的智慧，都是由你的如來藏直接、或間接、或輾轉變現出來的。所以說，你的如來藏才是眞正最厲害的魔術師，沒有人能夠像祂那麼厲害。

從這裡觀察，世間一切的法都是因緣假合而成，沒有一個單獨而永恒存在的自體性，所以不是自在法。「自在」是說它自己本來就在，不需依靠別法就能自己存在的才叫做自在啊！要藉別人才能出生的法，怎麼可以說是自在法呢？如果能夠懂得觀察自己有個如來藏是本來就在的法，那你就是能夠「觀自在」的菩薩啦！《心經》講的就是這個眞實理。所以開宗明義的「觀自在菩薩」五字就已經告訴你眞實義啦！《心經》只要這幾個字就把眞心講完了。所以講《心經》的時候要從後面往前講，要倒著說，倒著說才是 佛所說的正說。 佛說講經的時候不可以倒說、片段說，但是講《心經》的時候先從後面的名相和法義來爲眾生說明，眾生才容易懂，這才是 佛所講的正說。倒說的意思是把經文的意思顚倒過來說，和我這個從後面先講的倒說，意思大不相同，可別誤會了。所以先得把《心經》中所有的名相、法相都告訴你，讓你先瞭解五陰、十八界、空、無常、無明等法義，然後再以一句話，就把《心經》的眞實義都總結了，就回歸到經首的「觀自在菩薩」五字了，就成爲觀察自己的如來藏眞心本來就在的已經覺悟的有情，你就成爲觀自在菩薩了，這就是《心經》的眞義。所以《心經》講的就是你的自心第八識啊！像這樣如實觀察之後，內法外法都觀察完了，證明都是自心內境而無外法被自己所觸到，所以外法無實，只有內法眞實存在。

外法觀察完了，接下來就回到第一義諦上面來，說「第一義諦非心所行，不可譬喻不可言說。」你說：「欸！這句話似乎有問題！明明是我證得第八識如來藏，證明萬法都匯歸自心如來藏，這就是第一眞實的道理，所以我證得第一義諦。我現在也是以第一義諦在跟別人說法，在接引眾生，所以第一義諦應該是我心之所行，怎麼會說第一義諦不是心之所行？」但其實是你弄錯了，你只看到一面而忽略了另一面。因爲第一義諦講的是心眞如的自住境界相，你的第八識自己所住的境界才是第一義諦的境界啊！覺知心的你證知自心如來藏所住的境界，才是第一義諦；可是第一義諦是只有覺知心才能了知、才能證得的，不是第八識心眞如所能證得；這樣子現觀與了知，才是眞正的第一義諦，而這個第一義諦當然是妄心意識所證的境界，當然不是眞心所行境界，因爲眞心第八識一向離見聞覺知，怎會了知第一義諦的內涵？當然第一義諦不是心之所行境界。所以 馬鳴菩薩說你得要「觀察第一義諦非心所行」，眞心也無法出頭爲你譬喻、爲你言說啊！

所以《維摩詰經》說：「善能分別諸法相，於第一義諦而不動。」爲什麼這麼講？既然善能分別諸法相，當然是會與第一義諦相應的心，怎又會對第一義諦不動心？那豈不應該是與第一義諦不相應的心？似乎是自相衝突的說法。但其實沒有錯，可是有很多人都解釋錯了！聰明的大師們乾脆就避開這部經不講，以免將來被人抓到把柄，所以他不會像月溪法師一般亂講，未來就不會被人拈提。

你的自心眞如，能夠分別種種的法相，這些法相都是離念靈知的你所不能分別的；如果不是有祂的這種善能分別諸法相的功德，你今天根本就沒辦法來這裡聽我講經的，根本就來不了！就靠祂能善於分別諸法相，你今天晚上才能來到這裡聽經。但是這個密意不能告訴你，等你破參了！我也不必再告訴你，你自己就知道了！將來你若破參了，也不會來問我「這是什麼意思？」你自然就會知道了嘛！可是祂在第一義諦上面，有沒有動轉過？答案是從來都沒有動轉過！因爲祂自己就是第一義諦的所依，祂自己正是第一義諦所說的標的，祂根本就不需要了知第一義諦。

就比如我們研究某人的思想，某人就是被研究的思想的內涵，他根本就不需要研究自己的思想是什麼；同理，在第一義諦上面起心動念都是離念靈知或是有念靈知的覺知心，正是見聞覺知的你、處處作主的你；在第一義諦上面會心動的正是這個你，能證第一義諦的也是這個你，能上座宣說第一義諦的也是這個七轉識的你，所以只有七轉識的有念或無念靈知的你，才會在第一義諦上面心動啊！才能分別或爲人解說第一義諦的內涵，都是覺知心、作主心的你在心動啊！可是你的自心眞如第八識心體，祂善能分別你正在幹什麼、想要幹什麼，但祂卻對第一義諦的法一點兒都不動心。這才是「善能分別諸法相，於第一義諦而不動。」

當你眞的找到了心眞如時，維摩詰居士所說的這句話就變得很親切了，眞是說得太貼切了！可是在你還沒有找到心眞如的時候，這法聽起來眞是玄之又玄。玄就是黑暗無光，烏漆抹黑的讓人弄不清楚，可以說是烏漆抹黑裡面的最烏漆抹黑，所以世人聽不懂，連佛門中的大法師們也聽不懂。正因爲他們找不到祂，所以才會讀不懂、聽不懂！所以第一義諦對他們而言就是玄學，不是義學。等你找到了心眞如時，其實沒什麼玄虛，確實是很眞實的法界實相，確實可以現前體驗與領納的啊！這就是說，第一義諦心並不是凡夫所知的心，也不是愚痴的二乘定性聖人所知的心；這個第一義諦心所行境界，絕非七轉識心之所能行；而第一義諦法的智慧境界，卻是意識心之所行，並不是第一義諦心之第八識所行境界；所以第一義諦的道理，心眞如是不相應的，祂正是第一義諦心而不懂第一義諦法，

所以 馬鳴菩薩說：「觀第一義諦非心所行。」正是這個道理。

這道理中的密意，只有證悟的菩薩們才能夠知道，不可爲未悟的世人譬喻言說，也無法向二乘聖人言說；今天我把其中的道理講得這麼詳細了，定性不迴心的二乘聖人，仍然是聽不懂的，只有你們之中已經明心的人才聽得懂，所以說「不可譬喻、不可言說」；因爲心眞如所在的密意不許明講，明講就是虧損如來、虧損法事，所以不許明講；如果可以明講，我就可以使一切未悟的人都能聽懂 維摩詰居士和 馬鳴菩薩的話。但是 佛告誡說：爲人明講密意就是虧損如來、虧損法事。可是在已悟的人之間，可以明講了，一句話就可以講得很清楚而使一切人都聽得懂；但是眞正已悟的人，卻又不須要我爲他明講。

有的人不瞭解法界實相正理，總是在表面上執著。如果告訴他這一句經文，告訴他無分別心的道理，他就會自以爲眞的知道了，就跟你講：「唉呀！你不要在那邊分別了啦！你心中一起分別，就不是第一義了！你就一念不生、如如不動就好了啦！」就這樣亂講。這種人，在我們出來弘法，寫書出來以前，眞是太多了！台灣地區在這幾年來雖然少了些，但仍然還有不少人不肯改正錯誤的觀念，總是認爲覺知心不起分別時，就變成眞心、第一義諦心了。這些人就是不懂般若，總是執取文字之指；人家那個文字指，都是指向實相月亮，有智慧的人應該要順著他的指頭去看，才會看著月亮實相；結果他們不是，他們就把這個**文字指**當作月亮實相，就在指頭上找月亮，結果就把指頭當作月亮實相！

佛法的**文字指**都指向第一義諦，你要順著文字指的方向看出去，去找到**文字指**以外的第一義月亮，不可以把文字當作眞實義。可是那些人不懂，讀來讀去始終弄不懂，就以爲文字之指即是第一義！所以他們都不證解第一義諦。第一義諦講的就是第一義諦心自己所安住的境界相，講的是一切法界之體性，是生命實相一切法界的根源，就是第八識心體自己所運行的境界相，完全是第八識所行的境界啊！這種境界並不是你的意識覺知心所能進入、所能安住的；但是末法時代的大師們都不懂，都想要把意識覺知心變成實相心，都想要以意識覺知心入住實相心的自住境界中，也這樣把錯誤的知見教導徒眾們，眞是誤人子弟、瞎眾生眼！

覺知心、作主心的七轉識妄心，永遠都只能依第八識的體性而安住，轉變自己的執著性、貪染性，改依第八識實相心的無貪性、隨緣性而安住，永遠都不能變成第八識心體，永遠都不能使自己住入第八識所住的境界中；覺知心、作主心能轉變自己的心性，依止第八識清淨、涅槃的體性而安住，就叫做如實住：猶如實相心一般的安住。而不是第六意識自己去住入第八識實際所住的境界中而叫做如實住，這不是如實際住。「如」就是「好像」的意思：是好像實相心一樣的安住，好像涅槃實際一樣的安住。但是好像實際一樣的安住，並不等於實際所安住的境界。只有第八識才是實際，只有祂才是實際的安住。所以証得般若之後，七轉識的你願意否定自己的眞實有，確定自己虛妄，從此開始轉依第八識的境界而學著像第八識一樣的安住，這就是如「實際住」，好像第八識在實際中的狀況而安住。所以不可以像那些大師們一樣的亂說，教人把六、七識妄心的自己變成第八識眞心，而要住入第八識本心的境界相裡面。比如說眞悟的人開示：「我如本心而住。」那是如同本心一般的安住，而不是自己住在本心的境界裡面。

如果你眞的能住進本心的境界裡面，那你應該可以去變動第八識本心裡面所有的種子，那就可以把過去所造的所有惡業種子全部丟棄；但是那些自稱住在本心境界中的「大修行人」，他們能丟嗎？他們誰也丟不了欸！所以絕不是妄心可以住在本心的境界裡面，而是如本心住：好像實際本心那樣的住。所以寫書時的遣詞用字很重要，一字講錯了，意思就全部變了。但是這種「現觀第一義諦非心所行」的實相道理，眞的是「不可譬喻、不可言說」，你沒有辦法拿三界中任何事物，來比喻這個心眞如的自住境界；因爲你比喻出來的，都不是實際嘛！就好像你用指頭去指著一部車，又用言語去說明這部車，用很多的比喻去說明這部車；但是你的指頭、所說的言語比方，畢竟都不是那一部車的實際。所以，心眞如的第一義諦境界是妄心所行，卻又非屬眞心所行，這意思眞的很難懂；所以印順法師才會在書中主張：既是唯證乃知的禪觀境界，又如何能使人信服呢？這就是不懂般若的人所說出來對實相境界的質難。連絕頂聰明的印順法師都會對大乘經中的文句產生誤會，而提出這種質疑問難，這正好證明第一義諦境界唯證乃知、言語道斷、心行處滅的境界，當然是不可譬喻、不可言說的。

但是我們卻可以用譬喻、用言說，把第八識眞如心直接告訴你，讓你也去體驗祂的眞如性，讓你實際領受言語道斷、心行處滅的涅槃實相境界；只是因爲 佛有告誡不許明講，所以外道來問 佛， 佛就是用公案答覆：外道來問 佛， 佛就踞坐不答，既不動、也不跟他講話；欸！《無門關》裡面不是有這個公案嗎？佛就是踞坐默然。欸！過了一會兒，這外道眞的很厲害，馬上就知道密意了，就趕快站起來正式禮佛，他說：「世尊！您眞是大慈大悲，開我迷雲。」把他的迷惑烏雲打開了！所以就恭敬的禮佛三拜而去。無門慧開禪師就爲凡夫佛子們評論說：

「哼！阿難尊者宛不如外道！」（眾笑）你們悟了所以會笑，可是阿難尊者那時還沒有悟啊！看見 世尊用這個公案度那個外道證悟了，他還是悟不了啊！結果外道悟了！走啦！知道法界體性了，有了法界體性智了，阿難尊者當時卻還不知道，只得又問 佛說：「這外道來問法，可是您也沒有爲他說什麼法，也沒有給他機鋒，爲什麼他就說您開了他的迷雲，頂禮三拜就走啦？」 佛說：「譬如世間最好的馬一樣，看見了鞭影一晃，牠就懂得開步走了，不必等到鞭子打上身去痛苦啊！」等到鞭子打上身去才懂得開步走，那已經是鈍根的馬了。所以無門慧開禪師就說：「阿難尊者宛不如外道。」當時眞的不如那個外道！

這意思就是說，心眞如所在的密意絕對不可以明講，不是用言語講不出來，而是不能明講；因爲明講了以後，聽聞者的智慧沒辦法泉湧而出；因爲他沒有經過一番參究釐清的過程，所以見地總是含糊籠統的不清不楚，智慧一定不好；嚴重的人甚至會因此而懷疑、而謗法、而下墮地獄。所以 佛爲保護那些證悟因緣尚未成熟的眾生，就告誡所有已悟的弟子們，都不許明講。所以第一義諦的妙理，如果是外道來問的話， 佛都不跟他們講；如果是佛弟子來問你心眞如的妙義，但是這個佛弟子不是很虔誠，不是很慇重的求法，你也不可以爲他說明知見。可見第一義諦在佛法裡面，是多麼重要的妙法。

所以，第一義諦不可以明說，並不是言語說不出來；所以 馬鳴菩薩「不可言說」的意思是說：你說出來的言語已經不是第一義了。但是你為人明說時，說出來的那些言語卻可以顯示第一義；言語所顯示出來的義涵才是第一義，但是你所說的言語並不是第一義，所以叫作不可言說。可是那些一天到晚在咬嚼文字指的人，就是《楞伽經》中 佛所說的**噉文字穀**的愚人，他們一天到晚說：「**第一義諦是不可說的，當你說出來時就不對了！**」其實，證悟的人說出來的言語會不符第一義諦嗎？答案是：非相符也非不相符。因為說出來的都只是言語、聲音，怎可能相符？但是為你明說出來時卻可以讓你當時立刻知道心真如的所在，也可以讓你當時立刻現觀真如法性、取證真如法性，立刻了知第一義諦的總相。雖然說出來的言語不是心真如，可是經由說出來的言語，可以使人當場就證知心真如，所以叫做**言說指**、**文字指**，所以絕非不可言說。如果真的是講不出來的，那麼經典就應該燒掉算了嘛！大家都不必講法了， 佛也不必來人間說法四十九年了！我們又何必還要花那麼多錢去印經典，還要供起來和讀誦？譬如經櫥裡面的《大正藏、龍藏》，大家都不太敢請下來讀，就變成好像只是擺飾用的一樣；其實應該要常常請下來讀誦才對！它才能達成存在人間的目的。所以我個人的那部大藏經，大約有四分之一是一直都放在書房裡面，而不是放在佛堂經櫥裡。因爲常常要翻來翻去，要找資料，要找來找去的。這意思是說，它不是說不出來的，而是不可以明說。說出來的言語文字固然都不是第一義，但是語言文字卻可以顯示第一義，讓聽法的人依你的言語、文字而證得第一義。

「觀一切眾生從無始來皆因無明熏習力故，受於無量身心大苦」：證得第一義諦心——第八識如來藏——就進入法界的實相智慧中了，接下來就可以再觀察一切的眾生從無始以來，都是因爲無明熏習的力量，所以枉受無量的身苦、心苦，而且往往都是大苦；無始以來如此，未來與現在也是一樣的難以避免啊！都是無邊無限的受苦，而且難出難度啊！所以眾生想要出離三界，眞的很困難，想要得度眞的很困難。凡夫眾生一直都在無明暗夜當中，沒有辦法覺察到無明的本質與內容，所以不斷的執著有念靈知、離念靈知的覺知心，我見始終斷不了，何況能打破所知障而親證實相心的一實境界、眞如法性？眞是可憐憫的人啊！

眾生自從無始劫以來，都是因爲無明的熏習力，才產生了這種永難出離的狀況。無明大約來說只有二種：一念無明、無始無明。無始無明包含一切無明，所以函蓋了一念無明在內。一念無明只是無始無明中的一小部分而已，可是無始無明並不障礙眾生出離三界，只障礙眾生成佛；所以阿羅漢不曾打破無始無明，就能出離三界生死，然而一念無明卻會障礙眾生出離三界生死。但是，你如果親證如來藏，就一定打破無始無明；在打破無始無明的同時就一定會一併打破一念無明（一定會同時斷除一念無明中的見一處住地無明），也就是會同時斷除三縛結，所以打破無始無明也可以讓你漸漸的出離三界生死，這也是法界的實相。可是沒有破參以前，聽起來會覺得這話有些奇怪，弄不懂為何會這樣？

如果聽了仍然弄不懂，沒關係！趕快求破參、實證心眞如第八識；破參了以後如果還沒有完全懂，可把《護法集》好好的細讀，你就一定會懂。這二種無明，一念無明和無始無明不一樣，一念無明範圍小，只是我見和我執使人輪迴生死的道理，只是解脫道的眞實理；所以一念無明的熏習，其實就是我見和我執的熏習；但是一念無明見道所斷的根本煩惱，只是我見。我見一旦斷了，你就可以漸漸的往上界觀察：漸斷色界的我見，再漸斷無色界的我見，五上分結就可以漸斷啦！我執就全部斷盡了。所以推究我執的內涵，其實就是比較深細的我見。

為什麼由於一念無明我見的熏習，會受無量的身、心大苦呢？因為一念無明既然是由我見和我執所產生的，就會不斷的執著這個見聞覺知的意識我和處處作主的意根我，由於錯認這兩個「我」眞實不壞的關係，就會使得衆生產生以我爲中心的我見、我執、私心；因爲有私心，所以心態就不太好：「別人家的子女死光光了，都跟我無關！別人被大師們誤導、斷了法身慧命，那也跟我無關！只要我不被大師們誤導就行了！」有時候則是：「死卻道友，莫死貧道。」這就是世間人的私心想法。但是這樣的想法其實仍是出於我見、我執和我所的私心。也正因爲有我見、我執和我所私心，就會產生了修道上面的障礙。

佛教道場中也往往是這樣子：我見、我執和私心沒有如實斷除的話，一定會對原來悟錯了的大法師、剃度師產生了情執；由於情執我所的關係，就會在幫他證悟的沒什麼名氣的根本上師，指出他的歸依師還沒有開悟的事實時，私下加以誹謗。這其實是大顚倒的愚人！因爲根本上師是他的法身慧命父母，恩德遠超過其剃度師或所依止的大法師；但是他們不懂這個道理，往往不謗法、不謗佛，但是卻會謗根本上師，除非他的剃度師、依止師不對他的根本上師有異見，同樣讚歎他的根本上師。所以有的人因爲根本上師的幫助而證悟以後，仍然還是會因爲情執的緣故，而有被剃度師、依止師所影響，以致其心顚倒、反謗根本上師的事；

這是我們度人開悟以來，常常見到的事實，這就是一念無明的內涵，表示他還沒有如實的理解，只因見道就生起輕心來輕視根本上師，就表示他還沒有進入修道位中，一直停留在見道位中。

如果是無始無明所障的關係，他主要的過失不在於謗師，而是謗正法。這二個無明的體性，會有這種差異。所以無始無明所障的緣故，會對正法生疑而誹謗；當他對正法誹謗時，心裡就會沒有忌憚的進一步謗佛了。但如果只是一念無明所障，他只會謗師而不會謗法、不會謗佛，這是眞悟的人都可以現前觀察而證實的。如果一念無明既未破，無始無明也未破，那就麻煩了！他既會謗師，也會謗法。所以我出來弘法以來，被人無根誹謗的事情實在太多了！所以我也蠻習慣的！甚至於會中被我幫助而證悟的人，也會因爲自己的福德不足而不能眼見佛性，就怪罪我不肯幫助他眼見，就私下不斷的揑造莫須有的事實來誣蔑我。如果不會動搖到同修會的根本，我往往當作沒聽見；這樣一來，我也少煩惱，謗的人也少煩惱，大家都沒煩惱。如果鬧得實在太嚴重了，那就處理一下（編案：詳見《明心與初地》書中所記事實）。

這就是說，由於兩種無明的熏習力（這都是很厲害的！它們的現行都是在大家不知不覺當中出現的，也都是不知不覺之間漸漸累積起來的；通常你不會感覺到它在漸積漸滿，它就這麼一點一滴的累積上來，等到你曉得時，已經很嚴重的爆發出來而不可收拾了），這二種無明和合起來時，既會謗師、也會謗佛謗法，三寶都不看在眼裡，反正你說的法我全都不信；不信正法時就會全部都誹謗爲非法。這是有現成例子的，你們看西藏密宗的應成派中觀，他們不正是具體的例子嗎？實質上是在謗法、破法，卻說得冠冕堂皇的辯稱是在護法，而且還堅持他們破法的邪見才是正法知見，這都是從無始無明來的，但也夾雜著一念無明，主要是偏在無始無明。所以他們才會堅持緣起法的意識心常住不壞，這就是一念無明的具體事證。

也因爲無始無明的緣故，所以他們會誹謗第三轉法輪的經典爲不了義經、不究竟法。密宗應成派中觀者都會這樣講，因爲第三轉法輪的唯識經典，破斥他們所主張的意識心常住不壞的說法；所以密宗應成派中觀邪見的達賴喇嘛，以及自己主動去承接密宗應成派中觀法脈的印順法師，都是這樣否定第三轉法輪的唯識方廣經典，所以他們都不承認第三轉法輪的唯識方廣經是佛口親說，都謗說是 佛入滅後的天竺法師們長期創造結集而成的經典。所以印順法師引述第三轉法輪的經典，引述 無著菩薩的論，引述 世親菩薩的《攝大乘論釋》時，都故意把它們曲解。古時曲解經意、論意的翹楚，就是宗喀巴。你們去看他的《入中論善顯密意疏》，就知道他最會搞這一招。你如果有眞的開悟了，把他所引證的經文拿來，前後對照、弄清楚了，就會發覺他都是斷章取義、曲解經典論典。

這就是無始無明所產生的邪見，所以宗喀巴會誹謗如來藏正法，會否定如來藏，會堅持緣起生滅法的意識是常住不壞心，所以不能斷除我見而自以爲已斷我見。當他否定如來藏而誹謗正法時，當然會把最究竟的一切種智方廣唯識經典的地位貶低，誣蔑是不了義的、不究竟的法，推說是 佛的「方便說」，不是實義說。這樣最嚴重誹謗了義究竟正法的人，還能再來人間示現爲法王嗎？當然不可能！所以密宗那些「再來」的法王，其實都與上一世的法王無關，其實都是另一不同的人被推舉爲「再來」的法王。不過我倒是想說：這種法王制度眞的很民主，法王由大家輪流來做，你下一世也有可能被選爲法王。這就是說，由於無明的關係，不管是一念無明還是無始無明，都會造成未來無量世的身大苦、心大苦。

身大苦就是來世的異熟果正報：捨壽之後先下墮長劫尤重純苦的地獄中。因爲這是以護法爲名而實質是謗法，所以先到地獄去，在地獄中想死又死不了，地獄身又高廣，又是遍身無間的受苦；地獄身的壽命又特別長，每天的日子也特別長（有的地獄一天是人間的一大劫），每天受苦不斷而死亡，業風一吹又立即活過來，再接著受重苦，這樣每天萬生萬死，每天超過一萬次的生死慘痛，這日子要怎麼過？所以叫做身體大苦。身苦時，覺知心當然就跟著痛苦啦！就在地獄中每天怨恨自己爲什麼以前那麼愚痴、那麼無明，今天只好在地獄中接受長劫尤重的純苦。

一般人在還沒有捨報之前，也是會有身苦、會有心苦的，這是由心苦而引發的身苦。因爲誤謗或故意誹謗了正法以後，心裡面會想：「戒律裡面說，謗了正法的人，來世要下墮地獄而受長劫的尤重純苦。我下一輩子要怎麼辦？」所以每天晚上都睡不著覺啊！不得已，只得自我安慰：「地獄境界可能只是聖人施教所編出來的境界，其實沒有地獄，都是騙人的啦！」然後心裡又轉念一想：「如果萬一是眞的，所以 佛才會在阿含經典裡面詳細的述說地獄境界，那我該怎麼辦？」就這樣反復的轉側難眠，長期下來當然就身體難過啊！

所以有些人來到正覺學法以後，因爲得法容易而不相信，就謗正法而離開的人，也們嘴裡都說：「我們現在很好，日子過得很好！很愉快！我們現在改學世間法——學作人。」他們眞的需要學作人：以後不要再忘恩負義了，不要再以無根誹謗的行爲，來對待義務教導他們無上大法、幫助他們證悟而又從來不受他們供養的根本上師。但是他們離開正覺改學作人以後，眞的心情愉快嗎？其實絕對不愉快！只是嘴巴上一定要自我安慰安慰，而在私底下另外看看能不能補救無根謗法、謗師的過失，每日總是憂心忡忡，在還沒捨報以前就已經有身心大苦了，這就是由於淺見而產生的不如法行爲。

爲什會說是淺見呢？是因爲對於無始無明沒有努力去進一步了斷；他們都是得少爲足的人，心裡面往往這麼想：「我已經明心了！蕭老師也只不過是明心嘛！跟我一樣，所以我跟他的境界一樣啦！至於見性這一關，佛性是不是眞的可以肉眼看見？我看是有問題的，所以蕭老師的境界和我今天的境界是完全一樣的，那我尊重他幹嘛？」結果沒想到雙方還是很不一樣！等到他們謗我、謗法而離開以後，陸續看見我們回應的書一本又一本寫出來：「哎呀！怎麼會這樣？怎麼會這樣？」心裡不由自主的開始耽心了！他們不曉得自己的所知還很不足，所知障還是很重，也不曉得正法威德力有多大，不曉得謗法、謗賢聖的果報會有多嚴重。

無根誹謗的果報是很厲害的！我也曾說過，說我無量世以前，曾有一輩子當老鼠，那只是在人家讚歎某一位善知識時，我說：「他所說的未必是眞的啦！不一定就可超過我的證量。」那時候我沒有先去求證那個人說的法義到底是眞的、假的？當時心裡面不服氣（現在都不敢不服氣。反正人家說某某人的證量多高，我都先信其有，然後慢慢再來求証；我不要一開始就把人家否定，因爲那種果報眞痛苦啊！我已經看見無量世以前的親身經歷了，你們沒有眞正的看見往昔的體驗，不知道厲害。眞正體驗過了，眞的會怨嘆自己往世的無知，不能怪善知識，因爲法界本來就是那樣啊！）當時就這麼一句話而已，也沒有多講幾句；就只有一句話，捨報後就感應到嚴重的果報。

自從定中見到往昔無量世以前謗賢聖的果報以後，凡遇到人家說「某某人是阿羅漢」時，我總是先信他所說爲眞實，然後再憑證據來勘驗他：「請您說說看，您證得有餘涅槃的內容是什麼？您又是怎麼證的？您是斷了什麼煩惱而證得有餘涅槃？」我得要再作勘驗，才可以確定而相信他。如果他根本弄錯了：「唉！你這樣不是阿羅漢！只是落在離念靈知意識心的凡夫罷了！連我見都沒斷！」你可以確定，然後再否定他。要有證據才能講，一分證據講一分話；十分證據才能講十分話。不可以一分證據就講十分話，大家要引以爲戒。如果是對證得四禪八定具足的佛門凡夫誹謗，果報還是不小的；如果是對眞悟的善知識無根誹謗，那問題又更大了，所以這種事千萬不要作。往往現在做了，沒有感覺到怎麼樣；等到捨報時業種才會出現，那時有業鏡如同幻燈片一般，由上往下一片一片很快的拉過去，到那時，業風一吹，恐怖無明的境界相出現了，根本作不了主啦！完全無法補救啦！

這都是由於一念無明、無始無明和合起來所產生的結果，所以無明所障的人，在這一世心理壓力負擔很大而受苦，但未來世還要再繼續受更大的苦；所受的苦不是有量的，而是無量的。因爲凡是謗法、無根誹謗賢聖，律部的《菩薩瓔珞本業經》曾說：三位十地，一切皆失。所修證的三賢位乃至十地的功德，捨報後全部都失去了。下了地獄受報完了，輾轉一一經歷餓鬼道、畜生道，受盡餘報以後才能回到人間，還得由凡夫地再從頭開始修起。到那時，想重回今天的證悟智慧境界，還得要經歷幾千萬大劫的極努力修行以後，才有可能再回到今天的證量中！所以對這事情要很小心！

爲什麼我們在書中判論一位善知識的法義時，一定要舉證他的說法？那是爲了避免有人罵我：「你蕭平實都誣賴人！」如果我不舉證就判論某位法師、居士，那我就會害別人誣謗我，使別人造更大的惡業！但是如果把證據列出來：把原文一字不易的引述出來，並指明是某一本書的第幾頁，他們就不會背地裡說我誹謗人，這樣就不會使人誣謗我，就不會害人成就惡業（編案：但平實導師的作為並沒有成功達到目的，因為仍然有許多人完全不顧舉證出來的事實與辨正的教理，也不肯閱讀辨正的內容，就故意無根誹謗、無理謾罵，辜負平實導師想要救護他們的善意）。誣謗善知識以後，這一世身心受到種種煎熬，未來世下了地獄很多劫之後，並不是受完了就馬上回來人間；因爲他們誹謗方廣經典所說的如來藏勝法，是三乘正法的根本，並且他們是以文字廣發，那是無間地獄罪。

無間地獄的罪是受苦無間的，受完無間地獄的極大苦以後，再往上面一層層的地獄繼續受苦，十八地獄的所有苦都受過了，才能生去餓鬼道，還要過很多劫受人欺凌、生吞活剝的苦難：餓鬼道的苦報受完了，還要去當畜生；在畜生道的後期，能夠當人家的寵物時，日子過得很好時，就差不多快回到人間了；這種畜生道的「好日子」過完了，才能回到人間，卻又是初五百世盲聾瘖啞，並且生在邊地，不聞佛法。三惡道的眾生就是這樣受苦的，但都是因爲無明的熏習而造成的，所以無明熏習力是非常厲害的，可是人們並不瞭解。我們知道這個事實眞相，就應該憐憫眾生，不斷的爲他們說明無明的內涵，讓他們的無明，可以在閱讀我們正法著作的過程當中消除掉；當他們的無明一分一分消除掉時，他們就漸漸的遠離了謗法、謗賢聖、謗　佛等惡業。熏習久了以後，就一步一步走近佛菩提道的見道位，也可以一步一步跟解脫道相應，這就是我們所應該做的。

那些人謗佛正法、無根誹謗勝義菩薩僧之後，所要受的身心大苦，不但是無量的，而且是「無邊無限、難出難度，常在其中不能覺察」。無邊無限、難出難度，是因爲謗法謗人的習氣沒有從深心中懺除，所以歷經無量世的三惡道一一受盡苦楚以後，業報盡了回到人間，重聞極勝妙的如來藏正法時，又再度生心誹謗，又得再度一一經歷三惡道的無量苦楚；謗法謗人的習氣種子不除時，就會這樣不斷的重複這種三惡道的過程，所以說那些人在這種身心大苦之中，確實如同　馬鳴菩薩所說的「無邊無限、難出難度」。他們不能覺察謗法、謗人的習氣種子很厲害，不知道會使他們無量世不斷的受苦，我們應該如何幫助他們覺察這一點呢？這就要靠諸位努力的把正法書籍向他們結緣！讀到正法書籍的人越多，謗如來藏勝法的人就會越少。因爲他們有一天終究會想要去找經典比對：蕭平實有什麼地方說錯了？比對出來以後才好破斥蕭平實。可是越比對到後來，就越會發覺：蕭平實所說的法，確實與 佛所說完全無異，他才是弘傳佛教正法的善知識。當他們確實比對經典以後，發覺我的法義正確無誤時，漸漸地就不敢誹謗了。再過三、五年，他們的信力具足了，滿足十信位了，就可以漸漸的邁入十住位中努力修集見道所須的福德資糧。這就是救他們啊！他們自己沒有能力覺察，所以我們要幫他們覺察；他們如果能夠覺察的話，就不會是 馬鳴菩薩所說的「甚爲可愍」的人了！正因爲不能覺察，所以目前他們還會再繼續誹謗下去，這是很可憫的。

論文：【如是觀已，生決定智，起廣大悲，發大勇猛，立大誓願：「願令我心離諸顚倒，斷諸分別，親近一切諸佛菩薩，頂禮供養恭敬讚歎，聽聞正法如說修行，盡未來際無有休息，以無量方便拔濟一切苦海衆生，令住涅槃第一義樂。」】

講解 當你以前面所說的方式，從三世一切法觀察：觀察三世的欲界身心、色界身心、無色界心。這樣觀察自己三世的三界有之後，再來觀察外面諸法：觀察三世一切法，其實都只有自心所生諸法，沒有外法曾被自己覺知心所觸知，所以沒有外法可言。又觀察第一義諦，然後再觀察衆生的愚痴可憐相；觀察完了，你就一定會產生決定智。意思就是說，你已經成爲定性的如來種性啦！成爲菩薩種性而不會再退轉啦！決定不退的智慧生起來以後，生生世世都會是菩薩，不會再退回凡夫位，也不會退回二乘的聲聞種性中去，這就是佛菩提的決定智。有了決定智，接著就會生起廣大的悲心；有了廣大的悲心，你才能夠發起大勇猛心；有了大勇猛心，大誓願就敢發了！這時請出初地十無盡願的願文來，在 佛像前胡跪，就眞的從深心中發起大願囉！這不是不知道十無盡願內容而胡亂發願的，是已經知道願文的眞實義而發願，就會永離無明的控制，不再熏習種種無明了。

由於無明熏習力所導致的無量身心大苦，都是會延續到未來許多劫的；這種事情在凡夫眾生來說是極平常的事，乃至對於少數剛在菩提道中見道的人而言，也是平常事啊！所以 佛在經中才會說：有些人般若正觀現前之後，還會退回凡夫位中無惡不作。這是戒經中所講的聖教啊！所以這種無明熏習而導致無量世受身心大苦的狀況，在凡夫位來講是平常事，對新學菩薩、新悟菩薩也是平常事。可是對於菩薩道上的久修行人來講，這就不是平常事了。久學菩薩與新學菩薩的差別就在此處：**在菩薩道中長劫修行以來的人，都會很謹愼而不敢隨便動口，更別說是輕易的動手或動筆**。有智慧的人，對於無明熏習而生邪見，以致謗法謗人，都會很謹愼的戒愼恐懼；乃至對於小小戒都很敬畏而不敢輕易去犯，何況謗法與謗人？因爲小小戒與極重戒，往往只是一線之隔；正在犯最重戒時，往往不知自己正在犯最重戒；往往違犯小小戒時，就把最重戒一起都犯了！

所以在我們會中修學正法，必須要很小心的去應對，在正法道場中所修集的福德很廣大，相對的是：在正法道場上犯戒謗法的惡業，也跟著很廣大。眞正修習佛菩提道的菩薩們，都要如實了知無始無明和一念無明的分際；一定要如實了知無始無明在行、住、坐、臥當中遮障道業的狀況，也要了知一念無明在我們行、住、坐、臥當中障道的狀況。還沒有悟的人，做不到這一點，所以我們不會要求他；但是已經破參明心的人，一定得要這樣去了知，才不會在不小心的狀況下，造作了障道的惡業。能夠如此，就表示你已經有了佛菩提道的決定智，也生起了廣大悲；生起了廣大的悲心，才有可能發起大勇猛心。如果沒有廣大的悲心，就不會有大勇猛心的；因爲心裡面會想：「那些眾生都跟我無關，不必管他們的死活。反正他們決定要跟那些錯誤的弘法者走下去，那是他的事，我何必辛苦的一再勸說？他決定不相信，我又爲什麼要一直不斷的爲他說明？何必一直送書給他？何必一直寫書告訴他們？不管他們了！」這就是說你還沒有發起廣大悲心啊！

正因爲還沒有廣大悲心，所以不肯生起大勇猛心來救護眾生。當你發覺到：「普天之下的所有佛子們都跟著大師們走錯路了！我決定要救他們離開岔路。」因為你的悲心很大，不能忍受廣大學人普遍被大師們誤導，才敢不計利害的得罪大師們，來救護學人；不管大師們是在家或出家身，也不管他們勢力多大，都不怕得罪他們，才會有大勇猛心出現。如果不是那種大悲心，就不會有大勇猛心。一般人都是想：「管他的！我如實講出來了他們也不信！那麼愚痴無智的人，我何必為他們強出頭？萬一招來大師們的聯合抵制打壓，甚至招來西藏密宗喇嘛們的威脅殺害，既得不到好處，也救不了眾生，我何苦來哉！」一般人都是這樣想啊！大家都要當好人啊！沒有人願意出面擔當說眞話的「惡人」啊！因為「惡人」一當下去就無法回頭啦！大師們都會永遠拿你當惡人而永遠的抵制你啊！

這意思是說，唯有發起了大悲心，才可能為廣大的不認識的學人們設想與作事，才願意出面做這些吃力不討好的事！可是這種事情現在沒有人願意作，大家都想當濫好人。可是你眞的有大勇猛心，就敢發大誓願，不是以發心的表相來騙佛菩薩，而是眞的發起大誓願：「願我的心能夠永遠離開一切顚倒，永離不如理作意的思想，並且能斷除無謂的分別。」斷除了分別，並不是教你在法義上面不作正確的分別與理解，而是對於人我、利害的分別，都要斷除掉，這是在除性障。接著再繼續發願：「願我能夠親近一切諸佛、菩薩們。」

親近諸佛，不可以狹隘的只想親近 阿彌陀佛，別的佛都不想親近；譬如《觀經》中說：當你去到極樂世界，每天早上 阿彌陀佛都降下很多善妙蓮花，種類極多；教你用衣襟盛著蓮花，到十方諸佛世界去供養諸佛世尊。阿彌陀佛都教你這樣作了，爲什麼你親近 阿彌陀佛，卻不想依照祂的教誨而親近十方諸佛？你也不可以說：「我只要親近 釋迦牟尼佛就好，別的佛我都不想親近。」不可以這樣，當你到了地上階位的時候，如果你生到色究竟天去，釋迦牟尼佛照樣化現許多東西，讓你去供養十方諸佛，要你去和諸佛結緣啊！釋迦佛絕不會說：「你們是我的徒弟，不許去親近 阿彌陀佛。」阿彌陀佛也不會說：「你從娑婆來到我這裡，成爲我的徒弟，以後就不要再回娑婆去見釋迦牟尼佛，也不要去十方世界親近諸佛。」諸佛都不會這樣，所以大家都應當親近十方諸佛。

菩薩也一樣，你來跟隨甲菩薩，甲菩薩一定會這樣說：「還有某乙菩薩、某丙菩薩、某丁菩薩、無量菩薩，他們也都在很早以前就證悟了，說法很勝妙，你們假使有緣的話，也要去跟他們結緣啊！」一定會叫你親近一切諸佛菩薩。當菩薩的人，都應當要有這樣的心。有人說：「我從出生以來，都是 觀世音菩薩照顧我，所以別的菩薩們我都不想親近。」不可以這樣。等到有一天你去到極樂世界觀世音菩薩座下依止的時候，祂一定會告訴你：「你還得要參訪諸菩薩去。」所以你如果去了極樂，覲見了觀世音菩薩，祂不久就會教你去禮拜大勢至菩薩去，絕不會讓你留著不見大勢至菩薩。三寶是整體的，三寶不分彼此的；只有凡夫菩薩、凡夫僧寶，才會分彼此。

在今天的佛教中，弘法、學法時也要有這種正確的心態，不能分出家與在家，不應該把佛教自我分裂成兩個部分。常常有出家人分別說：「你們在家人如何如何不如法，所以是不可能開悟的，只有我們出家人才有可能開悟。」我們佛教絕對不可這樣自我分裂，我們認爲不論在家與出家，三寶永遠是一體的，出家人與在家人本是一體的，出家人是由在家人出家來當的，也是由在家人來護持供養的，所以是不可分裂的。我們也不可只想把同修會一直擴充，讓這些出家法師們沒有弘法的空間，所以我們得要預留空間給他們；因爲這個緣故，所以我們才允諾不跨足於濁水溪以南（編案：這個承諾已經被法蓮師、悟觀師……等人破壞而不得不取消了，詳見《燈影、假如來藏、辨唯識性相、真假開悟》等四書之事實記載）。所以我們不可以有自我立場的私心，否則就變成了執著**我所**了，那就是染污末那識的心行了！所以未來如果有因緣，我們也可能會支持某些法師建寺弘法；如果將來正覺同修會的規模增長了，有餘力了！我們可能今年支持某甲法師建寺弘法，明年支持某乙法師建寺弘法，不必一定把資源留在正覺同修會裡面嘛！不過本會目前能力還作不到，目前我們同修會連本山、禪三道場都還沒有，還得四處借寺院，到處流浪辦禪三共修，也常常吃閉門羹，所以現在是以本山禪三道場的建設作爲第一要務。

我的意思是說：三寶是一體的，出家與在家是一體的，不應分彼分此。也不該執著我們娑婆世界的三寶，而不認同其他世界的三寶。如果你在這裡眾生度得差不多了，大家都入佛門了，也有人繼承你的深妙正法在弘揚了，剛好有別的世界需要你這位菩薩去披荊斬棘，那你就得去！不可說：「我只照顧娑婆世界的眾生，我爲什麼要去別的世界更辛苦的度眾生？」你也應該憐憫那邊的眾生而去度化他們。所以十方三世的三寶永遠都應該是一體的，不應該分割三寶。就如我們正覺同修會的目標，有遠程目標也有近程目標，有目前的急切之務，也有無量世後的廣大法務，眼光要放在無量虛空、無量未來世三寶的久住世間上面。不是只有存心於目前臺灣一地的三寶住世上面，所以千萬不要把三寶分割，不可再分派割系而使佛教整體變成支離破碎的模樣。如果能夠修正錯誤的心態，大家就都可以親近一切諸佛、菩薩，獲得佛法修證上的廣大利益。

但是在親近十方諸佛菩薩之前，要先能夠「離諸顛倒，斷諸分別」，不能去到某個世界親近某菩薩時，心中分別說：「這位菩薩遠不如 觀世音菩薩，早知道就不來親近他了！」這就是自己修行不力，無力斷除不當的分別。也得要能遠離諸顛倒，否則的話，也許有一天你親近其他等覺菩薩或 觀世音菩薩跟你說法時，心想：「這種佛法我沒有聽說過，經上也沒有讀過，是不是有問題？」其實本來沒有問題，而是自己心思顛倒、不如理作意，是自己誤會經典中的眞實義，就以爲菩薩所講的法義違背經典正義。譬如我們正覺的法義剛寫出來時，有好多人罵我們說：「無念的靈知心才是眞正的眞如心，你蕭平實根本就不懂！竟然敢否定而誹謗說是意識心。你蕭平實根本就不懂什麼叫作離念靈知，根本就沒有證得離念靈知的境界。」其實他們所謂的離念靈知，你只要把無相念佛時的憶佛淨念捨掉，就是長時間的離念靈知嘛！這是最粗淺的定境意識心，有什麼不懂的？有什麼難證的？你們大家都會了嘛！這是比無相念佛粗淺很多倍的意識境界。

如果是將前念已滅、後念未起中間的極短暫離念靈知作爲眞如心，那根本就是沒有一絲絲定力的凡夫意識心；這種境界，連最粗淺的欲界定功夫都談不上，更別說未到地定或初禪境界了；更何況是三明六通俱解脫的大阿羅漢都不能知的如來藏心第一義諦境界？他們根本不懂，卻嘲笑我們不懂。他們自認爲離念靈知的功夫多麼棒！但其實只是短暫的刹那離念而已，你若叫他們長時間住在離念靈知境界內，他們就作不到了！假使有一天眞的能長時間住在離念靈知境界中，再教他們於離念靈知中生起無相念佛的憶佛淨念，他們就摸不著邊了！他們以那種極粗淺的意識心境界，連我們所教的仍在意識境界中的無相念佛的淨念都抓不住，卻來嘲笑無相念佛境界以後所證的如來藏自住境界，說是外道法，說是很粗淺的境界，正像是一個身無分文的窮措大，卻嘲笑大富長者爲貧窮人，對這種人，我們眞是啼笑皆非，只能說他們是其心顚倒。

像這一類人，連正知見和最基本的功夫都不具備的時候，怎有資格親近一切諸佛菩薩呢？所以要去親近一切諸佛、菩薩之前，先要其心離諸顚倒，斷諸分別，然後才會去親近眞正的諸佛菩薩；若無正知見，基本功夫也沒有修好，則往往會將藏密外道的假佛凡夫當作是眞正的佛菩薩。有了基本功夫與正知正見，去親近諸佛菩薩時，才能夠至誠的、深切的頂禮、供養、恭敬、讚歎；以至誠心頂禮、供養、恭敬、讚歎之中，你的功德就會漸漸的顯發出來，有時候並不一定是由諸佛菩薩爲你加持，而是由於至誠的敬信，會使你自身的功德產生而顯揚出現；接下來才能夠聽聞正法而生起正信，才可能如說修行。

上一週講到三十七頁第四行「如說修行」，接著這一段說：「盡未來際無有休息，以無量方便拔濟一切苦海眾生，令住涅槃第一義樂。」在「盡未來際無有休息，以無量方便拔濟一切苦海眾生」的大願之前，先要有前半段的正願：希望能使得我的心離諸顛倒、斷諸分別，再來親近一切的諸佛菩薩，並且頂禮、供養、恭敬、讚歎，聽聞正法如說修行。沒有先發這個願，就說要以無量方便拔濟一切苦海眾生，那都是在瞞騙佛菩薩！從我出道弘法以來，一直在講：「不要用自我的觀念，不要用自我的私心來做事、來說話。」並且跟你們說：「你來聽聞之後，要如說修行。」可是實際上，一直都有人聽聞了我說的正法以後，沒有在如說修行，都是爲了自己的立場、自己的利益在盤算，盤算說「哪一天蕭平實退休下來了，我就自己轟轟烈烈的當起領導人。」私下就開始盤算，結黨營私、佈置人馬的亂搞起來了。

假使大家都像這樣子，我也可以爲自己打算：我退下來以後，離開同修會，再另外弄一個同修會，弄得比原來的正覺同修會還大。我也可以這樣盤算啊！但是絕對不該這樣做，這樣做都是錯誤的觀念，爲了想要達成自己的某些目標而不是爲了佛教的整個未來，也不是爲了同修會的未來而是爲了自己的未來，這就是聽聞了正法卻沒有如說修行啊！沒有如說修行而說你能夠「盡未來際無有休息，以無量方便拔濟一切苦海眾生」，那都是假話，背後的眞正的目的其實正是私心裡面有所圖謀嘛！不是眞正的爲佛教的未來、爲眾生的未來！這就是因爲其心顚倒，才會這樣子（編案：平實導師二千年時說了這些話以後，二〇〇三年初仍然有一批人因為這種原因而否定阿賴耶識正法，所以才有《燈影、假如來藏、辨唯識性相、真假開悟》及「略說八九識並存……等種種過失」四書一文的印行流通，才會有《識蘊真義》在正覺電子報上連載）。所以一定先要讓自心離諸顚倒、斷諸分別，後面的大願才可能作得到。

我所說的話，有些人往往不信，可是外面那些說謊的人講話，他們偏偏肯信！那些人爲什麼會有這種心態？說穿了，是因爲說謊者的心態跟那些人的心態一樣，所以有了共同的目標，所以就會相信。如果不是無我的大公無私的心態，我不會一再的說我們不容許私心，可是他們當然不信嘛！明明知道我說的是眞話，他們也要反對到底，因爲他們有私心的心態跟我無私的心態格格不入，當然一定會產生這個狀況；私心不能得遂，對我而作的無根誹謗就一定會在我背後產生；編造謠言流傳時當然已經是其心顚倒了：觀念顚倒、作法也顚倒。像這樣其心顚倒時，就沒辦法斷諸分別了，那他還能夠親近一切的諸佛菩薩而頂禮、供養、恭敬、讚歎嗎？當然不可能哪！

雖然我蕭平實這個菩薩修證差，好歹也算是個菩薩嘛！但是當一個人起了私心以後，我又不認同私心的時候，他會對我恭敬讚歎嗎？（大眾答：不會！）當然不會！因爲心態不一樣，所以背後一定會對我作種種無根誹謗，這是很正常的。但若眞的想修學佛法、早證佛果，自私的心態與觀念一定要改變；心態如果不改變，而說能夠離諸顚倒斷諸分別，三界中沒有這回事！心態如果沒有轉變，說他們能夠恭敬讚歎，那也是絕無可能的。像這種人，即使 佛世尊現在，他也會在背後說：「**佛眞的很執著啦！我們只是把一句佛法講錯了，他老人家就要把我找去罵一頓。**」就如四阿含諸經中的記載，凡是弟子把法說錯了， 佛一定會叫來問清楚，教他改正；如果是行爲作錯了，講話講錯了， 佛也一定會叫來問清楚，確認以後就指正錯處；有時就因此而講成一部經典了。經典往往是這樣講出來的。

如果有人做錯事、講錯話了，佛就因此而施設一個戒條；比丘兩百五十戒，比丘尼五百多戒就這樣來的。你們如果證悟而不退失，就是心出家的人，就可以去讀四分律、五分律，就會曉得戒條的由來。不知內情的人不可以胡言亂語的說：「佛的我執好重，我只是把他說的法講錯了，就立刻叫我去問，就隨即破斥我。」就認爲　佛是我執很重的人，這都是不懂佛法的人。佛是爲了眾生的未來、佛教的未來，所以必須這樣做。假使有人如此誹謗，那就是信位的修行還沒有滿足的凡夫。如果心態跟　佛所教導的觀念不同，背後就一定會謗　佛，所以善星比丘、六群比丘就是因爲這個緣故而謗　佛，捨壽以後就下地獄去啊！其中善星比丘根本就未到捨壽的時候，就因爲謗　佛、謗法而提前捨壽，生身下地獄。

隨意發洩情緒而輕易的誹謗善知識，是很嚴重的事。我曾當眾發露，洩自己的底：無量劫以前誹謗了善知識一句話，下輩子就當老鼠去了。你們沒看見自己在無量劫以前誹謗善知識的果報，經過無量劫而又看不到了，可能會懷疑：眞的這麼厲害嗎？但我告訴你，果報眞的很厲害，昭昭不爽！那時我所謗的那位善知識的修爲，比現在的我還要差很多倍，當時的我也仍然是個凡夫，但是，只一句話誹謗那個修證比我現在差很多的人，捨報後就下墮去當老鼠了。你們沒有體驗過老鼠的生活，不知道老鼠的意識心境界，我在定中重新體驗過往昔那一世的老鼠生活、老鼠的意識覺知心伶俐境界，老鼠如何聽懂人類的語言，也詳細的體驗老鼠的七識心如何運作；也看到是因爲誹謗了一位善知識一句話，就得承受這個因果，謗賢聖的口業眞是很嚴重的果報。

你們沒有從等持位裡面去看到你過去世所犯的謗法惡業，經過無量劫了，也都忘得一乾二淨了，所以不懂得害怕！將來修到我今天的境界時，你們終有一天也會從定中看得見；這不是因爲修學宿命通而知道的，而是心清淨以後，在定中自然會出現而讓你看見。其實你們每一個人過去的無量世中，都像我一樣曾經誹謗過善知識，也都曾經受報過了，絕對不是只有我一個人，所以大家一定都要很小心口業。也正因爲這個緣故，所以我寫書時一定要有根據才會寫，沒有根據的，我絕對不寫；因爲誹謗善知識的口業引生的果報，眞是很慘痛的經驗；這種糗事本來不足爲外人道，講起來是很沒面子的事；好在我現在沒有面子、也沒有裡子，因爲轉依了以後就沒有面目、沒有內外可說了嘛！無前、無後、無背、無面，既然沒有面子的顧慮，就把自己過去無量劫前的糗事發露出來，作個因果報應的明證，也是提醒大家要小心口業的意思。這樣，我做了一點犧牲，大家取來借鑑，也可以得到一點修行上事相上的利益，就叫做「前事不忘，後事之師；他山之石，可以攻錯」，以前蕭平實開車到那裡翻倒了，你後來開到那裡時，心想：「我也在這裡翻車一次試試看。」那可就眞是愚痴到不可救藥的人了！

馬鳴菩薩說：能夠如此的聽受正法如說修行，又發清淨願：我盡未來際無有休息的以種種方便來拔濟一切眾生而不休息。「盡未來際無有休息」，就表示說，即使你未來成佛以後也不可以休息，得要繼續利樂有情。不可以說成佛以後就只由徒弟們、阿羅漢們、菩薩們出去度眾生，自己卻退下來享福而不願辛苦的度眾生了。成佛以後，其實還要比你的徒弟阿羅漢們、菩薩們更辛苦，因爲大家都會來找你求法，因此說菩薩是盡未來際無有休息而利樂眾生的。在成佛之前的過程中，必須以無量的方便來拔濟一切的苦海眾生。「以無量的方便」，就是說不論以什麼樣的方式，你都得去做；在某個因緣下，需要做某件事，你就得要去做，你不可以畏懼退縮。

我們會中以前曾有很多人在石城禪三道場發了十無盡願，但在以後遇到事情時就退縮了，只剩下少數人仍然保有大願而繼續在做。這就是心裡面害怕受到傷害，這就表示他們無法以無量的方便來拔濟一切的苦海眾生；當他們看到那麼多的眾生被大師們誤導而走入岔路時，眼見分明卻無動於衷，只耽心出來破邪顯正時會被反擊傷害；這表示他們仍然不具足菩薩種性，所以寧可讓眾生被廣泛誤導，只顧自己的道業，別人被誤導盡了，似乎都與他沒關係。這就是鄉愿心態，就是自私的人！越是到佛法危亡的緊急關頭時，該做什麼事你就得去做。不但要勇於承擔，還得要施設種種的方便去作。當佛教正法普遍被外道常見、斷見取代，而有斷滅之虞、有被外道化之虞、有被世俗化之虞，那你就應該廣設一切的方便，把它挽救回來，絕對不可以畏縮。一直到完成鞏固佛法長久流傳的目的，你才可以終止；否則，仍然得用無量的方便去做，不是只有一件、兩件的方便，所以為了眾生得要以無量方便去做。

「拔濟一切的苦海眾生」，如何是拔濟？「拔濟」有很多層次的不同，譬如慈濟功德會去救濟貧窮，也是拔濟：讓眾生免於飢餓，讓眾生免於病痛，召集了一大批行善的人來做這些事情，也是拔濟。這不但拔濟了貧窮眾生的苦痛，也拔濟了護持會員們的貪心、瞋心。當他們出去做慈濟事業時，不是就把貪心捨了一部分嗎？貪心不捨掉，又怎麼可能把錢捨出去？捨錢就是捨貪嘛！又譬如他們去看護眾生病痛時，不是要和顏悅色嗎？對眾生和顏悅色，就是把瞋捨出去了嘛！把瞋心布施掉了，瞋心就不見了！如果把這個好心帶回家中侍奉堂上二老，無貪也無瞋，這也是拔濟貪瞋啊！

但是《優婆塞戒經》裡面 佛說：菩薩布施於有情時，應當巧設方便安置眾生於佛法之中，才算是如法布施。如果慈濟功德會去外國布施做善事，而沒有同時告訴受施眾生一些佛法，沒有把受施的眾生們安置在佛法中，那麼慈濟的布施就是有缺陷的、不如法的布施。如果他們出去外國，不管是那個國家，布施利樂有情時，遵照 佛語而藉機宣講較為簡單的佛法，就是如法布施，這就是 佛說的「布施時要方便安置眾生於佛法之中」。這就是比較高層次的拔濟了，跟一般宗教或社會慈善團體的拔濟眾生於苦海，就有了不同啦！

接下來還要更深一層的拔濟：要告訴他們解脫道的正理，解脫道的修持行門，解脫境界的眞實正理。這個層次又更高啦！因為你如果能如實的把解脫道的眞正義理告訴眾生，那些聽你說法的眾生就可以斷除我見了，我見斷了不就成為聲聞初果了嗎？只要是聲聞初果人，就可以度人同樣成為聲聞初果；不一定要阿羅漢才能度人成為聲聞初果。當眾生聽聞三界我、十八界我虛幻、緣起性空，導致我見斷除了，那就成為聲聞初果聖人了。

斷除我見很困難嗎？難！因爲末法時代的今天，那些大師們連我見的內涵都弄錯了，所以落在眾生我、三界我的離念靈知心上，死抱著意識心而誤認爲是常住的眞如心，落在常見外道所說的**常而不壞的覺知心**中，與常見外道完全一樣；我們爲他們指出來以後，他們仍然是死也不肯棄捨常見外道所認定的意識覺知心；佛門中的大師們尚且如此，一般學人就可想而知了！所以想要斷除我見眞的很難！可是從另一方面來說，其實也並不難！如果有眞正斷我見的善知識跟你開導，你就能正確的現前觀察五蘊我、十二處我、十八界我都是虛妄無常，我見就斷了，所以其實也並不難！難就難在沒有遇到眞正的善知識開導。

對利根人來講，只須告訴他：你只要觀察離念靈知心依眾緣而生起。他只要略作觀察，我見就斷了！但是現在的在家出家大師們，都指示學人：「離念時的覺知心，靈知而了了分明，那就是眞如心，決定不是蕭平實所破斥的意識妄心。」或者變個法兒說：「眼識能見之性、耳識能聞之性……身識能覺之性、乃至意識能知之性就是眞如，這個知覺性就是佛性！」這都不離十八界、不離六識自性的法，都是我見！名爲凡夫隨順佛性。但是現在這種假名善知識，可以說是鋪天蓋地，實在太多了，到處都在**誤導眾生**說：無念時的靈知心就是佛地的眞如，能見、能聞、能覺之性就是佛性。這都是**衆生我**、**常見外道我**，也正是**外道的神我**，正與想像中的**梵我**、**大梵**，完全無異，同是第六意識。這些佛門內外的凡夫眾生，也都是我們所要救拔的對象，並且是我們主要的救拔對象；所以拔濟眾生層次要提高，弘法者都應該引導眾生離開眾生相。

眾生相從哪裡來？從我相來！我相就是從我見而生的啊！由於認定有念時或是無念時的**覺知心我**是常恆不壞的，所以就把自己執取為永恆不壞的我，便成就我見了；可是這個我其實不是常恆不壞的，晚上眠熟時就斷滅了，是緣起性空而沒有常住性的；不管你是有念的靈知還是無念的靈知，每夜睡著無夢時就斷了，哪裡是常恆不壞的心？既非常恆不壞的心，當然就是**無眞實我性**的緣生法。因為離念靈知心必須依靠意根與法塵為緣，才能從心眞如中現行，本屬五蘊、十八界所攝的緣生法，所以才說五蘊、十八界法中，並無任何一法是實有法、自在法，所以才說五蘊、十八界無我。能這樣現觀離念靈知心緣起性空的人，才是眞斷我見的人；執取離念靈知心常恆不壞的人，所墮剛好與常見外道完全相同，當然是未斷我見的凡夫人；既然所認定的心與常見外道完全相同，那不是佛門中的常見外道又是什麼？所以說這類人是常見外道！

當他們有一天確實觀察離念靈知心的緣起性空、依他而起時，才算是斷了常見的初果人；如果相信離念靈知心虛妄，但是無法現觀祂的虛妄性，那就是佛門中的凡夫，但已不是常見外道了！我們已經十幾年在書中相續不斷的說明、分析離念靈知心的緣起與性空，假使有人還要繼續認定離念靈知或是六識心的見性、聞性……乃至知覺性是眞如、是佛性的話，那當然是佛門中的常見外道！他們再怎麼辯解都沒有用，因爲理證的事實上正是如此；不但理證如此，教證上也是如此說的。如果你能把這個道理跟他們開示，詳細的分析給他們聽，請他們回去以後自己再去觀察、思惟、整理；他們如果能確實的觀察、思惟、整理，三、五天後就可以如實的斷我見；我見一斷，就是聲聞初果了，你也可以爲他們印證：「恭喜！你是聲聞初果了！可是你這個果沒有果，沒有果才是眞正的證果。」他能夠「忍」而接受了，才就成爲聲聞初果啦！

佛可以度人成爲聲聞初果，我們也應當如是，能這樣由許多人重複實行與驗證的法，才是眞正的佛法。如果所說的佛法是不能由多人重複驗證的，那就不是眞正的佛法，一定只是表相上的相似佛法。譬如有些人來求佛法，大師卻說：「我可以幫你們明心開悟，但因爲你們的福德、慧力不夠，所以你們所有的人在這一世都沒有希望開悟！」這樣說了以後，既不能教化他們如何修集開悟所應有的福德，也不能教化他們如何增長慧力，讓學人窮其一生都無法作到，這樣就不是眞實的佛法。應當告訴他：「**你的福德不夠。**」就指導他如何修集悟前應有福德的方法。或者說：「**你的定力不夠。**」是哪個部分不夠，應該如何修習定力；「**你的慧力不夠。**」又是哪個部分不夠，該如何修？都應當爲他們明確的指示出來，將來具足斷我見或明心、見性條件時，就可以幫他們親證，這樣才是眞正的佛法！

佛法絕對不可以只是想像的，不可只是子虛烏有的名相，修證境界也不可以只是上師個人所獨佔的。如果只有 釋迦牟尼佛可以開悟，佛的弟子們都不能悟，那麼佛的法就有問題。所以 釋迦牟尼佛可以悟，他的很多弟子們也都可以悟，並且一代一代的流傳下來，這種師徒都可以悟入的佛法，如今仍然繼續在流傳中，這樣才是眞正的佛法。而且被印證開悟了以後，也可以來檢查上師以前所說的與今天所印證的境界，是否完全一樣？這樣才是眞正的佛法，才不算是**相似佛法**。如果只有上師個人可以證，而徒弟們永遠都不能親證，那個法一定不對！諸位今天爲什麼要來我們同修會學法而成爲學員？爲何要進入同修會護持而成爲會員？正因爲你相信：「**蕭老師可以悟，我也可以悟。**」而且如今也現見已經有許多人跟你一樣的開悟了，並且可引經典嚴格的加以檢查證實。因爲有這個信，所以你們進來同修會中證悟了，又成爲會員而繼續努力護持，希望可以讓更多人得到法益。

所以佛法一定是可以重複驗證的，那才是眞實的了義佛法。譬如物理學、化學所有的定律一樣，又如力學、流體力學、電學、光學等等都一樣，都一樣是可以重複驗證的，才可以成爲定律；如果不是可以重複驗證的，就不是定律。同理，你能斷我見而證初果，應該也能讓別人斷我見、取證初果；只有時間遲早的差別，沒有不能斷我見的，這樣就表示你已經有能力「方便拔濟苦海眾生」。所以當你明心之後，也有能力幫人家明心，也有能力幫人斷我見，也有能力讓人成爲聲聞初果，這樣的明心才是眞正的明心；如果沒有這個能力，永遠都是只有師父一個人能證初果而徒弟們都不能證，永遠都是只有他一個人能明心、能見性，而徒弟們都不能證，那麼他的斷我見、證初果，他的明心、見性，都是虛假騙人的，除非他觀察徒弟們都還沒有因緣可以悟入，或是觀察到悟後的徒弟萬一生疑時，自己無力加以解疑、攝受。

所以在正覺同修會中證悟以後，大家都一樣可以幫人斷我見、幫人明心的；但是我們爲防止密意廣泛洩露而導致外道也知曉密意，就用來破壞佛教正法，產生了明講而陷害眾生起疑以致謗法下墮地獄，所以遵照　佛的告誡而設定規矩，不許親教師幫人家證悟，我和所有的親教師一樣，也都不許在禪三以外場合爲人施用機鋒。不然的話，大家悟後都到處去濫傳，正法密意就會不小心的洩露給外道而被毀壞掉了！因爲沒有經過參究思辨的過程來斷除**我見的種種變相境界的執著**，眾生的智慧起不來，就無法分辨，無法對阿賴耶識心體的眞如法性生起決定心，就一定會誹謗。如果有人加以紀錄而留下密意文字，就會廣泛洩露密意而使正法從此難以再弘傳，眾生的法身慧命就死盡了。所以這是很嚴肅的課題！

你雖有弘法度眾的大心，但不一定要在今世完成它；因爲你也許沒有能力上座說法，也許你的時機還沒成熟，那你可以換一個方式來做：護持上座說法的上師，這也是在「方便拔濟眾生」，也是你的方便度眾啊！不一定是跟師父學習而在師父幫你開悟了以後，你就要求說：「**師父！我也要上座說法。**」我出來弘法至今，總有人老是要求我退休，讓他承接我的位子，由他獨自來弘法就好；但是後來證明他們根本就沒有這個能力，所以後來反倒相信月溪法師的邪見，回到月溪法師的離念靈知意識心境界中，認作是比阿賴耶識境界更高的佛法，我們希望以後永遠都不要再有這種人出現在同修會中，因爲我的理想是：由眾親教師集體來領導

（編案：後來在二〇〇三年初，又有楊、蔡、蓮⋯等人，同墮此一覆轍，也希望平實導師退休，由弟子楊先生作領導人。但他們也同樣回墮離念靈知而回歸常見外道境界，而以離念靈知意識心倡言是佛地真如。詳見《燈影、真假開悟、辨唯識性相、假如來藏》四書及《識蘊真義》的連載）。

在佛門中的規矩並不是這樣的，叢林的規矩也是一樣的：師父還在人間時，徒弟悟了仍然不可以收徒弟、受人歸依；也不可以引導別人開悟，除非你被選任為首座。即使被選任為首座，可以引導師兄弟開悟，也還是不可以為他印證的，還是得要推薦給師父來印證。禪宗叢林的規矩一向是如此的，所以你要在道場本有的原則、門風、規矩下面去實現度眾生的大願；不然的話，所有的道場都會因此而天下大亂了！所以我們同修會訂有規矩，大家依照規矩來弘揚正法。佛在世時定下的規矩，佛涅槃後所有的阿羅漢都要遵守，所有的大菩薩們也都要遵守，大菩薩們去到他方世界時也不敢不遵守。如果不肯遵守，你就會把各地的佛教正法道場弄亂了！這就是說，你要發起方便拔濟眾生的願，但是想要出來當弘法師，可得要隨順因緣，不能強求；如果這一世不成熟，下一世也可以；下一世不成熟，下下世也可以。當你有一天具足了弘法因緣時，不必你強出頭，護法龍天自然就會把你推出去，想躲也躲不了！因緣不熟時，想要強出頭，一定會很吃力而作不出成績來！我當年也沒有想過要出頭啊！只想傳個一年、半載，如果有人見性了，我就要回家自修禪定了！我當年是這樣想的；但是後來卻被一直往前推，退不回去了。

我以前曾多次宣布想要退休自修，搬到承德路大樓以後，我仍然一直想找個因緣退下來，但是卻一步步的深入度眾生的泥淖而退不出去了！但是我仍然無怨無悔，完全奉獻、完全付出。現在我沒有自己的時間，我的時間統統是眾生的，所以我跟孩子們講：「你們以後結婚生了孩子，不要找我幫你撫養照顧，我所有的時間都是眾生的，不是你們的。」已經先跟他們講好了，他們如果回來探望我，一天、半天的時間，我很歡迎；如果每天回來跟我在一起，我沒那個時間陪他們。因為我要做的事情非常多，要依照計畫趕快做完；也希望留一點時間給自己，很累的時候可以稍微休息一下。休息過了可以再往前進，這就是我們的籌畫。

因此，「拔濟一切苦海眾生」，你發下了這個願，還得要有正確的認知，不許莽莽撞撞的說：「我現在明心開悟了，就出去搞個大道場，花錢在報紙、電視上大作宣傳，去弄起私人所有的大道場來了。」佛教正法將會因此而壞在你身上！那時即使是羽翼豐滿，我已經制裁不了你，但是自然有人會制裁你。別說你們現在的證境比不了我剛出道時的證境，當年我出道時因爲沒有善知識爲我告誡，也還沒有讀過經典中的訓示，所以不知道明說密意就是虧損如來、虧損法事，所以禪三時都明講密意，所以在前三次禪三時都被制裁，三次都很痛苦：一次比一次痛苦。你們有許多人都不曉得這件事情，但這是我走過的、親自體驗過的路，也是早期的同修們所熟知的事；被護法神懲處，絕對沒有好處的！好在後來我知道自己有這個任務在，所以沒有被作極爲嚴肅的處理，這可以算是輕微的警告：不可以再明說密意。如果不是人家付給你任務，你自己要硬出頭、硬要爲人明說密意，最後一定吃不了兜著走，我跟你們說老實話。因爲前三次禪三我是一一體驗過的，那絕不是假話；譬如第二次禪三時，一罐新的還沒用過的氣功油，那天晚上忽然脹氣到很難過，脹得像青蛙一樣，就拿來用在肚子上揉，揉到天亮時，整整一罐都被用光了，一滴也不剩，可以想見當時的痛苦有多嚴重？你們沒有體驗過，都不知道！

今天把我個人的親身經歷，公開講給大家聽，希望大家要善知因緣。也就是說，你的因緣適當的時候，自然就有護法龍天把你推出，你不必急；如果因緣還沒有到，誰強出頭，誰就倒楣。古時也有禪師悟時被上師告誡：你沒有度眾生的法緣，不許出來接引眾生及弘法。禪師大多會遵照告誡而不擔任和尚的職務，這也是禪宗史上常常可以讀到的歷史事實。我一直都很想退休下來，可以進修自己停頓了許多年而未修完的禪定，所以我不會對某人的強出頭有不好的念頭。但是如果將來繼續有人想要亂搞的話，護法龍天一定會看不過去，因爲這是他們的職責所在，得要對 佛負責的；他們就像憲兵一樣，身負職責必須處理壞法事件；所以連我都曾被處置了，那你出來硬搞，還不被處置嗎？這絕對不是迷信，因爲這是我們親自體驗過的。有人就是不信邪：「這是二十世紀的人間啊！哪裡有什麼鬼神？我也沒看見過！」假使那麼容易就能讓你給看見了，那你豈不是生來就有天眼通了？那他們還當得了護法神嗎？所以這個大家都應該有正確的知見。

雖然得隨順因緣來利益眾生，可是「以無量方便拔濟一切苦海眾生」的願終究還是要發起；發起以後，觀察因緣而爲，那才是具有無量方便的菩薩。發願以後並不是只有一生實行它，而是盡未來際的實行，你們可得要記住！既然是盡未來際的，就表示你所發的這個願，不一定要在這一生就把它做完；你又不是這一世就要成爲究竟佛，何必要這一世全部做完？有一些願是可以一世作完的，但這個願絕不是一世就能作完的；你這一世有能力做到哪裡，你就做到哪裡；生生世世不斷的作，才是正確而隨分、隨緣、隨力去做，沒有具足某個層次的能力時，就不要自視過高的去做超過自己能力的事。我一向做事都是這樣，我一定按部就班去做，勉強的、逆緣的事我都不做，我喜歡的是順水推舟、因風駛船、隨順因緣。這樣做起來就很輕鬆，所以我雖然評斷諸方誤導眾生的大師們，他們也不敢公然的寫在書上罵我，這就是隨順因緣而作沒人敢作的大事，不要在緣沒有成熟之前就去做它。

也許你們有人會說：「那您寫那麼多書不斷評斷大師們，把大師們得罪光了。沒有人敢做的事，您竟然也敢逆勢而做！」這些破壞大師們邪見的事，雖然是很敏感而且很震撼，但是，我其實是看到因緣熟了才做的，我出書時也是有次第性的；這本沒有印出以來以前絕不會印出那一本，有時一本書要出版以前，得要等另一本書出來；所以《邪見與佛法》很早就弄好了，但是得要等《宗通與說通》印出來，它才能印行；得要在《眞實如來藏》出版後，評斷大師的工作才能作。所以常常有些先寫完、打字完的書，必須擺在一邊等著，不能立即出版，這就是觀察因緣、隨順因緣。為佛法、為眾生、為整體佛教，都應該有次第，善於觀察因緣而作，眾生也比較能夠接受，並且能隨順法義的淺深次第而步步增上。不然的話，早就被大師們派人前來踢館了！緣未成熟就強行推出，一定會出紕漏。我們如果沒有照次第性來做，《邪見與佛法》如果提早三年印出去，我告訴你：我們將會一天到晚都要和別人辯論的。那麼依照法義辨正無遮大會的規矩，就不曉得要害多少人自殺了！（其實應該不會害死人，因爲有可能我會多收一些前來辯論的徒弟，但是一定會拖遲我出書釐清正法長遠計劃的時程。）所以因緣不成熟時不能硬做。

我們發了大願以後，是盡未來際的、永無休止的大願；既然是盡未來際的願，不論怎麼大的願你都可以發，甚至於想要成佛的大願都可以發；但因爲成佛並不是這一世就能修成的。你們四皈依的時候，不是有發願成佛了嗎？那不就是四宏誓願嗎？三歸依時，一般只講三皈依，但是嚴格說來還得要皈依另一個法，叫做皈依戒——以戒爲師。末法時代，戒沒有持好而說他的佛法可以修證到多好，那都是騙人的。一天到晚在誹謗三寶，編造事實來無根誹謗助他得法的根本上師，這種人性障極重，戒體都破壞了，還能成佛啊？這就是說，大願既然是盡未來際的，當然可以發得很大；發願之後就看你的能力，盡力而爲，要衡量自己的能力而努力去做。

超過自己的能力而散盡家財、妻離子散，反而使末法時的眾生看了心生煩惱，那對自己有什麼好處？又對眾生有什麼利益呢？所以一定要以長遠心來行願，不可以只有五分鐘熱度蠻幹下去，以免後繼無力而垮掉了！台灣已經有很多依附於佛教的新興宗教團體不斷的興起又垮掉，這種事相太多了。我們不希望走那個老路（當然他們大多是因爲法義邪謬，後來被人指出來以後不得不垮掉；但是他們大力鼓吹信徒奉獻所有財產，據爲己有，導致信徒後繼無力，也是原因之一，這是我們一向都不願看到的事，所以我們一向都不開口勸募），我們有一分的力量就作一分的事，不願像許多道場以一分的力量而做十分的事。

這就是說，既然發了大願，它是盡未來際的，並且是世世都不能休息的。所以，願可以發得很大，但在做時應該衡量自己的能力有多少，就努力去做多少事。我今天講得口乾舌燥，正是因爲婆心所以就苦口啊！但是 佛說法時，總是不怕口乾舌燥，老是怕弟子們聽不懂，常常反覆的不斷解釋，希望解釋到弟子們都能懂。所以能親身遇到 佛，眞的是福報大：因爲諸佛都是色勝、法勝、心勝。能在人間遇到佛示現，福報眞是大！

「以無量的方便來拔濟一切的苦海眾生」，是要拔濟眾生們安住於什麼境界呢？馬鳴菩薩的答案是：「令住涅槃第一義樂！」所以，你以種種方便施設出來，是要度他們離開苦海。以無量方便施設種種方法度眾生時，一定有兩個你所要達到的目的，第一是要眾生達到涅槃不生不死、不生不滅的解脫境界，第二是要眾生證得第一義諦：證知法界的眞實相。這就是兼顧了能使他們成爲阿羅漢的解脫道，以及能使他們成佛的佛菩提道。不應該只幫他們證得了解脫果，結果捨報卻進入無餘涅槃去，成爲一個自了漢，不能盡未來際的利益眾生；所以，你還得要讓他們證得第一義，因爲第一義諦中，法義無窮、妙智橫生，他們就會欣喜的繼續走向成佛之道而不入無餘涅槃。

從世俗人的眼光來看我蕭平實，他們會說：「他那個日子過得眞苦，一點兒享受都沒有，我才不要過那種日子。」但是他們都不知道我縱使日子過得很辛苦，夜以繼日的寫書、還要爲人說法，還要辦禪三幫人證悟，還要爲證悟的人悟後進修的道業而開講特別的法義，身子雖苦，可是心中卻是法樂無窮。一般人寫書很辛苦，當然要賺錢；他們寫書是要先打草稿的，草稿寫好了還要重新再謄一遍，這是正常的過程；有哪一位作家寫書不打草稿的？那是很少的。但我寫這些深奧的佛書，從來不打草稿，都是稿紙拿起來直接寫，寫好了就拿去打字行；我從來不打草稿的，就這樣一直寫出來，才有可能寫得飛快，讓你們讀書比我寫書慢。如果還要打草稿，我哪有辦法一年寫出這麼多本？所以我寫書其實不辛苦，當然就沒有想到因爲辛苦所以要賺錢給自己享用的事情，所以都捐給正覺同修會弘法。這就是因爲有種智，所以有法樂；因爲悲心想要利益學人的事情可以實現，所以有心樂；在此情況下，解脫道的義理和第一義諦的義理，就好像泉水一樣從心中一直冒出來，寫都寫不完，也常常來不及把更多的妙法寫下來，所以一直都寫不完。現在倒像是變成欲罷不能了！

所以公案拈提的書就愈寫愈厚了，這第五輯出版時會比上一輯還要厚，我希望下一輯起就永遠訂在這個厚度，寫的時候還得要控制一下，別越寫越深入，不然會更厚，現在寫的每輯已經有五百多頁了！雖然加以控制而沒有寫得更多，但是內容卻很精彩啊！我希望將來有哪位學音樂的，把公案後面的偈子編出曲子來唱，也可以利益眾生的；因爲那些偈子很有味道的，這也是弘法的一種方便啊！這個曲子一流通出去，一定會有人起心動念：「咦！這些曲子是誰做的詞？是誰作的曲？喔！原來詞曲都從正覺同修會裡面寫出來的。寫得眞好啊！究竟是什麼緣故，會使得蕭平實他們寫出這種意境來？我也去學學看吧！」這也是你成就法施功德的一個方法。

我爲什麼可以夜以繼日的十來年一直做下去而不會覺得心煩？一般人會覺得很枯燥，都在佛法裡面打滾，又限制自己不可從弘法中取得絲毫財物供養，什麼生活上的樂趣都沒有了，枯燥死了！但是我不會！當你走到這個地步時，人家從世間法表面上看起來，你眞的很辛苦！因爲在書桌前一坐，三個小時、四個小時就寫過去了，也沒有時間下來走一走、到外面晃一晃，就一直寫下去，只怕漏寫了妙法而替學人懊惱；所以寫到屁股坐太久而痛起來時，就換個姿勢，歪一歪、扭一扭，繼續寫，就這樣過日子。雖然每天寫到身體很累，可是法樂無窮啊！所以能在書桌前一直坐下去，不理屁股的痛覺，這就是因爲有第一義的法樂；在二乘法的解脫道上，不可能有這樣深厚的法樂；因爲解脫道只是佛法中很有限的小範圍，解脫道的法義只是佛菩提道所含攝的很小部分法義而已，所以二乘無學聖人只好常常坐入滅盡定中，過沒有意義的日子。

所以當你在第一義上面有了深入的證量時，眞是法樂無窮！如今你發願想要幫助眾生，就要發願幫助眾生也證得這種法樂無窮的境界；除了幫他們證得涅槃、安住涅槃之外，還要幫他們也能住於第一義諦的法樂之中，涅槃樂與第一義樂，兩種都要兼顧。但是涅槃樂的眞實義，可別誤會了！無餘涅槃有什麼樂呢？涅槃之中哪兒有樂？其實並沒有身樂與心樂。但是話說回來，眞的沒有樂嗎？有！因爲涅槃的證得，能實證出三界的法，這個道理你已經具足了知了，能夠證得解脫，也有了實證解脫的知見，你能夠爲眾生如實的宣說，你本身就有涅槃樂了！雖然涅槃非苦非樂，但這個非苦非樂才是出離生死痛苦的究竟樂。菩薩們除了這個涅槃樂以外，他們在第一義諦中的智慧就好像泉水一樣的不斷湧出，這就是菩薩的第一義諦法樂。如今你已經證得了，也得要讓眾生和你一樣的證得；能夠讓眾生住於這兩個法的究竟安樂之中，才能說你所發的願有了具足圓滿的結果。

論文：【作是願已，於一切時，隨己堪能，修行自利利他之行；行住坐臥常勤觀察：應作、不應作。是名修觀。】

講解　當你在　佛前生起決定智而起廣大悲，所以發大勇猛而建立了大誓願，接著要實行大願時，可就不容易過了！得要一**切時**中，隨著自己「堪能」；也就是要量力而爲，先衡量一下自己的能力有多少而作；能力只能撐起五十公斤，卻硬要撐起五百公斤，那就被壓成肉醬了！這就是不隨自己所堪能而作，所以應該**隨己堪能**而修自利利他之行，但是卻要記得一**切時**都得這樣作。這樣修行自利利他之行，就是指十迴向位的十金剛行。十迴向位的行門都是迴向眾生的，最後才是要迴向具足一切種智——成佛；這是十金剛的行門，是初迴向到十迴向位道種性菩薩們的行門。要修行這些行門之前，先要掂量自己的意識心與意根：我有沒有這個金剛心？否則永遠都進不了初地的入地心中，金剛心（心性猶如金剛一般的堅毅不拔，無人能摧壞他救護眾生離開邪見的大悲願），它的重要性就在這裡。在戒經裡面說這就是金剛心，所以十迴向位的修行就叫做十金剛行。

有了金剛心而敢作別人所不敢作的事，能如實的去做而不逃避，去完成**驅逐外道法離開佛門**的護法大業，那你的十迴向位功德才能夠完成，能這樣作而求這一世中進入初地心，那就沒什麼問題啦！因爲當你完成了十金剛行的時候，具足了金剛心時，在我們同修會中還怕沒有一切種智可學嗎？我們從來不對外勸募，所說的法又常常被大法師們聯合誣蔑爲外道，所以完全得不到外人的支持（編案：從二〇〇五年起，已經很少有人再加以無根誹謗了），所以錢財很少，但是一切種智法財卻一向都是很豐富的；當你有了十金剛的功德圓滿，發起金剛心了，只要再把一切種智好好的進修，發起道種智的初分時，初地入地心的果德，就已經很安穩的放在你口袋裡了！這有什麼困難？難的是自己是否能夠修正以前不好的心態與行爲，能不能依照十金剛行的內涵一步一步如實的踐履。口說而身不行，那是沒有用的；光說吃飯二字而嘴巴不動不吃，永遠都不會飽的。所以雖然要隨己堪能而修，但是也要一切時中努力去修。如果發現自己的能力不夠，就趕快再去增強它，這樣去修自利利他之行，就容易圓滿菩薩三賢位之法道。

菩薩們的自利之行，都得要從利他當中去完成，因爲初地、二地、三地的功德，滿地心位所證得的「猶如鏡像、猶如光影、猶如谷響」的現觀，都是在利他之中完成的，絕不是在自利之中所能完成的。我這是跟各位說老實話，如果是想要從自利之中去完成，絕對不可能的！因爲這些現觀，都要有外緣，假使沒有利益眾生的外緣來幫助，就絕對沒辦法完成猶如鏡像現觀的修證，更沒辦法完成猶如光影、猶如谷響的修證。所以說，大菩薩們都是在利他中自利，而不是在自利完成之後才去利他的，這就是諸地菩薩的修道跟聲聞道特別不同的地方。

「行住坐臥常勤觀察」：接下來就得在行住坐臥四威儀當中，要常常勤加觀察；也就是說，大部分的時間都是在觀察，這才叫作勤啊！才叫作常啊！如果五天、十天才觀察一遍，那就不叫常與勤了！所以要常常勤加觀察：每做一件事情之前，先去衡量：這件事情我應該做、不應該做？有的事情你決定不做，但是你作下這個不做的決定之前，先得要衡量、觀察：我決定不做的決定，是不是正確？我決定要做這個事情或是決定不做這件事情時，這個決定到底對或不對？一定要每件事情都常常勤加觀察。不但佛法中如此，在世間法上面也有很多需要觀察的，譬如要誹謗或評論某人之前，先要衡量可不可以做？想要轉述一件事情時，是不是已經先確認過了？

這就好像報紙的報導一樣，還沒有確認就登出來，人家要告你無根誹謗啊！那就吃不了兜著走；在出世間法上面也一樣，捏造事實來誹謗別人，未來捨報時，因果律在等著他，誰也逃不了的。也應該在解脫道上面來觀察：這件事應該做還是不該做？如果做了，對解脫道的修持，是有障礙？還是有幫助？另一件事情我不想做，不做這件事情時，對解脫道的修行是有幫助、還是有害？都要常常勤加觀察，這樣才是證悟以後常常正確的修「觀」啊！另外，在佛菩提道上面，你也得要常加觀察：我想要做的這件事情，做了以後對我的佛菩提道有沒有幫助？對眾生修證佛菩提道有沒有幫助？都得要詳加觀察。另一件事情我決定不做，不做的話，對佛菩提道、對我自己、對眾生的佛菩提道，有沒有幫助？如果沒有幫助，那我這個決定就是錯誤，就得要修正。又譬如在僧團中（在出家僧團或菩薩僧團中都一樣）：我在僧團之中決定做某件事情，是應該或不該做？對於這個道場的成員與自己的解脫道有沒有妨害？對於道場裡的大眾與自己的佛菩提道有沒有妨害？不管是在聲聞僧團或菩薩僧團裡面都一樣，都應該要常加觀察、勤作觀察。不可尚未詳加觀察就貿然去做，否則就是不修觀的愚人，那就只是隨著自己的習性去做。所以想要修觀的人，一定要勤加觀察。

勤加觀察以後，還得要勤予修正，這才是眞正懂得修觀的人。因此，在四威儀中不可以停止這樣的觀察，勤加觀察以後，才能讓心止於正法妙智之中。凡一件事情要說要做之前，乃至拉高層次，在你要去打某一個妄想之前，都得先作觀察：應想、不應想。正在打妄想時，世人總以為絕對沒有人會知道。其實不然！心裡面打妄想時的每一句，護法神都好像在聽打雷一樣的覺得聲音好大，眾鬼神都聽得很清楚的；可是眾生總認為不會有人知道。古時不是有一位楊四知嗎？人家送禮給他，他總是不肯收。人家說：「我送禮給你，沒有人知道，就只有你知、我知啊！」他說：「怎麼沒有別人知道？你知道、我知道、天知道、地知道，就有四個人知道了，怎麼沒有人知道？」所以他從來不收禮品錢財，後來傳出去了，人家見到他的時候就把他改名為楊四知啦！本名反倒被人遺忘了。

天是誰？護法諸天就是天啊！而且護法神之中也有夜叉道的鬼神，因為皈依三寶以後他就成為護法神了嘛！也有四王天的大威德夜叉來當護法神，並不是只有已入聖位的 韋陀菩薩。他們既然沒有能力或沒有因緣出來講經說法，就以護法神的身分來幫助善知識弘法。而且四王天的夜叉眾生比我們人類還要多啊！所以每一個人只要皈依三寶，就會有多少護法神跟著保護你呢？（眾答：二十五位。）不！那是受五戒！每受一戒就有五位護法神來護持你，歸依三寶後，你身邊的護法神更多，共有三十六位。那你想想，你身邊會有多少護法神跟著？當你在那邊打妄想，做非分妄想時，人家可都是聽得清清楚楚的！

就譬如這次禪三，我們有位師兄不是在小參室裡起心動念而被護法神彈了耳朵嗎？他的後面是牆壁，並沒有人啊！誰會彈他的耳朵呢？在那種大家都聚精會神、恐怕漏聽了妙法的時候，絕對不會有人會調皮去彈他的耳朵呀！我也會看得見啊！但他其實也沒有什麼大過失，只是打了一個小小的妄想：「開悟並不困難。」並不是什麼嚴重的事，但是護法菩薩對他有很大的期待，縱使只是一點點小過失，也不容許他犯。還有人在禪三夜裡躲在無人處偷打電話，以爲四下無人又很黑暗，不會有人知道，沒想到卻被護法神在背後戳了他一下；那你們說，你在那邊打不好的妄想，人家還會聽不見嗎？這意思就是說，凡是起心動念，都要觀察那個念頭是應想或是不應想，更別說是在嘴巴裡講出來、身體上做出來。能夠這樣做，才叫做眞正的修觀哪！

論文：【復次，若唯修觀，則心不止息，多生疑惑，不隨順第一義諦，不出生無分別智，是故止觀應並修行。謂雖念一切法皆無自性，不生不滅本來寂滅自性涅槃，而亦即見因緣和合善惡業報不失不壞；雖念因緣善惡業報，而亦即見一切諸法無生無性乃至涅槃。】

講解　馬鳴菩薩又說，如果只修觀而不修止，那麼心不能決定不移的安止於正見上，常常疑惑涅槃是否眞實可證？是否眞實如此？又常常疑惑阿賴耶識心體是不是如來藏？是不是眾生因地時的法身？是否另外還有別的心才是眞如？心中是不是確定要信受祂爲萬法的實相？因爲不修止的關係，所以心中無法息滅種種對於涅槃、對於法界實相的虛妄想。所以同時得要修止，讓自心決定止息于心眞如之法，一定要安止于心眞如阿賴耶識心體上面，這樣才能稱爲**眞止**。

一般止觀中的止，只是用數息、觀行等種種方法，來把自己的覺知心壓制下來，不亂攀緣，這就如石壓草，當石頭不在了（離開數息法了），草隨即又生長出來了。這種壓制下來的境界，沒有辦法眞正的止息，還是常常會再生起貪……等惡法；只要壓制的行爲中斷了（下座而使數息法斷了）攀緣與虛妄想又會重新不斷的現前，所以一定要用智慧來止息，讓心確實轉依眞如法性，斷除煩惱而止息于眞如法性上面，才能自然而然的止息不動！反過來，如果只修觀，譬如探知般若密意而專作研究的人，不能轉依密意中的眞如法性；又如專門打探密意而不肯自己下手參究的人，心都無法止息或者不容易止息；縱使想要依眞如之法止息，可是卻因爲智慧不夠而不能決定止息於心眞如之法性上，就會被習性牽著走，永遠都止息不了。所以他們「證悟」了以後，仍然是妄想一大堆，念頭一大堆啊！爲什麼呢？因爲他還沒有透過日常生活中，藉智慧去修觀而決定止心下來，所以轉依失敗而無法把煩惱斷除掉。

所以一定要確實的修觀，透過日常生活以及跟眾生接觸時，在這些境界當中把煩惱修除掉；但是若不修觀，你就做不到。因爲有修觀，所以心裡面的疑惑斷了；疑惑斷了的話（不管它是見惑或者思惑），惑斷了以後就可以隨順第一義諦，心就能夠止息而不妄動了。如果惑沒有斷，那就表示轉依的行爲沒有成功，你就心不止息，就會多生疑惑，就不能隨順第一義諦。不隨順第一義諦的眞實道理，就無法出生後得無分別智啊！不肯轉依阿賴耶識心體的眞如法性時，根本與後得無分別智都無法出生，心就永遠無法止息！（編案：由本會三次法難事件等三批人，可以證實 導師的說法完全正確）所以證悟之後還要再做許多觀行，在四威儀中觀察：自己的心應該如何轉依心眞如的體性，依于眞如法性而止息下來。這才是悟後最重要的事。因此說，悟後修止與修觀二事，一定得要並行。

接下來 馬鳴菩薩又爲我們分析：從觀行上面來說，雖然心中常常憶念，說菩薩依如來藏心體自身來看一切法都無自性，也常憶念一切法不生不滅、本來寂滅自性涅槃，無我、無我所、無果報，但卻也同時看見一切法中都有因緣和合的緣起性空體性，也看見一切法中的善惡業報都不失不壞。我們悟後修觀時，可以達到這種本際與現象界都全面現觀的境界；但是一般人尚未證得心眞如，不知如來藏何在，所以不能確實依止心眞如來修觀，所以有些愚痴人就會因此而撥無因果，就會公然的說一切法空：**沒有如來藏執持業種，沒有地獄及三惡道果報，地獄只**

是聖人設教恐嚇眾生不造惡業。既然全部都空，那麼下輩子還有什麼因果可說？所以就用自己的錯誤觀點，錯誤的引述般若經：「般若經不是也講一切法都空嗎？」他就認爲：「一切法空就是佛法般若，就是全部的佛法了。」結果就變成撥無因果的斷見論者。

一般人不會修觀，所以心中雖然想要止，卻止不下來，煩惱一大堆，沒辦法止息煩惱；你如果親證心眞如，現前觀見如來藏的所在與清淨涅槃自性，才能眞的轉依眞如法性來修止和修觀，佛法正見斷除煩惱的止觀才能夠成就。所以修觀時必須要同時修止，也就是說，你雖然能常常憶念「一切法都無自性」；因爲你已經現前觀察五陰、十二處、十八界都沒有常住的自性，既然沒有自性，我所相應的一切法當然也就都是沒有自性的法了！既然都沒有自性，是否一切法空呢？其實又不然！並不是一切法空！而是五陰、十二處、十八界及所衍生出來的一切法都無常空，但是在蘊處界……等一切法空的當下，有另一個並行而不生不滅、本來寂滅的自性眞心，是從來常住涅槃境界中的實相。這個不生不滅的、無得無失的涅槃相，是與因緣所生的蘊處界一切法空的現象同時存在的。所以佛法並不只是蘊處界等一切法空啊！

就在眼見蘊處界……等一切法都無自性時，卻又同時看見心眞如：親見心眞如第八識從來無生，所以無盡的未來也絕對不滅。因爲第八識如來藏是本來就有，不是從修行以後祂才出生的，所以祂就是**本來法**。這個如來藏心體從無始以來就離見聞覺知，所以祂是本來就寂滅性的，不是修行以後才變成寂滅性的。如來藏阿賴耶識又能出生萬法，所以祂不是一切法空的空相，不是緣起性空的空相，而是無形無色而又能生萬法的空性，所以是實有自性存在的，所以能夠被一切證悟的人同樣的親自體驗；而且每一位證悟者所體驗的結果都一樣，體驗到的內容也都相通，都能現觀祂確實出生了萬法，這就證明祂確實有自性，所以不是蘊處界緣起性空的空相、滅相，而是能生萬法的空性。無餘涅槃、有餘涅槃、本來自性清淨涅槃，乃至佛地的無住處涅槃，也都是依如來藏心體的不生不滅自性、寂靜離塵自性而施設的名稱，所以祂就是涅槃。將來你捨報了，把見聞覺知的十八界自我斷滅盡了（末那識意根的你已經斷滅不在了），從此不再有任何一界出現了，所以一切法都不再出生了，這種如來藏獨住而不再有十八界法出生伴隨的境界，就叫做無餘涅槃；這樣看來，涅槃就是如來藏，就是第八識的自住境界，所以祂就是涅槃。

當你能夠憶念一切法都無自性時，同時卻又親見一切法無常當中，另有一個不生不滅、本來寂滅、自性涅槃的心眞如存在，所以你絕對不會撥無因果，不會說「一切法空、因果也空」，不會否定諸天、十方世界和地獄的存在！正因為如此的現觀，所以你同時看見因緣和合的善惡業報一定不失不壞，所以絕對不會造作世間惡事，或是誹謗方廣諸經所說的如來藏勝法。所以，從心眞如自體來說，沒有果報與因種可說，因為祂從來不住於三界六塵境界相中，所以祂永遠不曾也不會受一切果報；但是不受果報的心眞如，卻會依著所執持的業種而不斷的出生每一世的五陰十八界，而由五陰十八界的眾生來受果報，昭昭不爽，所以因果受報不壞不失；但是因果在現行受報時，卻是未來世的五陰、十二處、十八界在受報，心眞如在那當中使因果現行運作時，祂自己卻又不受因果報應；所以法界中的眞相就是「非有因果亦非無因果」，所以不可總括的妄說一切法空就是般若，不許撥無因果；那種邪謬的見解，絕非眞實般若智慧。

這就是說，依於第八識的眞如法性來修觀，一定會有這樣的證量及好處；又因為正確觀行的結果，導致覺知心與意根都能安住於如實法界的見地中，心得決定而安止下來，就成為止與觀具足的菩薩了。

接下來又從止的方面來說觀：雖然因爲能憶念因緣善惡業報是眞實出現受報，世間確實是善業得善報、惡業得惡報，有淨業時也一定會獲得淨業的出世間智慧果報，除非外緣的緣起有了重大的改變，譬如惡業得遇善緣（謗法以後與善知識當面論法而被攝受、改學正法）、善業得遇惡緣（護法之時誤護邪法而誹謗正法）；心裡面對實相及解脫都已經確認而有勝解了，所以能憶念這種見地，但也將會同時看見一切諸法無生無性乃至涅槃。

一切諸法怎會無生無性呢？因爲一切法都是依如來藏出生的嘛！所言一切法，當然包括過去世的你、未來世的你，都是依如來藏而生。這一世你的見聞覺知也從如來藏而生，生了以後每晚又滅，滅了以後早晨又再度從如來藏心體中出生；往世也是如此的生了又滅、滅了又生，往世如此，未來無量世也將如此；正因爲如來藏有能生萬法的圓成實自性，所以一切法的生滅始終都沒有了結的時候！除非你入了無餘涅槃！既然大乘佛道永遠不入無餘涅槃，那麼一切諸法當然就永遠沒有了結的時候，所以依如來藏而說一切諸法無生。一切人都不能說一切法是什麼時候出生的啊！因爲一切法從過去無量世以前就一直在出生，現在這一世也是每日不斷的出生，未來世也將是不斷的出生。如果說一切法都滅了，所以緣起性空，可是一切法卻又不斷再出生；若說它們出生了，可是到了晚上眠熟時卻又滅了。說它們出生了，老死的時候卻又滅壞了；說它們死了就滅了，可是下一輩子又繼續出生了，所以依如來藏的常住事實而言，一切法都是無生無滅的！

這個無生無滅，當然是依如來藏而說無生無滅，不許離開如來藏而說一切法無生無滅。如果離開如來藏的不生不滅性，而說見聞知覺性無生無滅，那我們就說你是常見外道！因爲在事實上、在常識上、在醫學知識上，都現見一切法有生有滅啊！怎麼可以叫做無生無滅！得要等你悟得不生不滅的常住的如來藏心體以後，現觀心眞如法性而把一切法都攝歸如來藏時，你才可以說一切諸法無生無滅。因爲十八界的你生了以後將來一定會滅，滅了以後又會再出生，但那是因爲如來藏常恆不斷，所以這個見聞知覺性生滅的現象才能永遠不斷，才可說見聞知覺性無生無滅，這樣依如來藏的不生不滅性來說六識心的見聞知覺性不生不滅，才可以說得通啊！這也就是首楞嚴所說的眞義所在。

又說「一切法皆無自性」，爲什麼說一切法沒有眞實的自體性呢？因爲一切法的自體性都不眞實，都是因緣和合才能從如來藏中自然生起的，所以都依於緣起而從如來藏中自然出生的，所以見聞知覺性一定是緣起法（但絕不單是緣起法，而是因爲如來藏才藉緣而起），既是緣起法，當然無有不滅的；但是因爲如來藏的不生滅性，依於如來藏才能不斷的生滅，才可以說一切法是不生滅法；所以一切法的本身沒有不滅的，都是緣起法；既然都是依如來藏心體，才可以永遠不斷的出現而說是不生不滅，那當然就是無自性（無自己獨自存在的體性）的緣起法。

譬如說，你把水龍頭打開，因爲不斷有水流出，水流就永遠不生不滅啊！但是水流自身有沒有生滅呢？有！因爲它自己一直是生滅不停的，這是由於有水源才能一直不斷；因爲下面的水池又接了個馬達，又抽到上面水塔去，不斷的循環，所以水流當然是永遠不生不滅了。水本身譬喻如來藏心體，水流不斷循環流注的動力——馬達——譬喻如來藏所含藏的七識心王種子和我見、我執、一切善惡法的種子，水流譬喻五陰、十八界；水的現象是有生滅的，但因爲水沒有生滅，由馬達不斷的抽送來推動而成爲水流，所以使得水流現象持續不斷而看來似乎是沒有生滅。但是水的流注現象其實是有生滅的，只因爲水體維持同等的量一直存在不滅，又有馬達動力來推動，才能有水流流注現象不斷生滅的現象存在，所以不可以離開水而說這個水的流注現象沒有生滅。同理，要依如來藏心本體的不生不滅，藉著業種及煩惱種子作動力，才能使一切法不斷的生滅不停，這樣來說一切法的不生滅，才是正法。同理，要依如來藏的無生，才可以說一切諸法無生；可是一切法的無生，卻是由於依附於永遠無生的如來藏心體而有的，所以一切法其實都沒有眞實不壞的自體性，所以 馬鳴菩薩說「一切法皆無自性」。

從這裡可以引生出很多的一切種智妙法，到最後說「乃至涅槃」，也就是看見涅槃的無生無性。這是說，雖然在世間法中看見有許多因緣善惡的業報昭昭不爽，但是菩薩卻也在世間法當中直接看見了不生不滅性的無餘涅槃實際啊！所以大乘所證無餘涅槃並不是像二乘聖人死了以後才證的，而是正當活著的時候，自心如來藏本身就已經是涅槃啦！如果有人來問我：「請問我身中哪個是涅槃？」我說：「你就是涅槃！」問題是：我說的「你」究竟是哪一個你？我說的其實是你那個沒有我性的你，爲什麼說祂是沒有我性的你？因爲那個你（如來藏）是從無量劫以來本就離六塵中的見聞知覺性的，而且從來不思量一切法，從來不憶念一切法，從來不曾起過一念妄想；也是從來都不作主，從來都沒有喜怒哀樂，你身中這種體性的心眞如、如來藏，一直都是無我性的，那還能叫做「我、你」嗎？你當然會同意說：「如果我的眞心眞是這樣，怎能叫做我？倒好像和木頭石塊一樣了。」確實是有點兒像木頭石塊，但是卻又跟木頭石塊大不相同。

我這麼說，好像是出了個謎語讓你去猜，可是你得要去親自找到祂，猜謎語是永遠都猜不著的。等你眞的找到祂，你一定會說：「果然！這個見聞知覺性的我，確實是在生滅法當中；那個本來就離六塵見聞覺知的我，確是本來常住涅槃的。」你就自己證實：這個涅槃是本來就有的，所以無餘涅槃境界確實不是修行得來的。二乘法中認爲無餘涅槃是修來的，但是當阿羅漢到了菩薩面前，對菩薩說：「我已經修得無餘涅槃、有餘涅槃了。」菩薩卻一定會跟他說：「某某阿羅漢！你錯了！你修得的這個涅槃是本來就有的。」那他會反問說：「我這個涅槃既然不是修來的，那我們大家都不必修行了，吃喝玩樂一生，死後就可以直接入涅槃了。」菩薩說：「不！你若不修行斷我見、斷我執，卻又不能證得涅槃，所以你還是得要修行；可是你修斷了我見、我執以後，其實這個涅槃卻是本來就有的，不是你修而後有的；你只是把自己給滅了，變成眞實的無我！這才是無餘涅槃，但無餘涅槃境界卻是本來就存在的。」所以菩薩說涅槃非修得、非不修得，還是中道，不是以斷滅作爲涅槃。

阿羅漢們因爲沒有證得心眞如、如來藏，無法現觀眞心如來藏從本以來就住在涅槃境界中，所以聽不懂！只得抓抓後腦杓：「您說的也是！可是我爲什麼聽不懂？」他們定性聲聞聖人就是不懂！沒辦法！法界中的事實本來就是這樣啊！所以說，一切諸法固然無生、無性，但是一切諸法當中本然就有涅槃，涅槃是本然的，不是修而後有的；但是！不修行也不能得啊！因此，菩薩有這個不落兩邊的般若智慧，因此菩薩才能眞懂般若諸經中的要義，所以菩薩要用這種勝妙智慧來利樂有情，而且在利樂有情當中，他自己就能夠得到自利了。

論文：【然修行止者，對治凡夫樂著生死，亦治二乘執著生死而生怖畏；修行觀者，對治凡夫不修善根，亦治二乘不起大悲、狹劣心過，是故止觀互相助成，不相捨離。若止、觀不具，必不能得無上菩提。】

講解　這一段論文是說，修止觀的人有兩個功德，第一是可以對治凡夫的樂著生死，修止通常是對治凡夫樂著於生死中的種種無常之樂，貪著於六識心的見性、聞性……乃至知覺性；第二是對治二乘聖人的心小狹劣、不肯爲衆生發起大悲心而不斷接受世世生死，不肯盡未來際的救度衆生的生死病。

凡夫樂著生死，不想離開生死輪迴，是因爲還沒有斷除煩惱，我見和我執都還堅固的存在。可是他們總是誤以爲自己眞的有在斷煩惱，這就是現代的大師們所教導的所謂的「斷煩惱」的錯誤知見；他們總是教導徒弟們：每天都得盤腿打坐，把覺知心斷除語言文字的妄想。他們都說這樣就叫做修行，就是在斷煩惱。如果你叫他不盤腿打坐，以思惟觀行的方法現觀覺知心的虛妄性，這樣子斷除我見，他們大多不會信受，一定會罵你說：「你不懂佛法修行！離開語言文字的覺知心就是常住的眞心，怎麼可以說祂是虛妄的緣起法？」但其實眞正的修行不在腿上，也不在於把覺知心綁住而一念不生啊！那都是修定的方法，並不是佛法止觀的眞正修行法門。

就好像是弄個繩子把心猿意馬綁住，或是拿石頭把雜草壓住，都是不能斷根的，以後還是會再萌發煩惱的，那都不是眞正的修行；眞正的修行是斷我見煩惱，我見煩惱斷了，自然就可以漸漸的斷除我執；我見斷了就是初果人，我執斷了就是阿羅漢，就可以出離三界生死啦！出三界是以斷我見與我執的智慧來出三界，不是以打坐的定力來出三界的。俱解脫大阿羅漢的出三界生死，也是以盡智及無生智而出三界，不是靠他的四禪八定出三界的；四禪八定只是幫助他在斷我見時可以取證滅盡定，因此而可以作主提前或者延後生死而已，只能這樣；但是眞正出三界的力量，還是在於斷我見與我執的智慧，絕對不是在定力。但是修止的人，通常只是對治凡夫的愛樂生死、執著生死，也不能證知法界實相。凡夫總是希望樂受中的覺知心我可以永遠不斷，希望覺知心這個我永遠存在不滅來觸受一切順心境界。但是，這個覺知心的我永遠存在不斷時，就表示生死將隨著覺知心的不斷生滅而永遠不斷，這種人就是愛生死、樂生死、執著生死！假使對我見的內容——覺知心緣起性空所以虛妄——確實觀行而了知其虛妄性，心得決定而不改易時，我見就確實斷滅了，就能對治凡夫性的樂著三界生死，這就是修止首先對治的我見煩惱。

第二個對治，是對治二乘聖人的執著生死而生怖畏。二乘聖人不是已經成為阿羅漢、辟支佛了嗎？為什麼我說他們還會執著生死、畏懼生死？從凡夫的境界上來講，可以說二乘聖人已經沒有生死的畏懼，因為他們死後確實能入無餘涅槃；所以有時人家誹謗阿羅漢：「你根本不是阿羅漢，你是凡夫！因為你沒有神通。」阿羅漢就會擊椎聚眾——打雲板聚眾（現在寺院裡面打雲板時是召集大眾過齋堂，以前佛在世時打木板叫做擊椎，擊椎目的是要聚眾論事，不是為了吃飯），有時候阿羅漢認為需要聚眾時就去打雲板，大家聽到打板就知道有事情了，就聚集起來；被否定果證的阿羅漢看到大眾都聚集了，他就站出來獅子吼：「某某人！

你爲什麼說我不是阿羅漢？」他一定會當眾說：「我生死已盡，煩惱已斷，所作已辦，自知不受後有，證得解脫，解脫知見知如眞，所以 佛記我爲阿羅漢。你爲什麼說我不是阿羅漢？你應該趕快當眾懺悔，不然捨報時會下地獄。」

有一些被我舉例證明是誹謗如來藏勝法的人，或者是被我舉證大妄語的人，我說他們將來會下地獄，希望他們趕快公開懺悔；這是想要救他們，他們卻說我是咒他們下地獄；照這樣看來，這阿羅漢似乎也是咒那個謗他的比丘下地獄了！但其實絕對不是咒他下地獄，而是要救他免下地獄，不是給他難堪。就像是那些被我指證謗法的人，我說他們將來會下地獄，要求他們趕快懺悔除罪；他們卻無視於我提醒他們滅罪自救的善意，硬說我是咒他們下地獄；眞像某些性障很重的人誹謗說：「這個阿羅漢怎麼這樣咒人下地獄？」那眞是亂講！阿羅漢當眾舉證謗聖的人，是救他免下地獄，所以特地集眾而準備了讓他當眾懺悔的場所，這是救他而不是讓他難堪；因爲謗聖、謗法都得要對眾懺，不是對首懺或責心懺就能解決的；想要對眾懺的話，就必須集眾至少四人。那麼他當眾懺悔謗聖之罪，地獄罪就可以當下解決掉，何等痛快！那如果沒有機會讓他對眾懺，他捨報時就無法補救了！地獄有分！

可是阿羅漢他能夠獅子吼說：「我所作已辦，已能出三界生死，已證解脫，解脫知見知如眞，不再接受後有。」這當然是已離生死的人了！既然已經離開生死，永遠都不再輪迴了，爲什麼 馬鳴菩薩還說他們對生死仍有執著？佛在經中爲什麼說他們對生死還有怖畏呢？有些人想不通，就會說：「這種說法很奇怪！」就好像我有時候在書上講「阿羅漢怕生死」，有人就說：「阿羅漢不是已經解脫生死了嗎？怎麼還會怕生死？」（編案：這是隱名而說楊先生尚未離開本會時曾如此質問）這是什麼道理呢？

我在書上也常常講到二乘聖人怖畏生死，因此有些人要求我不要常常講「二乘聖人怖畏生死、恐懼輪迴」，因爲他們認爲阿羅漢已經解脫了，可以出三界生死了，還有什麼生死恐懼可怕的？初聽起來似乎也有道理，但實際上沒道理！只有大乘了義法才有道理，才是眞正的不怖畏生死。在大乘法中，佛說阿羅漢、辟支佛已經能出三界生死，已沒有生死可言，爲什麼仍然說他們害怕生死？這是有道理的！你們要是不信的話，哪天遇到南洋來的所謂阿羅漢，可以問他們說：「你捨報後是否要入涅槃？」他們都會跟你說：「是啊！我一定要入無餘涅槃。」（事實上，現在的南洋大師們都不是阿羅漢，因爲我見都還沒有斷除，都還只是凡夫；

除非將來我們確實遇見斷了我見與我執的人，否則我這句話是不會改變的。）當你問他們說：「你怕不怕生死？」他們一定會說：「不怕！」因爲他們捨報後一定能入涅槃。你就跟他說：「你正是因爲害怕生死痛苦，所以才要入涅槃；如果不害怕生死痛苦，你就不必入涅槃，你就可以再來人間利益眾生，何必一定要入涅槃？」他仔細想想，也會覺得有道理：「我如果不怕生死中的痛苦，也就可以再來人間度眾生，那才是眞的對生死沒有恐懼。」你可以再問他：「你對生死眞的沒有恐懼嗎？」他一定會拍拍胸脯說：「我眞的沒有恐懼。」那你就請問他：「來生要生到哪裡去？」他會說不知道，你再請問他：「入胎的過程你都清楚了嗎？」他會說：「不清楚。」再請問：「來世出胎時能正念出胎嗎？」他會說：「我沒有辦法。」你再問他：「下一世還會記得這一世修證的解脫果內容嗎？還能保有解脫證量與知見嗎？」他這時一定心生恐懼，不敢再發願受生來度眾生了。你說：「那你怎可說不怕生死？」他想一想說：「是啊！我怎麼沒想到？」

　　這就是說，剛剛成爲阿羅漢時，他們都自認是不怕生死的；等到後來想發大心繼續受生來度眾生時，他才會想到這些問題，就不敢再拍拍胸脯說大話了。因爲俱解脫阿羅漢以及辟支佛，大部分都無法離開隔陰之迷，除非加修天眼通、宿命通具足。所以當他們談到未來世要去受生、利益眾生時，都沒把握；未來世是否可以再度成為阿羅漢？他也沒把握。他只是相信 佛的話：「須陀洹人盡未來世，永不失須陀洹因。」因為相信這一句 佛語，所以他們會這麼想：「佛既然這麼說，而我這一世已成為阿羅漢了，那麼這一輩子及下下輩子永遠都不會失掉須陀洹的五蘊，當然未來世一定可以再成為阿羅漢。」信 佛語故，所以沒有恐懼。但若真要說到面對生死時應該如何應對呢？可就惶惶然的無所適從了。

我們有道種智，所以完全知道死亡的過程那八個鐘頭裡的細節，知道如何捨離我們的肉身，知道未來應該如何去受生，也瞭解下一世可以去哪裡，自己可以選擇；但他們卻都不曉得，因為他們沒有道種智——沒有一切種子的智慧，福德也不夠；單只問他涅槃的本際是什麼？他就傻眼了！就沒辦法講了！何況現在那些南洋的「阿羅漢」們，沒一個證得有餘涅槃，連我見都還沒有斷除，根本不曉得我見的內容，因此實際上對於生死都是有恐懼的。就算他們已經證得有餘涅槃，見惑、思惑全部斷盡，也還是恐懼未來世的生死，因此他們死時一定要入涅槃。他們很怕下輩子忘了這一世的修證而又遇到惡緣、造了惡業，結果就被拖著去輪轉生死了，所以他們都怕生死。所以說，不光是修行中的凡夫怕生死，阿羅漢們也怕生死；眞正不怕生死者，那是菩薩。菩薩種性的人，悟後還沒有證得有餘涅槃，還沒有離開隔陰之迷，他就敢發願繼續再來；他們不是貪著欲界的五欲，也不是貪色界的禪定境界，而是爲了究竟佛果，以及爲了利樂有情，所以他們都敢發這個願，不畏懼未來無量世的生死苦痛，這才是菩薩。

修止目的也在於此，也就是說，菩薩不但要從慧上面去作觀行，而且要讓自己的心透過智慧的觀行而止於佛菩提道上，也就是保持自己永遠都是菩薩的決定性種性，絕不改易；永遠作菩薩，對佛菩提境界決定安止而不動搖，這就是修止。大乘佛法中所說的修止，並不是叫人盤腿靜心、制心一處而不動搖，那都是修定，與佛法止觀無關。所以，「止」就是讓你的心止於一個見地、智慧、證境，心止於佛菩提性而不再轉易，是謂修止。所以，藉著慧觀而修止，也可以對治二乘人的執著生死而生怖畏；除了三明六通的二乘聖人，一般的二乘聖人，因爲受生以後會被隔陰之迷所障，不曉得未來世該怎麼辦，他沒有把握，所以心裡對發願重新受生有所恐怖，生了畏懼；所以他雖然已能了生死，可是這個了生死因爲沒有般若智慧和大悲心作爲依靠，所以心裡就有恐懼。如果能修止，使心決定安止於菩薩道、大悲心、般若慧中，就能對治他們對未來世無量生死的畏懼；因此修止可以對治凡夫的樂著生死，也可以對治二乘聖人執著生死所生的恐怖與畏懼。

修止以後還要配合修觀，修觀以後還要配合修止，止與觀必須互相配合同時修習。修止可以對治兩種過失，修觀亦可對治兩種過失，第一種是對治凡夫不修善根，第二種是對治二乘人不起大悲願的狹劣心過失。

修觀為何能對治凡夫的不修善根呢？因為凡夫不知五陰無常、終歸敗壞，所以對五陰產生貪著。一般學佛人乃至諸方大法師、大居士們，你跟他們談論這道理時，他們會否定你，他們認為自己確實懂得五陰無常敗壞的道理：當他們看到隔壁有人病死就知道了，看到自己的爺爺奶奶死了就知道了。他們都說：「我們的色身無常。」他們往往只看到色陰的無常而已。然而色陰只不過是五陰之一，你跟他講：「五陰無常就包括你的七轉識無常了。能見是眼識，能聞是耳識，……乃至能覺是身識，能知是意識，能知能覺的六識心再加上處處作主的末那識，都是虛妄的。」你這麼一講，他們馬上就會跟你爭論說：「你又亂講了！覺知心、離念靈知的見聞知覺性是永遠不滅的！人死了，覺知心又去投胎，投胎出生後又有覺知心重新出現，所以覺知心、離念靈知的見聞知覺性是不生滅的；今天晚上睡著了，明天早上又會再度生起來，所以見聞知覺性都是不生滅的。」那些大法師與大居士們都不信五陰的無常，他們連五陰的內涵都還弄不清楚，老是把識陰中六識心的緣起生滅的自性，當作是不生不滅的實相心自性。這都是凡夫大師們的落處，都是未斷我見的人；因爲他們對識蘊的內容都還弄不清楚，所以執著識蘊爲眞心，或者是執著識蘊的能見之性……乃至能覺能知之性作爲眞如、作爲佛性，都是弄不清楚識蘊的凡夫大師。

想要度眾生的大師們，先要自己知道識蘊的內容；然後才有能力教導眾生了知識蘊的內容及觀行的方法。你要先教眾生怎麼去觀行：「這覺知心，當你睡著時，這覺知心就暫時斷滅而不見了；即使別人拿刀要砍你頭的時候，你都完全不知道呢！覺知心怎會是從來都不滅的心？」有世間智慧的眾生一聽就懂得了，就說：「那我睡著以後，第二天的覺知心又如何知道要起來？」因爲還有一個作主的你一直存在而不曾斷滅，才能在第二天又出現了覺知心；而你睡著以後，覺知心的你、見聞知覺性的你暫時斷滅消失了，所以覺知心的你絕對不是眞正的你，一定是假的，如果不信，可以晚上自己去觀察祂。結果學法的眾生第二天來了就說：「我被你害死了！」你說：「我是幫助你斷除識蘊我見，怎麼會是害死你呢？」他會說：「你害我整晚都無法睡覺。」因爲他一直想要觀察覺知心的自己睡著了以後，是在、或是不在？觀察了一個晚上都在，當然是整個晚上都沒睡覺，當然就來罵你了。你說：「你是故意不睡覺，所以覺知心才能夠整晚不斷滅。但是每日每夜都不睡覺，你能支撐多久？七天以後又如何呢？終究不能不睡覺，覺知心終究還是得要因爲睡覺而暫時斷滅。」

以前有一位道教中的修行人來學法，他有兩個好朋友，其中一個人最後一關的修法是一定要先練成永遠都可以不睡覺，才能完成整個道業；結果他支持了一年半，眞的完全沒睡覺（他是做自助餐的，爲了修道，二十幾年前就將三戶公寓賣掉奉獻給廟裡，自己都不保留，因此現在還在爲生活奮鬥），後來身體沒辦法支持，一躺下來還是睡著了，結果還是前功盡棄。去那種附佛法的外道道場修這種法，對解脫與佛菩提智，根本都是沒有用的。他的另外一位師兄，人們都叫他金光，因爲禿頭禿得很厲害；不論他到哪個道場去共修，那個道場後來一定會關門。後來他來到正覺同修會，心中也很耽心我們會因爲他來學法而關門；我說：「你別耽心！我們永遠都不會關門。」（大眾大笑）結果是他捨不下道家的法，後來倒是他把自己關在心中，關了心門，所以出不了門，不是我們正覺同修會關起門來。

這就是說，現在的大師與眾生們都不瞭解五陰的內容，所以都想以覺知心出在三界外安住，都不知道覺知心出不了三界，不知道覺知心無法住在三界外，只能在三界中存在。所以，想度眾生離開生死苦，第一件事情就是要告訴他們五陰的內容，特別是識蘊的內容，他們才會懂得觀行的內容與方法。如果是以外道的知見而想要保持意識覺知心永遠不斷滅，不管今天晚上多麼累，照樣觀住意識覺知心不讓祂斷滅，但是觀不了三天、七天，終究保持不住清醒的；意識說不要睡、不要斷掉，但最後末那突然間給祂一個沒有語言文字的命令：「休息吧！」他的意識覺知心就無法控制而抵抗不了，嘴巴與心中都一直想著不要睡，結果還是睡著了。這是因為末那在背後掌控，意識知道身體太累了，應該要睡了，雖然強行掙扎著不睡，但末那識意根決定要睡了，意識就沒辦法抵抗而睡著了。只有定很好的人，意識才有辦法作主；但也無法永遠不睡覺的，即使是三明六通的大阿羅漢，在人間也是一樣無法永遠不睡覺的。

很多人都不瞭解五陰，所以被無明所遮障。前些時，我遇到一個人，他講話口氣很大，他說因為沒有出家，所以還不是阿羅漢；如果出了家就一定會成為阿羅漢，又說：「我死時一定自己可以作主的，所以我一定能入無餘涅槃。」我向他說：「你就是一直想要作主，所以成不了阿羅漢。」我又告訴他：「作主的心正是意根，想成為阿羅漢，就得把這個意根自我執著的作主性滅除掉。」但是他完全不信，心中很不服氣，轉頭就走了。臨出門前，在玻璃門旁邊丟下一句話：「我自己知道，我死時一定會是阿羅漢，我一定可以作主的。」恐怕我又破斥他，就轉身走掉了！他的末那識一直執著覺知心自己而捨不掉，不肯把自己消失掉，我執的證據確鑿，而說他可以成為阿羅漢，其實已經落在十八界內的意根了；他又是把意識覺知心認成作主的心，不是以意根作為作主的心，落在意識心上；又是以意識心一直與我爭辯，把我救度他的好心，認作是貶抑他，顯然我見都還沒有斷。

我告訴他：「你這個意識覺知心會斷滅的。」他不信，他認為意識覺知只是睡著而不是斷滅，第二天早上醒了就會再起來。又一直認為知覺性就是佛性，所以覺知心晚上是睡著而非斷滅；覺知心既是睡著而不是斷滅，所以見聞知覺性的佛性就不會斷滅。我說：「你晚上睡著了，你的知覺性哪裡去了？知覺性若還在，就一定會繼續保有知覺性啊！到底知覺性哪裡去了？知覺性只是六識心的自性罷了！六識心既是虛妄的，知覺性怎會是常住不滅的？」他無法應答了，然後就說：「我沒讀過比較深的經典，我不瞭解。」所以我跟他說：「那你得要去瞭解，不可以一知半解啊！」

修學佛法的人，在這個末法時代是很可憐的，都被普遍的誤導了。有一位大師說：「**當你臨死的時候，心中要清清楚楚明明白白，要能自己作主。**」但是，其實正是因爲他想要自己作主，所以將來死時才會不能作主。好像說你一直想要當皇帝，所以大家都要把你殺掉；如果你沒有私心而一直不想當，大家就認爲你是賢者；當你沒出來當皇帝時，大家都會覺得這是百姓們的損失，就硬要把你拉出來當皇帝。修學佛法解脫道也一樣，你一直想要作主，就斷不了意識覺知心的自我執著，也斷不了意根的俱生我執，就一定會被一念無明的見一處住地無明（我見）所遮障，就一定會被業種所牽制，也被我執所牽而不斷輪轉生死。後來當你眞的不想作主了，確定覺知心的自己和作主的意根自己都是虛妄法，都是生死的根源，把對於自我的執著斷滅了，死時就可自我斷滅而進入無餘涅槃了！所以是完全不作主才能證四果的。你若想要一直留著能知的覺知心我、一直留著作主心的意根我，是想要幹什麼？只有不想作主，不想幹什麼，也不想讓覺知心的自己、作主的意根自己存在，自我的執著全部斷盡了，你的第八識如來藏就超脫了三界的輪迴，捨報後就不再出生中陰身，就不必再去入胎了，這樣子才是眞正的解脫生死；否則的話，一定會有來世，會繼續有覺知心、作主心，仍然是生死輪迴的凡夫；因爲他斷不了覺知心我見，斷不了意根我執，就必須再去投胎，才能保持覺知心、作主心的存在；這一投胎人間，或是轉生到色界、無色界中，覺知心才能繼續保持著，那就永遠都會處在三界中，永遠離不開生死輪迴。

如果斷了我見與我執，成爲實證解脫的聖者了，此時請你發個受生願：「盡未來世利樂有情。」請你往生去極樂世界，修成八地境界再回來度眾生吧！正因爲你不再有作主心的自我執著，你才能這樣做。可是現在的學佛人都被大師、小師們誤導了，一直被人家教導說：「你臨死的時候一定要處處都能作主。」可是處處都能作主時的你，就已經被意識和末那識的自我執著繫縛住了，正是標準的我執，當然無法證得解脫果，連斷我見而成初果人都不可得，何況是能出三界的阿羅漢境界？這就是凡夫不懂如何作解脫的觀行，所以我們得要教他去修觀：從五陰的一一陰都是無常上面開始作觀行。要教他們從色蘊的無常、識蘊的無常乃至於受想行蘊的無常，都一一去做觀行，要把觀行的方法和知見教給他們。我們正覺同修會的禪淨班課程中，爲什麼要教這種觀行？就是要你在進入參禪階段之前就先把我見斷了，以後若是證得心眞如時，你馬上就可以把祂承擔起來，般若智慧就會一直湧出來，所以說五蘊無常、五蘊緣起性空的觀行很重要。

以上所說，就是指凡夫大師與學人們，不修善根，所以對正法不肯稍加思惟，甚至於不屑一讀；有善根的人，一定會謙虛的加以閱讀、理解、思惟，那他就會被引導到正確的道路上來，就漸漸的會懂得觀行**五蘊虛妄**的理論與方法，縱使一直都無法找到如來藏而沒有般若實相智慧，至少也可以斷除我見而成爲聲聞初果，或成爲大乘通教初果菩薩；這是要有善根才可能虛心、客觀的加以閱讀、理解、思惟的，才有可能因此而證解脫果的。不肯確實修觀的人，就無法了知識蘊中的覺知心、作主心的虛妄；肯修觀的人，就可以證實覺知心、作主心的虛妄，就可斷除我見乃至我執；所以說，修觀可以對治凡夫的不修善根。

凡夫爲什麼會貪著世間的財、色、名、食、睡？就是因爲**錯認五蘊我眞實不壞**的邪見不肯斷除，所以就會對**五蘊我**面對的六塵也產生了貪著，處處要去執取六塵五欲，就落入**我所**之中；對五欲六塵貪著的結果，就會爲了世間的五欲法，而去對別人做出不善的身口意行，這就是凡夫的不修善根；但凡夫的不修善根，其根源仍然是**五陰我**的自我執著；所以我們要叫他去做五蘊虛妄的觀行，特別是做識蘊虛妄的觀行。能夠眞正的確實觀行識蘊覺知心的虛妄，就對治了他們以前的不修善根；與解脫道或佛菩提道相應的善根，就可以漸漸的顯發出來。

修觀亦可對治二乘聖人不起大悲心之狹劣心過失。二乘聖人爲何不起大悲心而有狹劣心的過失？那是因爲他們害怕重新受生後，會因爲胎昧的關係而忘了這一世的解脫果證量，下一輩子又會繼續輪轉生死；因爲胎昧而害怕，所以不能生起大悲心，不願意冒著胎昧之險再來人間受生救生。菩薩們則不管這些，菩薩們相信 佛所說：這一輩子忘了上一世的般若證量，但是繼續修學以後還是可以再悟入；縱使這一輩子沒因緣再悟入，下輩子也還是會有機緣仍可悟入；下輩子如果忘了而悟不了，下下輩子也會有因緣可以再悟入；如果有一輩子再悟了，就可以超越前面多世的修證；這樣一步一步地往前走，到三地滿心以後就不再有胎昧的問題了，最後終究可以成就佛道，所以菩薩們都不怕生死。

菩薩確實知道有一個永不生滅的第八識眞實心常駐在自己身中，他已經親證所以沒有恐懼；也知道死亡後不是斷滅，也知道息脈斷了以後的死亡捨身及入胎的過程，所以對於**生死之時的覺知心**一**定會消失**的現象，心中完全沒有畏懼；不會像凡夫們執著離念靈知心，所以對**正死位時的離念靈知心**一**定會斷滅**的現象，心中生起恐懼，怕自己到時不能作主，無法對抗生死，所以菩薩對生死沒有恐懼。因爲對生死沒有畏懼，因此敢發大悲願，盡未來際利樂一切有情永不休止。這大悲心要從自身的覺知心中發起，因爲證實有一個恆不生滅的常住心如來藏；證實了這個常住心後，就知道畢竟可以按部就班的成就究竟佛道。因此菩薩就透過這個觀行，離開了狹劣心；再透過觀行而發現廣大眾生都被大師們所誤導而走錯了路，所以菩薩就發起大悲心來，想辦法來救度被大師們誤導的眾生，讓他們都能回歸正道，不會再被人牽著鼻子走入邪路，菩薩因此而發起了大悲。

所以眞能修觀的菩薩，如果以實相正理的內涵，向二乘有學及無學聖人說明，使他們聽聞勝妙法的開示，詳細的理解眞正的解脫境界，爲他們證明確實有無餘涅槃中的本際眞心，進而對佛菩提道產生喜心，瞭解到只要肯迴心大乘去修行，終究一定可以證得涅槃中的本際；親證無餘涅槃中的本際以後就有了信心，就會迴小向大來修佛菩提法；這樣一來，二乘人不爲眾生發起大悲心的過失就可以對治了：狹劣心的過失也就一併對治了。對已經解脫的二乘聖人，我們尚且要如此，何況是對於已在大乘法中的學人，怎麼可以對他們沒有悲心？因此眞悟的菩薩們都不應漠視眾生被誤導，都應該設法救護他們。救護他們的方法就是破邪顯正，誠如聖 玄奘菩薩所說：「若不摧邪，難以顯正。」這是我們修菩薩行的人所應該遵循的教示。

為什麼在經中 佛要一再指斥二乘聖人的狹劣心？為什麼經中一再的吩咐「正法不應該被外道法遮蓋」？乃至入涅槃之前 佛還要為末法眾生掉下幾許清淚？正因為 祂已看見末法時的眾生很可憐，並且預見天魔波旬會派魔子魔孫來娑婆世界住進寺院中出家，用如來法的表相意思來破壞如來法的眞實正理：**表面上是出家住持佛法，看來是穿著如來衣在弘揚佛法，實質上卻是在以常見、斷見外道法來取代佛法**。現在的密宗應成派中觀就是如此。應成派中觀的現代兩大主腦人物就是達賴喇嘛和印順法師！但是你說他們是魔派來投生的，他們絕對不信，因為他們自己也因為胎昧而忘記了。但他們所作的事情卻是**說如來法而破如來法，把三乘佛法從根砍斷**；因為第八識如來藏的妙法被砍斷了，佛法即無勝妙可說了，就同外道法一樣的落入意識覺知心的境界中了。

西藏密宗之所以能夠興盛，除了他們以神祕手法弘傳，並且不斷的保持雙身法密意，不公開的傳授，令人莫測高深；另一個原因就是把第七、八識否定，就可以公然的專在意識相應法的雙身法上修練，別人就不能指責他們的法有問題。他們所修的一切法都是意識相應法，都與般若慧學所講的第八識法不相應。如果要回歸正道來承認實有第八識的存在，那他們就完蛋了！因為人家只要問一句：

「證得第八識才能現觀心眞如性，才能出生般若實相智慧。那你們應成派中觀師都有沒有證得第八識，都否定第八識的存在，那又怎能教導別人親證般若呢？」他們就無法開口了，所以他們一定要否定第八識眞如心的存在，避開這個問題。密宗應成派中觀的弘傳者如此，其餘一切悟錯了的、還沒有證得如來藏的顯教大師們也都如此，所以他們明知親證如來藏的蕭平實才是眞正的證悟菩薩，卻故意顚倒是非而說蕭平實是外道；因爲他們都沒有證得如來藏，所以都不能現觀心眞如性，所以都沒有般若智慧。當別人問他們有沒有證得如來藏時，如果回答有，那是大妄語的地獄罪；若要承認尚無證知，心裡又不願意說出口；因爲口說未證時，就是承認自己未悟，以前公開宣示已悟的證悟聖者的身分就被自己否定了！他們流連顧念以前的證悟聖者的身分，現在怎肯承認自己尚未開悟的事實？

但是現觀西藏密宗四大派的所有古今法王們，沒有一個人曾親證如來藏，從他們的著作開示中來看，都是落在第六意識心上面；少數人引用如來藏、阿賴耶識的名相而說已經親證，但是卻以觀想的明點當作第八識如來藏、阿賴耶識。有些古今法王更是落在意識心的我所上面，都同樣落在離念靈知意識心或意識心的我所上面，沒有一個古今法王能超過意識境界（除了古時的覺囊派部分法王）。現在我以很多本書指出佛法的眞理：只有親證如來藏的人才能現觀心眞如性，才是證眞如者，才能生起般若實智，才是眞悟的菩薩。這麼一來，就表示當代密教中的所有法王們，顯教中的所有大法師們，都是還沒有開悟、還沒有般若證量的凡夫了；他們如果接受了「親證如來藏才是眞悟般若的賢聖」的聖教，接受我所說的事實，那他們的法王、活佛、大師的稱號，不都已經被他們自己證實全部是空談了嗎？都已自己證明是大妄語人了！他們怎有可能接受這個事實？所以乾脆都把第八識如來藏心全面的否定，跟著就直接否定說：「印順導師說如來藏思想是外道的神我思想，所以蕭平實是外道。」省得麻煩。可是，親證如來藏的人會是外道，那麼依照他們的說法，就是在指責說：世尊正是外道。因爲 世尊證悟的標的以及開示的法，都是如來藏，和蕭平實一模一樣。

如果問他們說：「你有沒有證得第八識如來藏？」他們就回說：「根本就沒有第八識，心就只有六識而已。經中所謂第八識如來藏，只爲了接引害怕落入斷滅空的人而方便施設；佛的意思，實際上並沒有第八識如來藏存在，第八識是從意識心細分出來而方便說的。」以這種扭曲 佛意的作法，一刀兩斷的否定第七、八識，也就免除被人質疑有悟或未悟的窘境了。其實他們否定第七、八識的後遺症很大，不但會被證悟菩薩所破，而且正是破壞最勝法的無間地獄罪，也不能往生極樂世界逃避地獄果報，因爲《觀經》明說極樂世界不收誹謗方廣經典的人；而否定第八識心的說法，正是誹謗方廣諸經的人，也正是方廣經中所說的**謗菩薩藏**者；因爲方廣經所說的菩薩藏正是以第八識如來藏爲根本，菩薩藏所說的法都是圍繞著第八識心體，以第八識心體爲中心而說的。

他們無根誹謗菩薩藏，《楞伽經》中 佛說此爲一闡提人。一闡提人有兩種：第一種是菩薩發大悲願，永不入涅槃，又名「不般涅槃種性」，譬如 地藏菩薩、文殊、普賢……等大菩薩，永遠都不進入無餘涅槃境界中，想要利樂無盡的有情；第二種人是斷善根人，這種人也永遠不般涅槃，就是永遠無法證得涅槃的大罪人；因爲他們否定第八識以後一定會下無間地獄，將來還得要輪轉餓鬼與畜生道中，回到人間以後還是會再繼續誹謗如來藏，不斷的反覆淪墮，當然不可能證得涅槃。

如果你能用觀行的方法告訴他們（不必完全用大乘法的如來藏親證法門），你只需用二乘法的五蘊觀行法門跟他們宣講就可以了，所謂「識緣名色，名色緣識，涅槃的本際」的正確法義；跟他們解說二乘菩提的解脫道眞實正確的義理，他們就可以清楚的了知：原來在二乘法內就有密意講過第八識及第七識了。因爲十八界裡面的意根也是心，加上意識等六識就共有七識心了；而第七識意根已經函蓋在名與色的「名」之內，所以才會入胎後的三、四個月中唯有意根而無意識覺知心的境界相，佛卻仍然說**識緣名色**的現象是遍一切時的，意思是說：初入胎數月之內，還未出現覺知心意識時，仍然有**名**的存在。此時的**名**，當然就是意根了。所以，不論是出胎後或出胎前都是「名、色緣識」的狀態，都有**名**與**色**二法的；既然一切眾生在入胎位及出胎後都是在**名**、**色緣識**的狀態中，永遠都是**名色緣識**、**識緣名色**，即表示名色七識心外還有另一個識，所以才會有入胎位第七識**名**所緣的另一識，才會有出胎後前七識**名**所緣的另一識，此另一識不就是第八識了嗎？因為入胎位時還不可能出生意識覺知心，彼時的名當然就是第七識意根；可是由於眾生迷信崇拜那些已經誤會了佛法的權威大法師們，就跟著他們盲修瞎練；我們好心為他們指出邪路、岔路，教導他們正知正見，幫助那些被大法師誤導的人們，但他們卻反而無根誹謗我們是外道（編案：這現象在台灣已經幾乎不存在了，但在大陸仍然存在），因此而成就了否定正法和無根誹謗賢聖的地獄業，真是愚痴也真可憐。

譬如惟覺法師去年閉關半年重新再參究，直到十二月才出關（編案：此是二〇

○一年所說）；他閉關半年後出關，去師範大學演講，因爲參了半年以後仍然找不到第八識如來藏心，所以仍然不信見聞覺知的妄心之上還有另一個清淨心，所以他仍然堅決的主張意識心即是眞心，所以公開講：「並不是在我們的見聞覺知心外，另外有個如如不動的清淨心。」可見他閉關半年以後仍然找不到第八識眞心，他心裡面想：「我是大法師，閉關參究了半年還是找不到眞心如來藏，別人一定也找不到，因此一定沒有第八識眞心。」所以仍然認定：「師父在上面說法的這念心，你們在下面聽法的這念心，就是眞心，沒有另外一個清淨心的存在。」所以他仍然公開的不承認如來藏的實有（雖然沒有明白的否定如來藏心的實有）。

但是，在現實境界中的認知與體驗上，大家都可以證實：**意識離念靈知心要依意根及法塵才可能存在，還得要依五色根的完好未壞才可能存在，而意根與五色根又都是依如來藏阿賴耶識心體才能生起與運作，並且需有如來藏執持的意根與意識種子現行，才能使意識離念靈知心現起與運作，怎可能會沒有意根一心及第八識如來藏？**若沒有如來藏所出生的意根，若沒有如來藏的種種自性功德配合，意根尚且不能現行，何況是依意根才能現行的意識覺知心，又怎能現行運作？所以聽法、說法的意識心，絕不可能是實相心；如果依惟覺法師的說法，意識覺知心可以是眞心實相，那麼第七識意根更應該是實相心，而且五色根也更應該是實相，因爲意根與五色根都是意識覺知心的俱有依，若沒有意根與五色根，意識覺知心是絕對無法現行生起的，更何況能了了分明、清清楚楚明白他人的言語？更何況能處處作主？這是一般人都能現前觀察出來的常識，也是醫學界一致公認的常識，也是所有學禪者都能現前證驗的事實，更是三乘經典中的聖教，號稱最有智慧的學禪證悟者，對此怎可不知不察？由此正理可以證實：不但確實有第七識意根，而非只有第六識覺知心，當然更可以確定眞實有第八識如來藏的存在。

現量上如果確定已有五色根與意根的存在，而五色根與意根都必須依第八識如來藏才可能生起、現行、運作，佛在經中也明說：意根必須以如來藏爲因緣依，意識也必須有如來藏爲因緣依，並以意根爲俱有依，才能運作。聖教中許多地方都如是分明開示，而且在證悟者的現量體驗上，也已經有很多人實證了這一點。這樣從聖教的教證與理證的現量上，都已經證明第八識如來藏的存在，而意識離念靈知心以及祂所依的意根，又都必須依靠如來藏而有，請問當代所有的大法師、大居士們：「**是應該以『悟得』緣起生滅的離念靈知心，作爲證悟的標的呢？還是應該以悟得能夠出生離念靈知心的如來藏，作爲開悟的標的呢？**」有請諸方自認已悟的大法師、大居士們，就此提問，給與公開的答覆吧！有智慧的學人們！也請詳細的思惟一下，就可以很清楚的知道答案了！

我們假使有幸遇到二乘法的阿羅漢、辟支佛時，也許你還只是剛才初悟明心，就可以用「識緣名色、名色緣識」的道理說給他們聽，請他們照此道理去做觀行。他們既然已成爲解脫道上的無學聖人了，就表示他們對十八界的觀行一定已經做得很好了，當然知道十八界中的六識界與意根界都是心，當然早就知道確實是有七識心的；這時他們只要針對「名色緣識」的聖教佛語，再深入觀行、思惟一下，就知道無餘涅槃之中一定是有實相心第八識存在的；否則入了涅槃，十八界中的七識心都滅盡了，豈不是斷滅境界？佛既然在原始佛法的四阿含諸經中明講「識緣名色、名色緣識」，那他們就可以安心了，就知道死後入涅槃時不是斷滅空，所以無餘涅槃不是斷滅空、不是無常空、不是緣起性空。

我國千餘年來的禪宗祖師們也常常證明這一點，所以常有禪宗祖師提點大眾：「如何是祖師西來意？如何是佛？」有時又提點：「如何是涅槃後有？」都是在提點第八識如來藏心。所以入無餘涅槃後仍然有個第八識心獨存，所以涅槃後不是斷滅空！阿羅漢、辟支佛一聽，心裡就安了；根性較廣大、心性較慈悲的人往往就因此而發起大悲心：「既然有這個第八識在，那就不怕了；你們既然敢走難行的佛菩提道，我就跟你們一樣的改走佛菩提道好了。」這一來，他就迴心而轉入大乘中當六住菩薩了！當他開始求悟時，說不定你就收了這個阿羅漢當徒弟了。因此，假使有大乘善知識因緣的話，修觀也可以對治二乘人不起大悲的過失，也可以對治二乘聖人狹劣心的過失；當他們有一天悟得第八識以後，看到外面廣大眾生都被凡夫大師們誤導了，覺得眞可憐，他們的大悲心就會發出來了。

因此，馬鳴菩薩在此就做了一個結論：「是故止觀互相助成，不相捨離。」所以不可單修止，單修止而不修觀，智慧不能發出，當然不能增益決定心；心既不能決定，就會搖搖擺擺，不能安止。觀行做得很好的人，止就能做得很好，心有定性而不會搖擺，絕對不會被人家一二句話籠罩就退失了，所以能安止。所以有些人來正覺只有短短的時間，往往因爲是探聽得來的密意，或是被人早計成熟而太早引導所以知道密意的，後來縱使被我印證了，去到外面被大名聲的法師一否定，被人家以籠罩的手法唬哢一陣，心中就害怕了，就以爲自己眞的不是開悟，誤以爲眞的是大妄語，也就退轉了。這種人努力去救回來其實也沒有用，以後成不了大用的；因爲他們還不是定性的菩薩，心中老是搖擺不定，這就表示他們的觀慧不好，救回來以後還是會繼續被人籠罩而不能安止。

如果觀慧很好的人，他一定會去深入觀行，觀行到最後，一定會認定正覺所悟證的如來藏確實沒有錯，除了這個第八識阿賴耶以外，遍法界中絕對沒有別的實相可言，就認定這個阿陀那識就是法界實相，也觀察到所有法界的一切體性都要歸結到這第八識如來藏；不管任何大師怎麼否定，都不會退轉。能這樣觀行的人，才是眞正可以實修菩薩行的人，才是可以眞正修行菩薩道的人，絕不會像某些慈善團體，誤把信佛以後慈濟眾生的世間善行當作佛法的正修行。從此以後，他一定都會在內門廣修菩薩萬行，這都是因爲他的止與觀都做得好，能把自己的眞實智慧發顯出來，不會迷信世俗表相上的大名聲，所以不被移轉，不會搖擺。

所以，從正覺同修會的妙法退失而走掉的人，他們再回來修學時我都不會拒絕，都一樣的歡迎。但是如果曾經謗法、破法，我會加上一個條件：要再從禪淨班報名，從頭開始學上來。因爲會退轉的人，表示他們在法理上的基本認知還不夠，所以才會被人輕易的籠罩而退轉之後誹謗正法。可是到目前爲止，還沒有人肯回來，因爲面子的問題很難放棄，只有不顧慮面子、實事求是的人才會是菩薩種性具足的人。

因此說，止與觀不可分開，想要修到決定心而不搖擺，一定要會修觀。觀行修得好的人，他的止也一定修得很好；又因爲有了止，心得決定以後再也不搖擺時，又可以助益你產生更大的信心，再做更進一步的深入觀行，又會因此而回頭增益你的止。菩薩們都是如此不斷的以止與觀互相爲緣，成長一切種智的止觀而一直到究竟佛地。所以 馬鳴菩薩說「止與觀互相助成，不可以互相捨離」。如果止與觀不能雙具，一定會停留在某個層次，一直都無法提升層次。必須止後有觀，觀後有止，不斷的互相增益，才能繼續提升。如果止觀二法不能具足時，必定不能獲得無上菩提；就算是眞正的明心了，也只能是獲得有上菩提，因爲這個人將會永遠停留在般若的總相智上，不能再轉進，無法獲得後得智，更無法獲得一切種智上面的修證。

論文：【復次，初學菩薩住此娑婆世界，或值寒熱、風雨不時、饑饉等苦；或見不善可畏衆生三毒所纏，邪見顚倒，棄背善道習行惡法；菩薩在中，心生怯懦，恐不可値遇諸佛菩薩，恐不能成就清淨信心，生疑欲退者，應做是念：「十方所有諸佛菩薩皆得大神通，無有障礙，能以種種善巧方便，救拔一切險厄衆生。」作

是念己，發大誓願，一心專念佛及菩薩。】

講解 接下來回到念佛法門來說。念佛很重要，一般修學佛法的人通常有個壞習慣：念佛人不學禪，學禪人不念佛。他們認爲學禪與念佛是互相衝突的。有的學禪人，你告訴他念佛法門，他會說：「念什麼佛？那是老阿公、老阿婆才念的！一天到晚在那裡念佛，他們懂得什麼佛法？」假使遇到念佛的人，你告訴他：「念佛人也應該學禪。」他會說：「學什麼禪？只要一句佛號念到底就好了！現在是什麼時候了，還學禪？末法時代根本就不可能開悟的，學什麼禪？」這些人的觀念如果不改變，實在沒法救治。佛法本來是整體不可分割的勝妙法，爲什麼要割成支離破碎的呢？修學佛道是一個全面性的法，不應該分宗分派的割裂。你可以說：「這一段時間我要專門學禪，學成功了我還是要學念佛的。」或者說：「我們現在努力念佛，修學一心不亂的功夫，以後還是要學禪、體究念佛，還要親證自性彌陀的。」

所以學佛應該要有不同的階段性，依自己的階段性施設，來決定現在應該修什麼法；因爲人人的根性與時機各不相同，不必要求大家都一樣，也不可對別人的修行法門產生排斥；修行法門只有時機差別的問題，沒有法門互相排擠的問題；

只有悟對與悟錯的問題，只有是否誤導眾生犯大妄語業的問題，不應該排斥別人想求悟的心態；假使有排斥的心態，那就會成為外道法。譬如日本傳過來的本願「唸」佛宗，他們的排他性很強；在日本的戰國時代，各國君主（諸侯）都認定一向宗為暴徒，一向宗就是本願念佛宗。為何本願念佛宗會被叫作一向宗？因為他們一向堅持己見永不更改，他們一向只願持名念佛往生極樂，對於別的宗派所說的無相、實相、體究念佛等實相門，都加以大力排斥，所以一向只選本願念佛一願，所以就名為一向宗。他們的法然「上人」說法時處處說錯，他寫了一本《選擇本願念佛集》，其實應該更名為《一向唸佛集》才符合實情。因為他們上戰場時手拿刀槍，嘴中大聲唱唸 阿彌陀佛名號而努力殺死敵人；他們的戰旗做得很高大，上面都寫著 阿彌陀佛聖號。

他們從來不思索：自己的死亡是被殺而死，死了以後能否正念分明？如果能生西，又是哪一品、哪一生？他們弘法的領導者從來都不提，只教信徒努力殺敵求死、求往生，所以本願念佛宗（一向宗）的武田軍，個個驍勇善戰、視死如歸，都是想要早死而生到 阿彌陀佛那裡，認為死亡就是回家，所以他們上戰場時都是求死而不怕死。他們總是想：死亡之前要多殺一些異教徒外道。以殺害異教徒作爲求生極樂的功德，因此就拼命大聲唸佛號而努力的殺人，所以他們的大纛上面都是寫著「南無　阿彌陀佛」。這就是一向宗的排斥種種佛法修行法門的原因，其實都是被一向宗的領導法師追求政治勢力的私心所利用了。

我們修學佛法，不可像他們一樣專攻一法而排斥他法，不該因爲學禪就排斥其他法門，這是不對的。但是不可誤解我這句話，如果不先稍作說明，未來一定又會有人拿這一句話來無根誹謗我的說法。也就是說，如果有人悟錯了，眞悟的菩薩們一定要爲他們指正出來，救那些人趕快消除大妄語業；如果有人以親證如來藏以外的心作爲證悟標的，落在意識心的變相上面，誤導眾生說是開悟，我們得要救他們離開大妄語及陷害眾生同墮大妄語的惡業；所以必須指出：「**除了親證如來藏以外，沒有任何人可以說他是眞悟的聖者。**」這是在救護眾生免墮地獄業中，並不是排斥別的法門；因爲證悟般若的標的永遠只有一個，那就是親證如來藏；除了親證如來藏以外，沒有其他證悟般若的標的。正因爲親證如來藏是證悟般若的標的，而不是法門，不可以把標的與法門混爲一譚；所有宗派之內，都可以有不同的法門用來證悟如來藏，所以不必排斥其他的法門；但若所悟的標的不是如來藏，就必須加以舉證說明，這並不是排斥別的法門，而是指出所悟的標的弄錯了，與法門無關。這事必須先作說明，以免誤會。

譬如《楞伽經》中 佛說龍樹菩薩証得初地以後，仍然要往生到極樂世界，我們當然也要去，這是經中現成的例子。我們同修會故郭理事長，在會中還沒有修到初地，結果生到極樂世界以後，他說已經在往八地邁進了。他又恐怕有些人不信，因此不只向一、二個人托夢，而是向好幾位同修托夢，這樣大家才能相信。如果只有一個人夢見，大家會說他是胡思亂想。《觀經》裡也說得很清楚，起了大心就可以獲得上品上生，何況是明心與見性的人，當然可以上品上生；所以我們都應該求上品上生。

也許有人會請問：「獲得上品上生的人，有什麼好處呢？」當然有很多好處，三品九生、九品往生中的「上品上生」人，去到極樂世界就立即見佛聞法，聞法之後就可立即證得無生法忍，表示至少已入初地了，這眞是太便宜了。 釋迦佛毫無私心，總是教我們證悟以後趕快去極樂世界，去得到更快速的修證；阿彌陀佛也全無私心，不會留著你當眷屬不放，會加持你趕快證得八地的無生法忍果，希望你趕快回去娑婆世界，因爲 釋迦牟尼佛等著你繼承正法、廣爲弘傳。諸佛都是要眾生撿便宜，只要你的善根、福德、慧力夠，你就可以去撿諸佛的便宜，他們也都很歡喜讓我們撿便宜，所以 釋迦佛才會告訴我們悟後去極樂世界，可以立即增上爲初地以上的智慧與果證。但上品中生以下，不能馬上見佛聞法、不能立即獲得無生法忍，那就差很多了，何況是上品下生以下的人？可是日本古時的一向宗信徒殺了好多人，那是五逆十惡的重罪，雖然心切往生，最多只能獲得下品中生、下品下生，不可能有中品往生的果報，更不可能獲得上品往生的，這種人眞愚痴！所以我們不可一向說某種法門不好，因爲修學佛菩提道的證悟標的雖然永遠只有一個如來藏標的，但是證悟如來藏而生起智慧的法門很多，不是一向只有禪宗的法門才對；所以聖 玄奘菩薩雖然不學禪宗，但是他卻一樣的證悟了；不但證悟了，而且依他的智慧所寫出來的《成唯識論》妙理，更是一切禪宗祖師悟後所必須追隨修學的一切種智妙法，因爲那正是唯一能使人成佛的一切種智妙法。所以修學佛法時，應該要全面而且有深淺次第的差別判斷，這樣正確的觀察以後，再來決定接下來的佛菩提路要怎麼走？然後再觀察自己的因緣：今後適合修什麼法？如何進修到某個地步，完成目標以後又得要再決定如何往前推進。

因此，初學菩薩在娑婆世界學法時，有時候遇到很寒冷、很難過的日子，或者遇到很熱的天氣，就像這幾天如此的熱，有的人熱得哇哇大叫，都應該安忍；

如果不能忍，將來生到印度弘法時又該怎麼辦？光是坐著就渾身是汗了，何況還要禮佛作功夫？雖說天那麼熱，可是爲了求悟實相心，還是得要拼！當然，一般人學禪時往往會覺得奇怪：求開悟的人爲什麼得要拜佛？一般人總是認爲尋求開悟的人，一定得把雙腿盤好，正心誠意的住於一念不生境界中，正襟危坐在蒲團上，一點兒都不能動，要注意有無妄想？要專心的默照澄澄湛湛的定境，卻不知道這種禪法完全錯了！我們認爲禮佛比較容易悟入，不禮佛的人通常很難悟入。如果是聽來而知道了密意，他其實是被人殘害了法身慧命，卻都還不知道；因爲凡是所知道的密意是從別人那裡探聽來的人，我們發現這些人一直都是不能融會貫通，不太會整理法理，所以別相智——後得無分別智——不容易顯發出來；雖然說是開悟了，也被我印證了（因爲他的密意沒有錯），但是他的智慧其實跟沒悟的人差不多，後得無分別智出不來，在弘法利生上面來說，其實沒什麼用。因此最好是自己參究，不可只圖安逸，所以不管天氣再怎麼熱，都要好好的禮佛參究。又譬如很冷的西藏，有很多人稱它爲雪域，那眞是百物不生的地方。即使是那麼寒冷的地方，也不可退失菩提心，都應該要努力的學法求悟實相。

接下來講「饑饉等苦」。佛陀住世時，有六位凡夫比丘向迦葉尊者及富樓那尊者吵鬧說：「容易托鉢的地方都被你們分配去了，你們把貧窮的地區分配給我們，所以害我們托不到飯食。」他們很生氣，就誹謗阿羅漢有私心。後來那幾位阿羅漢說：「不是你們說的那樣子，我們也沒乞討到食物。」他們說：「那你怎麼不餓？」富樓那尊者就回答說：「我不餓，有我的道理，不便跟你們講。」他們就不斷的誣賴富樓那說謊。被逼急了，富樓那尊者無法分辯，只好摳喉嚨，結果吐出了肚子裡的牛糞；原來他也得不到食物，爲了騙肚子，不管好不好吃，就拿牛糞騙肚子。所以六位誣賴別人的比丘只好當眾懺悔。因爲冤枉了大阿羅漢，可是要下地獄的。現在的台灣，你們每天三餐吃得好，都沒有饑饉等苦；我每天吃兩餐，也沒餓著肚子。我是因爲專門寫書弘法，四體不勤所以不餓，因此只吃兩餐，不是餓了沒得吃；所以我們都沒有饑饉之苦，但是這個世界有很多地方一直都有饑饉之苦。

這個世界「或値寒熱、風雨不時、饑饉等苦」。台灣雖有風雨每年來襲，但還算是輕微的；印度旁邊的東巴基斯坦、西巴基斯坦，特別是東巴基斯坦（後來獨立叫作孟加拉共和國），每年到夏天時淹水淹得很兇，因爲地處河流匯集的地方，每年雨季都得淹大水，這是多麼沒有福報的人民；其餘地方也都多少會有寒熱、風雨不時、饑饉等苦，看到世間有眾生受這樣的苦楚，學佛人就可能發起大誓願，也會一向專念佛及菩薩。

「或見不善可畏眾生」被「三毒所纏」：說到不善可畏眾生，那就多了。台灣的乞丐們一般而言，還是比印度窮鄉僻壤人們好過多了。在印度，仍然有很多人在臭水溝內撈東西去賣，這樣子混得三餐；他們住在下水道或防空洞中，但這還不算是最苦的，還有更苦的人們。可是我們寧可受這種苦，也不要被三毒所纏；因為從事實上看來，物質生活好過的人，到下輩子時大多不好；因為生前起貪而詐欺眾生，起瞋就傷害眾生，愚痴就造作惡業，偷拐搶騙無所不用其極，未來世中受報時，苦日子將要怎麼過呢？都沒去想！他們大多是只管這一生的，這就是被三毒所纏的人。這並不是光指一般世俗人，佛門之中，其實也有不少人出家之後照樣被三毒所纏的；他們受了聲聞比丘戒和菩薩戒，然後到各道場去努力學習佛法，被印證開悟了以後，只因為人家說他的法不對，並且好意告訴他修證眞實佛法的道理，他就氣起來，完全不理會別人說的是否有道理，就開始對好心救他的人謾罵起來，這就是被三毒所纏的法師。

網路上有一些悟錯了的法師與居士在謾罵我，我都接受；接受了以後，我就不會生氣。如果不能接受，就一定會生氣。我的想法是：五濁惡世的眾生本來如是。所以我心中早就接受眾生的五濁心性了。但是，不因爲接受了就不救他們，所以該教育的我就教育，該解說的我就解說，他們努力的匿名罵我，可是我根本沒時間生氣。我還有一個想法，所以接受他們的謾罵而不生氣：我一天到晚寫書說那些大師們的法講錯了，說他們的開悟都是大妄語，他們心中很生氣，所以派一些人以化名在網站上誣賴、栽贓的罵我，所以特地派人專門收集我的結緣書去燒掉，我設身處地的爲他們想一想之後，覺得被他們怎麼罵、怎麼抵制，都是應該的。因爲原來被人公認爲證悟的聖人，只因爲被蕭平實評論以後，證悟的身分就壞失了，眞是情何以堪？所以我心中接受他們的謾罵，這樣就把可能產生的貪瞋癡都事先滅除了！

所以我們學法時都要能夠現學現用。爲什麼你會生氣呢？正因爲你不能接受，你若接受了就不會生氣。但也要觀察因緣和狀況，如果他們的誣蔑是對正法有傷害的，你可以接受他們的謾罵，但是對於曲解法義的地方，一定要加以辨正，才不會使他們成就誤導眾生的罪業。修學佛法以及弘揚佛法，都得要學會如何自處，才會有功德受用而又能有智慧利益眾生，這不是很好的事嗎？何必跟那些無理謾罵的人們一樣的生起三毒來？希望這些知見可以幫助大家免除三毒的煩惱。當現代的佛教界邪見顛倒很普遍時，我們不必和他們一樣的以我爲中心來作事，而是以救護他們回歸正道爲首要之務。

有些大師們因爲受三毒所纏、邪見顛倒的緣故，所以就「棄背善道、習行惡法」，人家告訴他要斷除我見我執，不要再去認定**見聞覺知、能思惟能觀察的覺知心**爲眞心，不要再錯認能處處作主的心是眞心，這樣才能証得解脫道；但是他們絕不肯改變，這就是三毒所纏的人。他們絕對不會承認和改過，反而暗中抵制善知識，暗中指使信徒對善知識加以誣蔑和狡辯。如果你說那些大師們是被三毒所纏，他們當然不可能承認。如果承認是被三毒所纏，則他們以前所寫的那些書，豈不是全部都要改寫了嗎？那他們那些徒弟們不都得要走掉了嗎？接著名聞利養也都會滅失了，那還得了？他們心中會這樣想：「蕭平實把我的落處寫了出來，害我從證悟聖者的尊貴地位，跌到未悟凡夫的身分中，名聞與利養都隨著漸漸流失了，所以出家與在家徒弟們就一個一個走掉了，這都要怪蕭平實。」這麼一想，瞋心就生起來了，就做出一些愚癡的事情來。後來又發覺：原來反擊蕭平實，將會更沒面子，會被再度寫書出來證明自己更明確的錯處。所以就指使信徒在網際網路上無根誹謗蕭平實，就把道聽途說再自己加油添醋，用來無根誹謗蕭平實，這種行爲就是習行惡法。

但我們千萬不要埋怨這個世界的眾生惡劣，正因爲這世界的眾生惡劣，才好修行，不然的話，你去到極樂世界與諸上善人同處，哪裡可修忍辱行？哪有機會度化眾生？如果眾生都和你一樣的有智慧，你還能度化什麼人？但是初學菩薩在娑婆世界看見這些現象時，心裡面就產生了畏怯、軟弱、害怕：「這世界的眾生是如此的惡劣，我哪有能力度得了他們？如果生到那裡去，把法送給他們，還得要受他們忘恩負義的誹謗侮辱，我才不要去娑婆世界。」可是想不到 阿彌陀佛接著跟大家說：「你們錯了！你們在極樂世界修學一百年，還不如到娑婆世界跟 釋迦牟尼佛修學一日一夜。」乍聽之下哪有這個道理？但是正因爲 阿彌陀佛肯定的這樣說，所以才會有人敢發大心：「我下一輩子就到娑婆世界去。」我們講堂也有人是這樣迴心而回來的。

但是一般初學菩薩總是在心中生起怯弱之情，恐怕來到娑婆世界時，遇不到諸佛菩薩的攝受，恐怕信心會失掉；另一方面又怕娑婆世界眾生很惡劣，五欲貪著又很倔強，去了娑婆以後，恐怕自己的清淨信心無法持久，因此心裡產生疑惑，就打退堂鼓了，就不想去娑婆世界；也有人從他方世界來了娑婆以後，發覺自己無法度化這種五濁眾生，就不想待在這裡：「寧可下品下生也要去極樂世界。」馬鳴菩薩說：「如果是這樣的人，他應該這樣想：『十方所有諸佛菩薩皆得大神通，皆無障礙，不像鬼神的五通仍有障礙，所以諸佛菩薩能夠用種種善巧方便來救濟拔渡一切在險難中的眾生。』」所以末來正法即將滅盡之前，仍將繼續會有菩薩受生在人間弘揚 釋迦世尊的正法；佛的正法不會立即斷滅的，因爲一代一代的祖師走了以後， 佛世尊自然會安排菩薩們再來人間延續起來。既然末法的五十二年時，仍然會有 月光大菩薩再來人間，這就表示：在 月光菩薩受生人間之前，正法是不會斷絕的，一定會有人一代一代的延續起來。有這樣的信心、起了這樣的念頭之後，就能發起大誓願，一心專念 佛及菩薩。

念有專念、散心念、深心繫念。專念，譬如在無相念佛境界中念佛，即是專念。有的人深心繫念，那就是在日常生活中總是牽掛著 阿彌陀佛或 釋迦牟尼佛，這就是深心繫念；深心繫念是不管在做什麼事情時，總在深心中憶念著：捨報後一定要見佛，見佛時將要如何自處。有的人跟大菩薩有深緣，所以一心專念大悲 觀世音菩薩。由於有這一類的繫念存在，所以就能一心專念佛菩薩；心中也知道諸佛菩薩會救濟自己（但這種救濟不是你餓肚子就送一碗飯給你，這種救濟沒什麼用，只是世法上的救濟），諸佛菩薩的救濟是長遠的時間中都一直在救濟我們的；是以一世又一世的長劫時間來救濟我們的，而且是以法身慧命的重大事項來救濟的，不是在世俗法上的一餐二餐來救濟的。諸佛菩薩可不想管你吃飯的事，如果有人還得要諸佛菩薩在飯食上面來救濟他，那就表示他修證大乘法的福德還不夠！

論文：**【以生如是決定心故，於此命終必得往生餘佛刹中見佛菩薩，信心成就永離惡趣。如經中說：「若善男子、善女人！專念西方極樂世界阿彌陀佛，以諸善根迴向願生，決定得生。」常見彼佛，信心增長，永不退轉；於彼聞法，觀佛法身，漸次修行得入正位。】**

講解　由於對諸佛菩薩產生了極大的信心，所以心得決定，也就是心得安止的意思。「決定」是心裡堅定的相信：命終之後一定可以往生其餘的諸佛刹土中。也就是說，決定相信可以離開娑婆世界，去諸佛世界遊學。意思是說，不單是可以生到西方極樂世界，也有可能生到 不動如來的世界中，或者是生到 寶生佛的世界……等等。往生以後見到諸佛菩薩時，就具足信心，使得清淨信成就，以後就可永遠離開惡趣三途。譬如淨土三經中 佛說：「善男子、善女人！專念西方極樂世界阿彌陀佛」，一心憶念而專想著 阿彌陀佛。《阿彌陀經》有說「不可以少善根、福德、因緣而生彼國」，換句話說，要到西方極樂世界去的人，要有基本條件，要修集三福淨業。淨業三福中有很多事項，但是最重要的就是孝養父母，不可一天到晚對父母惡言惡語、惡行惡狀，卻想要生到極樂世界去；阿彌陀佛是大慈大悲的，如果是惡行惡狀的人，去到極樂世界也難與 阿彌陀佛相應。所以要先孝養父母，不可剋扣原來孝養父母的錢財用以供養三寶，如果知道你是這樣對待父母而上供的，三寶一定不肯受你供養；因為收了也不會安心的。所以想要供養三寶的人，得要剋扣自己的花費來供養，不可以剋扣父母的供養。

一生都能孝養父母，這件事做到了，淨業三福的第一個部分就具足了，接下來供養三寶也不可少；有的人見了出家法師時，都不曉得僧寶是什麼意思，想要種福田、積功德的話，在 佛入滅以後，除了護持正法以外，還有比供養僧寶更好的嗎？所有的眾生福田之中，除了孝養父母以外，沒有一種比僧寶福田更好的了（但是否定如來藏的破壞正法僧人除外，以外道邪淫的雙身法來取代佛教正法的密宗喇嘛們除外）。有的人不懂得尊重，還要用輕蔑的眼光來看待，或者用輕蔑口吻與僧寶說話，不懂得尊敬供養僧寶，三福淨業有所虧欠，怎能順利的往生極樂世界呢？除了這兩種福德淨業，還有很重要的一項則是「行世仁義」；對父母很孝順，對三寶也很恭敬供養了，可是卻在外面騙錢，以不正當手段得來的錢財來供養父母，父母用了也不會安心，三寶也不敢受他供養；所以行於世間的仁義——在世間做種種事情時都要依世間的仁義原則來做事情——才能成就基本的福德。

有的人根本沒資格修學了義正法。在最早期，每到週末，我就把三樓佛堂擦乾淨，把佛堂冷氣開了，我家同修也切了水果、泡了茶，等學員來修學差別智的課程；像這樣整整上了二年半的義務教導的課程，可是其中卻有幾位仍然在外面無根誹謗我，又在網站論壇上無根誹謗我，老是編派我的不是；有位師兄看不下去了，就故意回他電子郵件說：「你既然說蕭老師眞可惡，那麼請你把事實寫出來，我幫你主持公道，負責爲你把事實貼上網站論壇去。」可是對方寫不出來，卻又不斷的在網上繼續誹謗，說我蕭平實很可惡。因爲我一直都不反駁，也不講話，所以有位師兄看不下去了，就說：「像這種人，連做人的資格都沒有，哪有資格學習正法？」我跟這位師兄說：「你只要把他們忘恩負義的事實寫出一點點就好，不必全部寫出來；寫好以後 e-mail 給他就好，不必直接就貼上網站去。如果他還要繼續亂搞，那時才貼上去。我們先給他留一點空間，不必一下子就使他身敗名裂。」e-mail 過去以後，對方就從網站上消失了，不再亂罵了！也許後來會另外化名來罵，但一定不敢再以原來的名稱上網謾罵了。像這種人，學世間法的資格都不夠，何況要學佛法？但我們還是不想公佈他們的名字。（編案：此人後來又取用別的化名，繼續無根誹謗 平實導師。）

像這種心態的人，沒資格學佛法的。學世間法，都得要繳學費的，何況學的是出世間法？而且是無上了義、世出世間的究竟法？但是我們沒收過學費，我在每個週末還親自把佛堂擦乾淨，把環境弄好，上課時還請他吃水果，還有泡好的茶可喝；我每一週爲他們上課三小時，結果因爲他們改信月溪法師的邪法——離念靈知心——不信受我所傳的阿陀那識正法，後來他離開時，竟說：「每週師娘都爲我們準備水果和泡茶，我都沒有回報，我只對這一點覺得很不好意思。」但我每到週末就爲他清潔佛堂、開了冷氣伺候他，又爲他上三小時的禪門差別智課程，而且是把最了義最究竟的法送給他，竟然一點兒感恩的心思都沒有！眞是其心顚倒啊！他是因爲很氣我把他所說的更高層次的月溪法師邪法破了，所以憎恨我而沒有一點感恩的心；但我其實是在救他，結果他卻反而恨我。所以有些人是不明是非、不明究裡的人，都沒資格學佛法。

我常說：「我幫他明心以後，他可永離三途的輪迴。且別說永離三途輪迴，明心而不退失的話，最多只要七次人天往還，畢竟可以出三界生死。這個恩德都可以忘得一乾二淨，就可以想見娑婆世界的眾生，確實有許多人是邪見顛倒的。」所以不必為眾生的忘恩負義行為而在心中難過，因為五濁惡世的眾生心性本來如是。但是在這裡修行度眾時有個好處：你如果能在這世界安忍下來，對這裡的眾生常常會忘恩負義而且恩將仇報的事，都能忍受而不退轉於度眾利生的心，那你修行就成功了；明知道義務幫人開悟，幫他們明心、見性，回頭還要受他們無根誹謗，而你不會起瞋、動怒，仍然心平氣和的安住，那你修行就成功了。

所以我們都不要抱怨這個世界不好，雖然 馬鳴菩薩在這一段論文中鼓勵大家命終之後要到極樂世界去見 彌陀世尊，以及面見諸佛菩薩、永離惡趣。但是如果你安忍的功夫足夠的話，在惡趣中修行反而成就得更快；我這是老實話，雖然我常鼓勵你們去極樂世界，但是一定要記得回來救度廣被誤導的眾生們。如果大家都不回來，那這邊 釋迦世尊的遺法要由誰來傳承呢？要由誰來利益眾生？所以說，想要往生極樂世界，得要有三福淨業，要用種種的善根去迴向往生極樂世界。

「以諸善根迴向願生」的「願」字，就是講信、願、行三法中的願，迴向就是用你所修行的世間善法善業做資糧，來迴心求生極樂世界。「善根」包括一心不亂的念佛功夫，以及消除性障的善根和修學佛法的智慧等，以這些善根而迴向願意往生極樂，那就一定得生。求生別的世界就不一定了，但以此善根求生極樂世界，是一定可以去的，所以說「萬修萬人去」。有人常常亂講：「生極樂世界哪有那麼簡單？」誰說不簡單的？只要曾經有過一念想要往生，未來捨報時 阿彌陀佛還會來探視與提醒呢！那當然是一定可以往生的了，怎麼會有困難呢？這是經中明文記載的聖教。乃至《觀經》說下品的三生人，犯了五逆十惡的重罪，都還可以下品往生，何況是知道以善根迴向願生的人？而且都是行善的善男子、善女人！當然一定可以中品以上往生極樂。就算是凡夫，也可以中品往生；造小惡的人們，至少也可以下品上生，所以 馬鳴菩薩說這種人「決定得生 阿彌陀佛世界」。

但是有個前提：五逆十惡縱使可造，造了也可以因為得遇善知識的緣故而往生極樂世界；但是絕對不可誹謗三寶，也不可誹謗如來藏勝法、不可誹謗大乘法中的勝義菩薩僧；因為如來藏勝法就是方廣經典中所弘揚的菩薩藏妙義，因為勝義菩薩僧都是弘揚方廣經典所說如來藏妙義的僧寶。假使謗了如來藏勝法、謗了在家或出家的勝義菩薩僧，可就絕對去不了極樂世界了。生到極樂世界，親覲 阿彌陀佛時，信心一定可以增長，也就永遠都不會再退轉了。已經證悟的人，在極樂世界親聞 阿彌陀佛說法，當然比在娑婆世界聽我說法好過無數倍；這樣就可以「漸次修行得入正位」，入正位的意思就是進到初地以上了。

論文：**【云何利益分？如是大乘祕密句義，今已略說；若有衆生欲於如來甚深境界廣大法中生淨「信、覺、解」心，入大乘道無有障礙；於此略論，當勤聽受，思惟修習，當知是人決定速成一切種智。若聞此法不生驚怖，當知此人定紹佛種，速得授記。】**

講解　馬鳴菩薩說，前面所講的心眞如的祕密句義，我已經爲大家簡略的說完了。可是大乘深妙法的祕密句義，到底有多少妙法呢？這才是「眞密」啊！密宗那些東西絕對不是佛法中的眞實祕密義。關於大乘佛法的祕密句，很難有人能如實了知，別說是第三轉法輪的如來藏勝法唯識種智極深妙的經論，光說第二轉法輪「般若」系列經典的別相智慧就夠了，現在已經是普天下阿師全部弄錯了。

要是有人不信，我們且舉一個印順法師的例子給諸位瞧一瞧！因爲現在明心的人已經有一百多人了（編案：此是二○○一年所說），你們聽我舉證過了，就會知道是否眞的如我所說那樣。印順法師的《般若經講記》裡面這麼說，他要請大家理解他所知道的無餘涅槃：【無學捨身而入無量無數的法性，不再有物我、自他、身心的拘礙，名爲無餘。菩薩發願度生，願使每一眾生都得此究竟解脫，所以說：我皆令入無餘涅槃而「滅度」之。無餘涅槃，爲三乘聖者所共入，菩薩也匯歸於此。菩薩安住無住大涅槃，即此無餘涅槃的無方大用，能悲願無盡、不證實際罷了！本經以無餘涅槃度脫一切眾生，即本於三乘同入一法性，三乘同得一解脫的立場；也就因此「通教三乘」而但爲「菩薩」。】（原著頁35~36）

你們已經明心的人都知道他這一段著作錯在哪裡，這是因爲我常常會以舉證的方式來增長大家的擇法眼；若不這樣，而只單說正確的法義，大家的擇法眼都不會像現在這樣的好。所以法眼的生起，得要在諸方大師的著作裡面雞蛋挑骨頭，才容易出生法眼。明心以後想要早得法眼，就得要去找諸方大師們的毛病，也包括找我的毛病。你能認眞的找出來，你的法眼才會一步一步漸漸地生起。如果沒有這個能力去做，或者你根本就不願意去做，那你的法眼不可能生起的，這一生最多就只能是慧眼，絕不會有法眼。

換句話說：你如果想要現起法眼，你就要摒除名師崇拜、名師情執；如果丟不掉這個執著，就永遠都起不了法眼的，因爲你會對那些未悟的凡夫大師所說的錯誤法義照單全收。雖然你眞的證悟了——找到如來藏實相心了——可是人家說的錯誤法義你也照單全收，結果是滿心的垃圾。當有人要給你東西時，你得要看看那是不是你所要的；如果是垃圾要送給你，當然不要；假使是黃金財寶而且來路正當，那當然可以全部收下，用來作好事。所以應該要有揀擇，不可照單全收。

先來看印順法師這一段話，他說【無學捨身而入無量無數的法性】，這話有沒有毛病啊？他所說的「無學」專指阿羅漢。有一些人在網路上亂罵我，其中有些人根本連無學的名詞都還不懂，也來亂罵我。「無學」是解脫之道已證已知，於解脫之道已無可再學了，所以名爲無學。有的人上網罵我時還自稱「無學」，把無學當作是還沒有學過佛法、還沒有證果的凡夫；所以他根本就不懂解脫道，還自稱「無學」呢！像這種人，也來跟人公開辨正法義，不免有些可笑了！所以網站論壇上，眞的是什麼人都有；有的人稍微懂得一點基礎佛法，粗知四聖諦八正道，稍微讀過一、二部經，就說他很懂佛法了。只因爲看不慣蕭平實法義辨正、無人能反駁，所以他也要來罵一罵咱家，結果不免畫虎不成反類犬，就被人在網站上指正了。我們且不說那些人不懂佛法，即使被高推爲當今佛教導師的印順法師，他其實也是不懂佛法的。

「無學」當然是指阿羅漢：決定性的不迴心阿羅漢。無學捨身後一定會入無餘涅槃。可是！印順法師卻又說：入無餘涅槃以後是入無量無數的法性。那麼我們就得先定義清楚：「什麼叫做法性？」法性其實就是大乘法中的秘密句。大乘的秘密句非常不易了知，眞的很難！法性究竟是什麼呢？這可不能打馬虎眼！因爲這關乎學人的佛道知見與修證，非常的密切。「法性」有兩個解釋：一個是指一切有爲法的法性；另一個是指實相本際的法性。一般學佛人與大師們所說的法性，不是指實相的法性，因爲他們所說的佛法，都是以二乘菩提的解脫道當作是全部的佛法。印順法師既然是講二乘的解脫道「入無餘涅槃」，我們當然得要探究無餘涅槃的境界與法性了。

入無餘涅槃裡面有什麼法性存在呢？答案是：只有一個法性，那就是如來藏本際的自住法性。涅槃本際的法性就是如來藏的自住境界，如來藏不出生七識心王、五色根、六塵，單獨住在無餘涅槃的境界當中，在那裡面既無六根與六塵，也無六識心，完全沒有六塵境界相，沒有七識心王的境界相；在這種無境界的涅槃「境界」當中，能有什麼法性會出現？事實上是任何一種法性都不會出現了！只有無餘涅槃的法性存在啊！換句話說：就是如來藏本身不再出生第七識與前六識，不再出生五色根與六塵，十八法界都不再出生了，所以不再受生，不再於三界中出現；祂自己又離六塵見聞覺知，沒有見聞知覺性，也沒有思量性，就消失於三界中了。

如來藏不再出生十八界法，無人亦無我，亦無眾生相與壽者相，不在三界中出現，這個就是如來藏的法性，也就是無餘涅槃中的唯一法性，哪來的無量無數法性？根本就沒有二性，還會有無量無數的法性啊？如果無餘涅槃就是印順法師所說的「入了無量無數的法性」，那就表示進入無餘涅槃中的阿羅漢，都是由他們的如來藏在無餘涅槃境界中出生了三界萬法，所以才會進入了無量無數的法性。如果無學阿羅漢捨身是入了他所說的無量無數的法性中，那麼他們那些阿羅漢就不叫阿羅漢了，因為佛法中沒有這種阿羅漢，只能叫做「外道阿羅漢」，絕不是佛門裡面的阿羅漢；而他所說的那種無餘涅槃，也將不是佛法中所說的無餘涅槃；因為佛法的無餘涅槃是沒有任何一法再出生的，只有如來藏無形無色而單獨的、離見聞覺知的存在。因爲涅槃的實際就是如來藏不再出生三界萬法、不再顯示一切法性了；這就是說，如來藏不再流注出第七識種子，第七識滅了，所以不被業力所牽，不再受生於三界六道當中，這才叫做無餘涅槃。所以無餘涅槃中只有如來藏本際一法，哪有無量無數的法性可以進入？可是如來藏本際並不入涅槃，它是本來就涅槃的，本際是本來就涅槃的，不是修行以後才變成涅槃的！

所以有一個中國禪宗的公案，說仰山禪師的故事，談到眞正開悟的人就是「入」無餘涅槃的本際，有位居士就說：「『入』之一字，不要也可以。」這才是眞悟的居士啊！你們讀過《邪見與佛法》了，知道什麼是入涅槃了！可是史上有很多阿羅漢入涅槃時，究竟有誰能入涅槃？結果是沒有人入涅槃。所以我們才會說：「所謂入涅槃者即非入涅槃，是名入涅槃。」所以禪宗公案中那位證悟的居士對仰山禪師說：「『入涅槃這個『入』字，不要也可以。」所以仰山禪師就跟他說：「『入涅槃』的這個『入』字，我不是爲你說的，而是爲那些還沒有悟的人講的。」就是這個意思，也就是說，其實入涅槃是無所入的，只是十八界法的眾生我「自己」全部滅掉了，所以自己並沒有入涅槃，剩下如來藏獨自住在祂本來所住的涅槃境界中，所以　佛在經中才會說一切眾生本來常住涅槃。

現在我們回頭再來看印順法師對涅槃怎麼說？他說：「無學捨身而入無量無數法性。」事實上，聲聞無學捨身以後入了涅槃時，有沒有一個心進入任何一個法性中？（眾答：沒有！）完全沒有啊！只是十八界的自己都消失掉了，所以一切法性都滅失而不再現起了，這是眞實的無我，蘊處界我就這樣全部都不見了，連十方諸佛也找不到你了，所以入涅槃時是一切法性都全部消滅而不現前了，哪有無數法性可入？

當你入了無餘涅槃時，大家都說你捨報時入涅槃，然而「入無餘涅槃」其實並沒有「入」啊！「你的本際」「你的眞如」本來就是不生不滅，那就是本來涅槃嘛！又何必你去「入」呢？所以入涅槃正是你自己消失了！你消失了以後，是完全無我的境界，剩下如來藏保持在祂自己原來的涅槃境界中，這才是眞正的涅槃。所以你無法入涅槃，而祂也沒有入涅槃，因爲祂是本來就涅槃，不必再入涅槃；而你的五蘊我、十二處我、十八界我都消失掉了，變成了眞實的無我，所以你自己也無法入涅槃，所以居士向仰山禪師說：「入之一字，不要亦可」。這其實也正是般若諸經所說的中道實相義：「所謂入涅槃者即非入涅槃，是名入涅槃。」誰都無法推翻這個正義，一切等覺菩薩來了也無法推翻這個正義，因爲他們如果不是這樣，那就是凡夫。

所以我們不可像印順那樣的亂說：「阿羅漢捨身是入無量無數法性」，即使是只入一個法性都不對了、都不是入涅槃了，何況是入無量無數的法性？所以他根本就不懂涅槃的正義；所以諸位在讀善知識著作時，要有智慧去加以揀擇，不可照單全收，否則就會被凡夫大師誤導了。證悟如來藏以後，想要智慧出生得很快、很深細，對善知識們的書，不管哪一段、哪一句，你都要小心仔細的加以檢查思惟：這裡面有沒有錯誤？假使是對的，我們就攝取；錯誤的，就把它丟掉。但不能只是口說他有錯，還得要確定錯在哪裡？要能如理作意的講出道理來！

既說人家有錯，就一定要有道理來說明。不能像網際網路上面那些罵蕭平實的人們，只說我的法錯誤，可是我錯在哪裡？他們又都沒有一個根據與道理！有的人舉證我的錯誤時，則是顚倒我的意思，加以曲解以後再來評論，這都是誣賴與栽贓的不理性行爲，不是直心的人。我們眞正學道的人必須理智，純依智慧而不依表相，並且一定要直心行事；絕不能像他們那樣，否則就同他們一樣都是未悟言悟的大妄語人了！也會像他們一樣的成爲破法與無根誹謗賢聖的人，所以我們若說別人有誤時，一定要講出認定他們錯誤的道理！並且還要能通過一切大師與學人的檢驗。如果你能夠這樣做，不再被名師崇拜以及情分所繫縛，能細加揀擇，自己私下去做辨正，法眼就能夠很迅速的一步一步生起來。所以說大乘的秘密句眞的不容易懂，而涅槃正義也眞的很難懂。好在我們用《邪見與佛法》一書，很淺顯的把它寫了出來，現在大眾對於涅槃的眞正道理，都已經容易懂了，也都因此而免掉許多誤會了。

印順法師接著又說：「（入無餘涅槃後）不再有物我自他身心的滯礙，名爲無餘。」這要分成兩個部分來辨正，要看他說的是「有餘涅槃」還是「無餘涅槃」？如果他是在無餘涅槃上說的話，我們仿照《金剛經》佛的說法，應該這樣說：「所謂不再有物我自他身心的滯礙，即非不再有物我自他身心的滯礙，是名不再有物我自他身心的滯礙。」因爲入無餘涅槃後，十八界自我都不存在了，覺知心已經滅失而不存在了，豈會有不再滯礙的覺受？只有意識覺知心繼續存在，才會有這個覺受與認知，入涅槃以後覺知心自己都全部滅盡了，還會有誰在心中能覺得不再有物我自他身心的滯礙？你們已經明心的人，觀察看看：是不是這樣？所以《心經》才會說「無智亦無得」。佛講《金剛經》時也就是以這個實相而這麼說的嘛！

但是當你沒有找到心眞如時就聽不懂這話的眞正意思了！只能在意識層面上

瞭解；當你看見人家已經明心的人聽到這句話而在那邊微笑時，你不曉得他們笑的是什麼意思。也就是說：所有的一切法，乃至佛教中大乘別教的世、出世間無上大法，對於常住涅槃境界中的如來藏自身來說，都只是戲論。所以，眞正大悟徹底的禪宗祖師們，有時會說：「三藏十二部經都是戲論、都是魔說。」他們的意思並非眞的說是魔說，而是說那些都是爲凡夫施設而說的，是說給凡夫聽的（當然，初悟的禪宗祖師也這樣說時，眞的是犯了大過失的；只有透徹牢關的祖師才可以這麼說）。眞正證悟了以後，你來讀經時就沒有這個問題存在啊！印順法師怎麼可以說「入涅槃以後還會有不再有物我自他身心的滯礙的覺受與認知」呢？連覺知心自己都不再有了，還會有人心中生起這種覺受嗎？他眞是胡說妄言啊！

從另一個有餘依涅槃的層次來說：當你證得無學果時（無學果是有餘依涅槃境界），等到你捨壽入了無餘涅槃，那才是眞正的解脫啊！可是你在有餘涅槃位中所知道的涅槃境界智慧，就叫做解脫知見：死後要怎麼入涅槃，你已經很清楚了。心中確實理解到：入無餘涅槃就是把十八界的一一界都滅盡，不再有一絲一毫的自己存在。但是現在還沒入無餘涅槃時，仍然還有饑餒寒熱痛癢之苦存在，這些苦就是入涅槃前的所依，都是微苦，因爲心中已沒有任何的執著與負擔了，只餘這些微苦作爲仍然住在世間生活的所依，所以斷盡思惑以後的境界就叫作有餘依涅槃，簡稱有餘涅槃。所以有餘涅槃位，是覺知心所住的解脫知見境界，無餘涅槃位中滅盡了覺知心時才是眞正的解脫境界，才是無餘依涅槃，因爲連身苦也滅盡了，沒有任一法作爲覺知心的所依了。

說到這裡，就要請問大家：「在有餘涅槃位中，覺知心還在的時候，物我自他身心的滯礙的覺受，有沒有被滅失掉了呢？」（眾答：沒有！）當然還沒有啊！都還在啊！只有入了無餘涅槃位時，才是眞的不會有這些身苦等拘礙。這個道理，大家也應該瞭解。所以印順法師講這句話，倒有一半是正確的，可是如果從如來藏的本體來說，他這句話也是多餘的，是爲凡夫人說的。《金剛經》所說的，都是從如來藏（無住心、不念心、非心心、無心相心）本體來說；但是本體自住境界中根本就沒有這些法性可說，所以捨身入涅槃時絕對不會有印順法師所說的**不再有物我自他身心滯礙的覺受**存在；所以禪宗祖師們看到涅槃實際的境界時，才會說：這些言語開示都是戲論。當你還沒有證得涅槃實際的如來藏心，不能實證無餘涅槃中的實際時，純依意識覺知心的思惟所得而演說出來的法，都叫作戲論；因爲對涅槃都是想像的，往往會有許多地方說錯了，但是自己是不會知道的。親證如來藏時，轉依如來藏本心來看，則又沒有一法可說。

印順法師接著說：「菩薩發願度生，願使每一眾生都得此究竟解脫，所以說我皆令入無餘涅槃而『滅度』之。」他接著又說：「無餘涅槃爲三乘聖者所共入」。這又有問題啦！菩薩們會入無餘涅槃嗎？個個都不入啊！都是能入無餘涅槃而不入，才會是菩薩。大菩薩們都有解脫知見而不取無餘涅槃，是能夠取無餘涅槃而不取；如果菩薩也和聲聞羅漢共，一樣都入無餘涅槃的話，那世間就該永遠都不會有菩薩住世啦！菩薩們修到初地滿心以後都能斷盡思惑，所以都能入涅槃，到了初地滿心捨壽時就可以成爲慧解脫而入涅槃；依照他的說法，世間哪來的菩薩可以成佛呢？又如何能有人成佛而度聲聞人成爲羅漢呢？所以無餘涅槃不是三乘所共入的，是所共證而不共入的。

初地滿心以上都能取證慧解脫，三地滿心以上都能取證俱解脫，但是都不取證。乃至六地滿心時不得不取證滅盡定，不得不成爲俱解脫的聖者時，也還是不取證無餘涅槃的。七地念念入滅盡定，在每一剎那間都可以進入無餘涅槃，但一切七地滿心菩薩也都是不入無餘涅槃的。八地以上隨時隨地都可以入無餘涅槃，但他們還是不入無餘涅槃，所以大乘法中只有 佛證無餘涅槃。可是 佛的親證無餘涅槃，也不是像阿羅漢們滅盡十八界法而入無餘涅槃；阿羅漢入無餘涅槃是身心永滅，只餘第八識獨存，灰身泯智，從此以後誰都找不到他；就算　佛要找某某阿羅漢再來人間度化眾生，也找不到他；必須在他入涅槃之前才能咐囑他，一旦入了涅槃，誰也找不到他。

可是爲什麼我們說「佛也入無餘涅槃」？諸佛不是以莊嚴報身長住世間利樂有情永無窮盡嗎？怎麼會入了無餘涅槃呢？這是說：佛把證得無餘涅槃所應證的果德，也就是煩惱障見思二惑的現行都斷除淨盡了，跟阿羅漢完全一樣；可是佛又繼續進修而把煩惱障的一切習氣種子隨眠全部斷盡，阿羅漢都做不到；阿羅漢只斷見思惑的現行而不斷思惑所攝的習氣種子隨眠，　佛卻已全部斷盡，遠超過阿羅漢的涅槃境界，所以叫作大般涅槃。既然具足阿羅漢的有餘、無餘涅槃證量，又進斷他們所不能斷的習氣種子隨眠，更勝於阿羅漢的無餘涅槃，所以　佛可以入涅槃而不入涅槃，所證得的涅槃境界遠遠超過諸阿羅漢；雖然無餘涅槃的境界都一樣的離見聞覺知、也沒有恆審思量，然而　佛是可以入而不入，卻比阿羅漢更具足入無餘涅槃的證量，所以說諸　佛也是親證無餘涅槃的。既然在實際上與理證上來看，諸　佛都沒有進入無餘涅槃，諸大菩薩也都如此，印順怎麼可以說無餘涅槃是三乘所共入？而說菩薩也匯歸於此？如果菩薩也匯歸於此，則初地滿心捨身時可以成爲慧解脫而入無餘涅槃，三地捨身時可以成爲俱解脫而入無餘涅槃，都入不了等覺、妙覺位，哪裡還會有菩薩能成佛？所以他這句話也是有毛病啊！

你如果有種智，要從凡夫所說的法中雞蛋中挑骨頭的話，眞是到處可以挑的；可是如果沒有道種智，想要挑那些凡夫的骨頭，還眞的是難！更別想挑我的骨頭，因爲我沒有骨頭：我所轉依的如來藏連軟骨頭都沒有，因爲連蛋都沒有了，又如何在雞蛋裡挑骨頭？如來藏無背無面、無形無色，根本沒有骨頭，他們根本不懂如來藏自住境界，要怎麼挑我的毛病呢？

印順法師又說：「**菩薩安住無住大涅槃。**」這又是個大毛病啦！菩薩哪有安住無住大涅槃？大涅槃是無住處涅槃，那是諸 佛的境界啊！菩薩所證的仍然不是無住處涅槃。所以這句話也是個大問題啊！他接下來說：「**即此無餘涅槃的無方大用悲願無盡**」，這話倒是對的，菩薩們都只是不進入涅槃實際中安住罷了！但都已經親證涅槃實際的境界了！譬如你們明心時，已經證得了無餘涅槃的實際了，但是你不會因此而進入無餘涅槃境界中。因爲無餘涅槃裡面，就是第八識離見聞覺知而又不作主、不思量的無境界的境界。所以你明心時，你其實是證得涅槃的實際，但是你並沒有完成有餘涅槃、無餘涅槃的修證，因爲當時只斷見惑而思惑還沒有斷盡嘛！但是卻已經證得阿羅漢捨壽後所將進入的如來藏自住的境界，所以菩薩其實反而是證涅槃實際而不入無餘涅槃的，絕不是他所講的菩薩也入無餘涅槃啊！所以一切證悟菩薩都已親證無餘涅槃的實際，但是卻都不進入涅槃實際境界中安住，剛好與他所說顚倒。

印順法師被尊稱爲當代佛教的導師，但是他究竟要將導佛子到哪裡去呢？（編案：將字，謂執持之意。將導：執持佛弟子們而引導之）眼前所見的是：印順導師正在把佛弟子們將導到想像的涅槃、想像的中觀去了！是將導佛子落入密宗應成派中觀的**兔無角論**的**惡取空**裡面去了！這眞是個大問題！他不但貽害現代佛子們，也將會遺害後世無量佛子們，假使我們不把他的嚴重錯誤舉證出來解說的話。這就是說，在學習深妙佛法的道路上，當你有能力幫助眾生建立正確知見，當你有能力檢查大師們的錯誤法義時，你應該要努力去做，才能在破斥邪說以顯正法時，救護眾生回歸正道、利益廣大佛子，這樣也會同時增益了自己的道業，大幅度提升了自己的見地，因此而能早日通達、進入初地。如果你有這個能力而不願意去做，當然會使有些人可以稱心如意的繼續誤導眾生，藉此而獲得佛教界中的虛假名聲，但是廣大的學佛者就被普遍的誤導、普遍的耽誤了，佛教的未來也將會因此而日漸黯淡無光，世尊的正法也將無法久住人間。

我今天如果不做摧邪顯正的工作，可能今日的網站上面會有某些人對我歌功頌德，一般而言是不會有很多人來罵我的。但是我們寧可挨罵，仍然要繼續作摧邪顯正、救護眾生回歸正道的工作；因爲我既然已經判論某些人的法義了，而且提出「唯有親證如來藏才是般若的開悟」的說法，那些悟錯的大師們，一定會唆使手下人出來罵我，不論他們有沒有被我評論過；因爲我的正確說法，會顯示他們的悟是錯誤的，就會影響到他們的名聞與利養，所以悟錯了的大師們，不論有沒有被我評論過，都會間接的罵我。反正網站上可以亂罵，誰也不知道那是誰罵的，都用化名，當然就可以指派或暗示徒弟們上網不斷的亂罵，你也查不到；所以在網站上亂罵而氣死人，都是不用負責的，因爲根本就查不到是誰在亂罵。但是，人們雖然不曉得是誰造謗法惡口之業，護法菩薩們卻都很清楚知道你在打電腦亂罵人，而且自己的阿賴耶識也一直在記錄著，這些人又能瞞得了誰？

然而同樣是罵，一個人罵了有功德，另一個人罵則是缺德。如果「罵」的是誤導眾生的邪師，眾生能從你辨正法義的過程中建立正確知見，遠離邪見而改走正確的路，修正過來以後就漸漸的會引生見道的功德，所以你作法義辨正是有功德的；而且這也不是罵，而是法義辨正。可是如果明明知道自己的法錯了，辨正法義的人是正確的，因爲影響了自己名聞與利養的緣故，心中氣不過，就上網去亂罵一通，這不但沒有功德，而且是缺德：功德大大的缺損，所做的這些事都是造惡業。甚至有的人來到這裡聽經論，聽過了，心中的知見提升了，智慧門中也得到受用了，可是明天還是上網繼續罵我。甚至於有的人來我這裡得了法，親證眞如了，也以經典檢查確認過了，明知道我說的正確，卻爲了維護原來的眷屬不流失，恐怕原來的眷屬改信我，就故意歪曲事實亂罵。但是這個業，你是擔不了的，你必須在臨死前十幾年中趕快去努力補救。如果不補救，或是補救的事情作得不夠，我告訴你：你絕對承擔不了。

這個業果是什麼時候會跟你算呢？這都是一期才算一次的！除非 佛在世時被 佛當面糾正三次而又三次都不改，才會生身墮地獄；現在 佛不住人間，沒有生身墮地獄的事，但是一期時間到了，就會清算。就好像銀行一樣，定期存款的一期是半年或一年、二年、三年，時間還沒有到以前，絕不會跟你算利息的。人的一期則是從生到死，臨死時，業鏡一拉下來，一片一片的像幻燈片一樣從上往下拉下來，那時都知道自己一生造了什麼善惡業，果報將會接著開始出現，可是那時你已經動不了了，也開不了口了，想要拜託誰幫你補救也都沒辦法了，因爲你已經沒有辦法表示意思了。那時家人也無法幫你補救，因爲他們並不曉得你要做的是補救上網亂謗正法的過失；而且這是很嚴重的果報，眷屬就算是知道了，可能也都幫不了忙。有些人因爲算帳的時間還沒有到，他就以爲沒有帳可算，其實不是沒有。我也曾經公開懺悔：過去無量世以前，謗一個善知識就變成老鼠，好在還沒有「成鼠家、立鼠業」，就死在貓爪下，又因爲懂得從深心中懺悔，以及生前曾廣修福德，所以死後立即回來當人。那個被我所謗的善知識「般若」證量比我今天還要差很多倍，但是謗法的果報已經這麼嚴重。所以謗法者當然死時自知！如果有護法神提前處罰，那是他們發了大悲心，來減輕他的罪業，應該心存感恩，不該怨恨。所以曾經亂謗佛教正法的人，可得自己衡量著怎麼爲自己補救？免得無常來時補救不及！

有時候罵人眞的是有大功德的，但有時候罵人眞的是缺德：會使自己缺損了許多功德；尤其所謗的是眞正的世、出世間無上大法，未來無量世中絕對沒有人願意承擔這果報的。可是眾生往往不信因果，因爲現在還看不見果報現行嘛！也因為沒有能力看見過去世經歷過的慘痛果報事證；所以總是對因果懷疑，心中半信半疑的。但我因為心清淨了，所以常常會在定中看見過去無量世的事，所以我很怕誤造惡業，心中連一個想要對人誹謗的念頭都不敢生起，更別說去做、去說了。所以你如果沒有辦法看見過去世所曾遭遇的謗法果報，就表示你還沒有進入正位；真的進入正位時，你一定多多少少會看得到的，雖然沒有修宿命通，也會看到許多果報上的事。把看見的種種過去無量世的事情貫串起來，自己過去世的事情就知道了，也會知道自己此世應作的事情了，這根本就不必宿命通啊！所以經中說：菩薩不修學神通而能知宿命，才真叫作不可思議！

我所知道的往世事，就是這樣來的；至於上一世在江浙的生活和過失，以及這一世所要作事情，是　佛示現和指示，不是自己定中所見。這些知見和夙昔所發的願，你在修學佛道的過程之中，漸漸的會知道，所以這一世悟後一定要有自己的見地出現，並且要把自己的覺知心、作主的意根心都清淨了，才有可能在這一世進入正位的。能以見地來作法義辨正，就可以挽救很多人回歸正道，這功德是廣大無邊的。只要能夠救助一個人遠離邪見而回到眞正的佛道上，這功德就已經無量無邊的廣大了，何況是救護更多的人回歸正道？所以救護眾生回歸正道的大事，大家都應該努力去做。

印順法師接著又說：「本經以無餘涅槃度脫一切眾生，即本於三乘同入一法性。」這又說錯了！因為三乘人並不是同入一法性的，二乘人修的是解脫道，專在蘊處界世俗法上面修證無我法；大乘人所修的，不但同樣要修解脫道的蘊處界無我法，還得加修法界實相的眞實「我」：無我性的眞我。因為第八識實相心常住的緣故，所以說祂是我。無常可壞的蘊處界我，當然只能說是無我。

我們九月會出版《我與無我》，《甘露法雨》本來是要在六月底出版的，但是趕印不及，可能還要過個十來天吧！（編案：都已出版）在《我與無我》中所說的**我法**與**無我法**，那才是眞正的大乘法！因為二乘法所修的完全是**無我法**啊！無我法都是「世俗諦」所攝的小法。為什麼二乘菩提的解脫道是世俗諦小法？因為它講的是五陰、十二處、十八界的空相，是觀察蘊處界都屬於緣起法，都是藉緣而生起的，所以其性是空，叫作緣起性空，緣起性空的法才可以定位為**性空唯名**。「緣起性空」都是依世俗法的五陰、十二處、十八界作為觀行的對象與內容，不離三界世俗有為法，所以是世俗法中的眞諦。「諦」就是眞實的道理，而蘊處界乃因緣所起，所以其性是空，正是世間道理極成——世間道理不能過此——所以稱為「世俗諦」。

但是大乘「般若」除了講「世俗諦」的蘊處界空相以外，也說第一義諦，第一義諦才是般若。爲什麼般若叫作「第一義」的眞實理呢？因爲世間與出世間法中，沒有一法可以超過這個法，所以叫作第一義；第一義是十方一切法界中的眞實理，所以稱爲第一義諦。第一義講的就是眞實我：五陰十二入十八界都不是眞實不壞的我，因爲都是緣起法，緣起的關係終必有壞滅的時候，所以其性是空，所以緣起性空，所以蘊處界無我！但是無我無常而空掉以後，就跟斷見外道無差別了；佛法既不是斷見法，那就一定有和外道不同的地方，否則又何必 佛來人間辛苦說法四十九年？

正因爲二乘聖人證得眞實的無我，入了涅槃以後並不是斷滅空，因此 佛才要來人間辛苦的說法四十九年。所以，二乘聖者入涅槃以後，蘊處界完全滅掉而空無以後，一定有一個不空的心繼續常住，所以才說涅槃不是斷滅；這個不空的心就方便假名說「我」，在四阿含中 佛說爲無餘涅槃中的本際、實際，這就是大乘法所證的法性！二乘所證的是世俗諦的蘊處界無我的法性，大乘法的菩薩們也證得這種法性，但是卻又親證不空的第八識心的無我法性，必須親證常住而無我性的第八識眞我，這也是法性，但卻迥異二乘法的無我法，這怎麼會是印順所說的同一法性呢？正是截然不同的！所以，三乘雖然同得一解脫，但是同一解脫之中卻是大有差異。其中的不同處，是因爲大乘修證到成佛時，佛地的解脫比二乘聖人更進了好多步，把煩惱障的習氣種子隨眠全部斷盡；這是從初地就開始斷除的，阿羅漢們不能斷，只斷現行。所以煩惱障的現行修斷，是三乘同一法性的；但是斷習氣種子隨眠，卻是絕對不共二乘的；親證無餘涅槃中的實際，也是不共二乘聖人的，所以不能夠說三乘同入一法性啊！無餘涅槃中的境界固然是三乘都一樣，但是，雖然同樣能入無餘涅槃，三乘聖者斷除煩惱的深淺卻是有所不同的。

他接著說：「因此通教三乘。」眞是誤會通教的意思啦！「通教」之意，是說解脫道的法教，通於二乘法，也通於大乘法，所以叫作「通教」，不是他所說的「統統教化」的「通教」。他誤會了，就說解脫與涅槃的緣起性空法統統可以教導三乘人，所以「通教三乘」；但是他這樣的道理應該叫作「三乘通教」的解脫道法義，不該說是「相通」的「教化三乘」人的法義。什麼是三乘的通教？就是解脫道！因爲解脫道通於三乘人的法教，二乘人經由聞　佛說法而證得解脫果，就叫作「聲聞的解脫」；如果不是經由聞法，而是自己經由因緣觀去思惟觀察而證得的解脫，就叫作「因緣解脫」。有些菩薩不能證得實相心，但他們經由聲聞法或因緣法，自己作觀行而成就解脫果的法道，可是他們卻不想入無餘涅槃；因爲他們看見眾生很可憐，他們慈悲眾生的緣故，怕眾生們被假名善知識的名師們所誤導，所以不樂入滅，想要度眾生同樣證得解脫；這樣生生世世都證解脫果，都有解脫道的果證，能入涅槃而不入涅槃，世世利樂眾生而不能證得實相心，這就叫作通教的菩薩。

所以大乘通教法中菩薩們，一樣有這四向八輩聖人，一樣有緣覺菩薩，所以也有五果人啊！也就是菩薩性的阿羅漢果與辟支佛果，他們捨報時不入涅槃，寧願繼續受生在人間，以解脫知見不斷的去度化眾生，所修證法道通於二乘人所修的解脫道，就叫作通教的菩薩。爲什麼是通教的菩薩呢？因爲他所證的涅槃解脫知見，是通於二乘法的，與二乘並無不同；但因爲他屬於大乘種性的菩薩行者，所以世世都不入無餘涅槃，想要繼續救度眾生同證解脫。雖然他還沒有明心，也沒有眼見佛性，但是他有能力入涅槃，卻因悲願所以不入無餘涅槃，世世捨報時都發起受生願，繼續利樂有情，而他所證的法是與二乘人相通的，所以說是「通教」的菩薩。

相對於通教而說別教，意思是：大乘法中另外還有不同於二乘及大乘通教解脫法的不共法，有別於大乘通教，有別於二乘菩提的解脫道；這就是指親證法界實相心以及眼見佛性，所以漸漸的可以因此證境而進修一切種智增上慧學。因為此法不通二乘，也不通大乘通教的法，與他們有別，所以相對的稱為「別教」。所以「通教」的意思是說：這個大乘通教的法義通於「大乘」「中乘」「小乘」，但不能明心也不能見性，不能實證涅槃中的實際，不能證知實相，但是通於二乘聖人所修解脫道，所以叫作「通教」。而不是用作動詞來「通於教導三乘法」的「通教三乘」，因此他所說的證得解脫的法「通教三乘而但為菩薩」，這就不對囉！因為大乘通教所教導的「涅槃」正義，絕對不是但為菩薩的，因為二乘涅槃與大乘通教涅槃的法，絕對互通於三乘而不異的，也是普為三乘的一切學人而教導的，絕對不是「但為」大乘「菩薩」而說的。

接下來印順法師又說：「菩薩願『滅度』無限量無計算無邊際的眾生，但在菩薩的菩提心行中，不見有一個眾生得『滅度』的。『般若』經也說：佛當以三乘法拔濟一切有情皆令入無餘涅槃界而般涅槃，我當以三乘『滅度』一切有情而實不見有情得『滅度』者。」他這一段文章的意思是：何以不見有情呢？因菩薩觀緣起，相依相成，無自性可得，通達自身、眾生身爲同一空寂性，無二無別，所以不見實有眾生爲所度者。這種說法對不對呢？大家應該要藉法義辨正而把法眼激發出來！

我們剛剛講「入涅槃」，禪宗公案中的那位大居士說：「入之一字，不要亦可。」仰山慧寂禪師則說：「入之一字，不爲居士。」說「入」字不是爲已經證悟的居士你一個人說的，而是爲未悟的學人說的。入涅槃既然是自我消失了，只剩下你的第八識不生不滅、離見聞覺知性、離恆審思量性，那叫作無餘涅槃的實際境界。從此都不再出生後有了，永遠都不再有覺知心意識與作主心意根存在，哪會有人住在無餘涅槃中？所以「入涅槃」並沒有你去入涅槃，也沒有我去入涅槃，也沒有阿羅漢去入涅槃，也沒有任何眾生去入涅槃，而是五陰、覺知心、作主心全部都消失掉了，純然的無我。所以菩薩度一切眾生入無餘涅槃而「滅度」之，其實絕對沒有任何一人得度，因爲得度就是被度的人消失於三界中了，純然的無我、沒有我存在了。

爲什麼叫作滅度？有很多初學人剛讀《金剛經》時，心中覺得似乎很邪而又不敢講，覺得好像很不吉祥！因爲當他聽到**滅度**兩個字時，心裏面就覺得怪怪的。

但是今天諸位明心後很清楚的瞭解滅度的眞義了：**把你自己滅了，你就度了；若不把你自己滅了，你就永遠度不了，所以才叫作滅度**。當我們把這個眞正的入涅槃的知見告訴了眾生，眾生就知道如何去把自己給滅了，然後才能得度嘛！可是滅了以後，眾生有沒有得度呢？事實上並沒有啊！只是眾生把自己滅掉了所以不再流轉生死，所以說：所謂眾生得滅度者，實無眾生得滅度，是名眾生得滅度。結果有沒有眾生得滅度呢？答案是：沒有！是眾生自己滅了，而說眾生得度了。實際上有沒有度到解脫的彼岸呢？沒有度啊！滅了十八界的自己以後，他的第八識心體本來就住在無餘涅槃境界中啊！如來藏自身本來就是無餘涅槃，還要度個什麼？所以眾生入滅度，其實沒有入滅度，這樣才是眞的滅度，這才是《金剛經》所說滅度的眞正義理。

可是印順法師所說的並不是這樣子，不符合聖教。他講的是：菩薩觀察到眾生的五陰十二處十八界都是緣起法，都是相依相成而沒有自性可得，沒有自性可得所以叫作空寂，所以是空性；了知這種緣起空、無常空、斷滅空，這就是證得涅槃，就是得滅度。你看！「空性」與「空寂」被他變成這樣子！他的想法是：既然滅度而入涅槃，統統變成斷滅一樣了，所以沒有眾生爲所度者。這眞是相差太遠了！可是問題來了：這不就是斷滅見嗎？和斷見外道完全相同了。你如果沒有來到這裡學法以前，你會知道他的嚴重錯誤嗎？當然不知道！當然，你也可以今晚聽了，明天再上網站論壇去斷章取義的扭曲我說的法義而罵我：「蕭平實說……」、「蕭平實好狂妄！」上網謾罵別人、扭曲別人所說的義理，然後誣賴別人亂說法；心中以爲自己在網站上作什麼事情，人家都不曉得，只有自己才知道。但我告訴你，你亂罵以後又增加了一件惡業，尤其所罵的是正法與眞悟的賢聖，到時候你絕對承擔不了的。到了將要捨報開始承擔時才懂得後悔，來不及了！

所以印順法師的著作，都是以凡夫的意識思惟來解說《金剛經》的意旨；可是《金剛經》裡面的秘密句——佛所說的意旨——都不是他所說的那樣，所以大乘法中的秘密句，眞的是難知難解啊！有多少人能知道呢？不要說找個一打人，事實上連一位都沒有，目前的全球佛教就是這樣；所以破斥邪說以顯正法，眞的很重要。本來破邪顯正的事，在佛教界不論怎麼算，都輪不到我來作，可是我卻是打鴨子上架——被逼而作；因爲有人出面否定正法，又沒有其他人在弘揚了義究竟的正法，所以我成爲了義而且究竟正法的唯一代表者，這就逼得我不能不講出《護法集》來，免得了義而究竟的唯一正法被破壞了；後來看到諸方大師暗地裡不斷的抵制正法，結果卻沒有一人願意出來救護學人，而他們其實也沒有能力，因為他們所悟的內容和破法者完全一樣，所以我們就不得不承擔破斥邪說以顯正法的責任了；不然，佛的正法要怎麼辦？難道眼看著即將全面外道化、學術化、世俗化、常見化了，我們卻視同不見的不肯加以導護？

可是正法眞的很難理解，就如《金剛經》裡面有無量無數的秘密句；《金剛經》這麼短，義理也不是極深——不像種智那麼難知——但是這些秘密句，連大師們都弄不懂了，連當今佛教界泰斗的印順導師都不懂！那你說還有誰能懂呢？當然，明心回來以後你們會說：「我已經懂了啊！」那是因為你親證如來藏了，可是外面的大師們是沒辦法懂的。像上面說的這些正理言句，其實都是同樣的道理，你們從如來藏的立場，從本來性淨涅槃的解脫證境立場，來看《金剛經》所講的道理，對你們而言，這根本不需要去解釋啊！你會覺得雖然已經解釋了其實也等於沒解釋，因為本來就是如此。就像我們這麼講解入涅槃的正理，可是沒有明心的人聽起來，還是會覺得似懂非懂。他們只能在文句表面上懂了：「果然我和阿羅漢一樣都是沒法子入涅槃。」可是涅槃的本際是什麼？還是不懂啊！因此說大乘法的秘密句，甚深、極甚深！難解、極難解！難證、極難證！所以自古以來常常有大師們說：「『般若』甚深極甚深！微妙極微妙！難說極難說！」可是等你終於明心了以後：「『般若』甚深極甚深！微妙極微妙！易說極易說。」因爲你根本不必怎麼講嘛！兩三句話就可以把般若經的一段經文帶過去了，有什麼好講的？「般若」的緣起分，連一句話也不必講，拍案立即定板（平實導師舉手向講桌上一拍），還要講什麼呢？

這就是大乘秘密句，只有等你破參了，才能如實的知道在般若諸經的言句裡面，它的秘密義是什麼？才能如實的知道。可是沒有破參之前，你無法如實的知道秘密句的眞義，所以說大乘秘密句眞的難知、難解、難證。可是在難解當中，卻要我們去修證它，去如實的證解，否則 佛來人間辛苦說法四十九年作什麼？如果沒有如實的修證、證解，就無法知道這個秘密句。可是你悟後再從《金剛經》中的秘密句來看佛法時，會發覺《金剛經》其實不很深，其實很淺！但已經不是二乘無學聖人所能夠知道的，至於二乘法中專學解脫道的凡夫們就更不用提了。

可是你接下來再把第三轉法輪的方廣經典請來讀的時候，可就頭大了；《楞伽經、解深密經》請出來讀，這也不懂、那也不懂。這就是說：「般若」有總相智和別相智、種智的區分。當你明心證得如來藏時，就有總相智，知道般若智慧的總相；經由總相智的智慧，般若經中的密意就能讀得懂；讀完了以後，你的別相智就發出來了；因爲般若系的經典中，講的都是心眞如空性的別相境界。雖說二乘聖人都不懂般若的總相智和別相智，但是對於眞悟的人來講，般若系列的經義還是比較淺的；但是般若的別相智之後還有一切種智，一切種智正是菩薩們能否成佛的關鍵智慧。具足一切種智的人就是佛，證得一切種智而不具足的人就是諸地菩薩，所以一切種智是成不成佛的關鍵所在。二乘聖人不能稱爲佛，就是因爲他們都沒有般若實相的實慧，特別是沒有一切種智，所以永遠不能成佛，所以釋迦世尊入滅之後，所有三明六通的大阿羅漢們，沒有一人敢紹繼佛位。

可是一切種智卻是在講八識心王的一切種子，也就是在說明如來藏心中所含藏的一切種子，也就是唯識學所說諸法的現觀；唯識學的現觀，就是一切種智的親證智慧；所以，唯識學的熏習固然不是增上慧學，但唯識學所說一切種子的親證與現觀境界，卻是諸地菩薩與諸佛的境界，所以才說是增上慧學，所以也說是方廣妙義。這一切種子的智慧很深，很難理解，所以大部分人在明心之後拿起《成唯識論》來翻閱以後：「到底在講什麼？」讀起來都是似懂非懂的，無法眞正的理解。我這一世初破參時，也曾請出《大正藏》中的《成唯識論》來讀；這是因爲我想要這一世的師父（名聞四海的聖嚴法師）爲我勘驗，可是他連勘驗一下子都不肯（當然今天我已經知道他爲什麼不爲我勘驗了，因爲他還沒有悟，又因爲不願意見到弟子比自己先悟，所以有一年春節時他對我說：「你這本書讓人覺得你已經是聖人了！我當師父的都還不是聖人，你這個徒弟倒先成爲聖人了！所以你這本書我們不方便出版。」這是因爲他不能接受我比他先開悟的事實，所以我並不怪他，而且當年我也不知道他還沒有悟，我因爲先入爲主的觀念而以爲他早已悟了，所以沒有去檢查他的著作）（編案：當時平實導師打算一生就只出版《無相念佛》一書，並將版權免費送給農禪寺作為接引學人之用，可以增大農禪寺對學人的吸引力，以免好人才「川流不息」的來了又走了），當年因爲他不爲我勘驗，實際上他也沒有能力勘驗與印證我，沒辦法，我只好自己去求證於經典：能確實通過經典的印證，也就是 佛所印證的嘛！如果你悟的跟經典中 佛說的完全一樣，那就是 佛爲你印證的。

當然，後來 佛也召見、給與印證，並且說明了當時我所尚未看見的這一世與上一世的一些重要事情，但那已是另一回事了。只說那時在經典裡面一一印證出來，確定悟得沒錯，所以我才開始說出明心證眞和眼見佛性的法門。但是在被 佛印證無誤以後，請出《成唯識論》來讀時，仍然是讀不懂；勉強讀到第二頁，實在讀不下去了，只好擱下來不讀了！後來，爲了深入證解**成佛之道的次第**與全部內容，開始拜讀第三轉法輪的方廣唯識經典，後來終於融會貫通了，覺得智慧進步很大。所以後來有人建議說：「**我們是不是可以宣講《成唯識論》？**」我說：「**可以啊！**」當時也沒有思索就一口答應了。後來開講的時間快到了，才把《成唯識論》請出來稍微翻一翻，覺得似乎沒什麼困難，我就放下而不作細讀。一直到開講《成唯識論》之前一週，我同修還幫我著急：「**你下週就要講了，怎麼還不趕快準備、準備？**」我說：「**我挪不出時間來準備啊！**」她就乾著急。可是到了下一週我請出大正藏的《成唯識論》本文，就以本文直接講下去，也沒參考別人的註解；講到第三卷時才想到有 窺基大師的《成唯識論述記》可以參考，才每次先取來讀一些；沒想到《述記》中講的更廣泛，一般人閱讀述記時，一定會比讀《成唯識論》更覺得難懂。

我講《成論》時也沒有打稿或大綱，就依照論的本文直接開講；但是我這樣講了四年半，也就講完了。我不曾向任何人學過唯識學，但是有人送過我兩本香港唯識專家寫的唯識書籍，可是我讀不下去，因爲裡面錯得很多，有些法義講得很離譜，悖離唯識正義太遠了，眞的讀不下去，所以應該說我沒有讀過別人的唯識書籍。可是我爲什麼能夠懂得唯識增上慧學呢？因爲你如果眞的悟了，悟後把第三轉法輪的方廣唯識系諸經確實讀懂了，而且一部一部的融會貫通以後，你就能自己通達《成唯識論》了；如果第三轉法輪的唯識經典你沒有貫通，那你就算把《唯識述記》啃爛了吞下肚去，仍然是無法瞭解《成唯識論》眞義的。這就是說，般若的深義，如果是在總相智與別相智上面來說，對已悟的人來說是很容易瞭解的；只要你確實是找到了心眞如，現觀第八識心的眞如法性時，自己讀過就可以通了，不需要有人來教；除非有很嚴重的文字障。

但是我計劃以後要有會中的親教師或法師來註解《般若》系列的經典，以及註解　龍樹菩薩的《中論》。這些計劃，並不是爲你們註解的，而是爲外面那些還沒有破參的人註解，因爲你們悟後自己讀了就會懂嘛！　龍樹菩薩的《中論》偈頌以及青目梵志對《中論》的註解，你們破參以後自己讀就會懂了；可是外面的大師與學人們都還沒有破參明心，一定讀不懂，所以都講錯了！都誤導眾生了！爲那些大師與學人著想，所以我們得要找人來寫，來利益他們。但是接下來第三轉法輪的唯識經典，即使你們已經證悟了，也還是不容易讀懂的，所以好多人看到

《楞伽經》的內容時，就頭痛了！

一方面是因爲經文的辭句很古樸，所以難懂；另一方面也是它的文法不一樣，爲了保留全部經文的原意，所以用直譯的。所以你讀《楞伽阿跋多羅寶經》時，要用英文的文法來讀，以中國字而用英文的文法來讀，再加上如來藏種子體驗的智慧，合起來才能讀懂《楞伽經》；不然你再怎麼死讀死背，都沒辦法懂的。所以說，大乘法一切種智中的秘密句，眞的更難了知。以成佛所依的一切種智來看《金剛經》，可說是般若智慧中最淺的；但是當代大師們已經弄不懂了，阿羅漢們也都弄不懂了，更何況是第三轉法輪的一切種智唯識經典的秘密句，當然更難懂！所以，比般若經講得更深入的 馬鳴菩薩《大乘起信論》的法義，會被密宗應成派中觀的印順法師全面的誤解而作了錯誤的註解，也是可想而知的。

現在 馬鳴菩薩在論文即將結束時說：「如是大乘秘密句義，今已略說」，也證明《大乘起信論》中對大乘秘密句的深妙法義眞的只是略說。我們從八月八號開講的，雖說講得詳細一些，也無法很詳細的把它全部講出來，但也略說快一年了；如果要細說，那要怎麼說呢？所以 佛來人間說法四十九年，其實也都是略說，還有許多一切種智的妙法，都得在色究竟天中另爲諸地菩薩再說，無法在人間講完的。這就是說，略說大乘秘密句的道理，其實眾生也是不容易全聽得懂；所以我們一定要設法用很淺白、很語體化的方式，來述說或註解，讓廣大的佛子們能夠眞正的理解《大乘起信論》中說的大乘秘密句。但是自古以來一直有很多人誤會論中的眞實義，譬如論文中所講的**無念心體**，古今都有很多人誤以爲覺知心沒有念時就是眞如心、就是 馬鳴菩薩講的**無念心體**。所以密宗的元音上師不斷的主張，也寫在書中說：前念過去、後念還沒有出來的中間空檔是無念的，這個離念靈知心就是眞如心。這都是誤會 馬鳴菩薩的論意了！《大乘起信論》所說的無念的心相，指的是**本來**就無念、**以後**也仍然會**永遠無念**的第八識心體如來藏，所以才會說：「**如凡夫人，前念不覺起於煩惱，後念制伏令不更生，此雖名覺，即是不覺。**」所以 馬鳴菩薩說的無念心體是無始以來本就無念的第八識心體，並不是修行以後與定相應時才能無念的第六識覺知心；像論中這樣比較淺的、略說的無念心，就已經有很多人誤會了，更何況是第三轉法輪經中更簡略述說的秘密句呢？

那麼 馬鳴菩薩這裡說：像前面所說的大乘秘密句的道理，現在已經略說了，如果有眾生想要在如來的甚深境界以及如來所說的廣大法裡面，出生淨信淨覺和淨解的心，想要進入大乘道而沒有障礙的話，就必須對這部佛法的略論勤於聽聞和講授。也就是說，不但是自己眞實理解論中的眞實義了，還得爲人解說；要爲別人宣講，讓學法的人們都能知道其中的妙理；聽聞之後要思惟及修習。如果能夠這樣如實勤修的話，就可以很迅速的成就一切種智。假使有人聽聞這部論所說的如來藏妙法以後，不會生起驚懼害怕的心，我們就應該知道：這個人將來一定能夠紹繼成佛的種子，將來一定會很快的就被諸佛授記：成佛的佛號、佛世界名稱、弟子四眾多寡、正法像法末法住世多久……等一切預記。

論文：**【假使有人化三千大千世界眾生令住十善道，不如於須臾頃正思此法，過前功德無量無邊。若一日一夜如說修行，所生功德無量無邊不可稱說，假令十方一切諸佛各於無量阿僧祇劫，說不能盡；以眞如功德無量無邊故，修行功德亦復無邊。若於此法生誹謗者，獲無量罪，於阿僧祇劫受大苦惱。是故於此應決定信，勿生誹謗，自害害他、斷三寶種。】**

講解　因爲《大乘起信論》的法義甚深難解，因爲是略論，論中並不詳細的廣說，所以就特別難以理解。如果講細一點的話，就比較容易瞭解。而且這部論中所宣說的法義，是一切種子的智慧，屬於證悟的菩薩們進修成佛之道時所必修的深妙法，所以很難使人理解論義。因此，自古以來常常有人讀不懂論中的法義，就誤會論中的正義是前後自相矛盾，就誹謗是外道寫的論，說是外道假藉 馬鳴菩薩的名義，想要把外道神我思想傳入佛教中來。所以沒有種智的人，以及不明內情的人往往誹謗、誣謗《大乘起信論》是外道論。一直以來都有一分日本研究佛學的人，基於日本佛教的自大排他思想，而做出錯誤的結論，謗說《大乘起信論》是外道寫的東西，假藉 馬鳴菩薩的聲名來宣說，謗說論中說的是外道神我的邪說；因為他們認為如來藏的思想是外道的神我思想，他們不信受第三轉法輪的方廣唯識經典。但他們的說法其實是誹謗正法，捨報後的果報很嚴峻的。可是他們都沒有擇法眼，也不曉得謗法的嚴重性。

在三寶妙法中修學，講話（特別是評論法義）時要很小心，因為往往一不留神就會成為謗法。謗法罪之後果極嚴重，可真是不得了，千萬莫犯！因為即使是造作五逆十惡罪，想要去極樂世界也不難，下品下生也可以去，可以免掉地獄罪；可是一旦不小心謗了正法，那就去不成了，因為 彌陀世尊雖然極度的慈悲，卻不願攝受誹謗方廣經典所說如來藏妙法的惡人。殺父、殺母、殺阿羅漢的大惡人，還可以生西，但是謗 佛、謗方廣經中的如來藏正法，就去不了了！所以學法的人講話要很小心，特別是評論法義時。馬鳴菩薩寫出了這部《大乘起信論》，許多人對論中的法義根本就不瞭解；甚至於翻譯時也曾有人翻譯錯了！但我們選用的是實叉難陀的翻譯本，是最正確的譯本，完全符合唯識方廣經典的佛意；另一個譯本在有些地方譯錯了，就錯譯爲「覺知心第六意識離念時即是第八識如來藏心」。所以沒有證悟的人無法眞正的瞭解《大乘起信論》中的眞實意旨，就會產生錯誤的判斷，就會譯錯了，除非他們以直譯的方法來翻譯。

悟錯了的凡夫們，就會以錯誤的譯本作根據，來跟你爭執說：「靈知心無念時就是眞心如來藏。不信，你看《大乘起信論》有這麼講啊！」可是當你把實叉難陀的翻譯的直譯本提出來給他看的時候，他又會說：「那個譯本可能譯錯了。」但是實叉難陀的譯本卻完全符合 佛在方廣諸經中的聖教，另一個譯本中說的如來藏卻是離念靈知心，與 佛所說如來藏是第八識的聖教完全相反，可見是譯錯了！但是能有多少人瞭解這個事實呢？因此以往有一分日本學者判斷主張：《大乘起信論》是外道的著作。但是等你有一天證悟時，你回頭來讀《大乘起信論》，就會發現它才是眞正佛法。

日本人對於《大乘起信論》的評論非常多，誤會論義正法的人，不斷的向正解論義的人提出諍議，質疑正法而造文辯論；長期互相往來辯論之後，總有六十幾種之多，讀都讀不完！我們也沒有時間可以浪費在那上面。因爲明心之後再去讀那些日本人的辯論時，會發覺都是在文字表相上往復辯論，讀起來覺得很沒意義，也會覺得很難過；因爲閱讀日本人那些言不及義的戲論，對佛道的進修完全沒有用處。這意思是說，想要眞正瞭解《大乘起信論》的人，一定要先明心；假若沒有明心，或明心時悟錯了，都將無法如實瞭解《起信論》的眞義。《起信論》之所以會名爲《起信》，目的是想要幫眾生對大乘法生起大信心，因此而入十信滿心位中。但是自古以來，學佛人讀了以後反而不能起信，反而因爲聽信別人的誣謗而誤認是外道論。因爲論中的法義實在太深了，如果沒有悟得很透徹的人把它講解出來，只是依文解義的註解，就成爲註解者與讀註者都不能懂得論中的正義，眾生讀了還是無法生起對大乘法的信心。

未來如果有空閒時，把它整理成文字，將會利益很多人，可惜錄音帶有一次沒錄起來（編案：後來已由 平實導師以語體化文字補寫完成）。如果能普遍的流通弘傳，大眾就容易瞭解，就不會再對《大乘起信論》加以誹謗；詳細的理解其中法義的勝妙以後，對大乘法就容易生起正信；這樣註解以後而能讓大眾眞正理解大乘法的論，就是名符其實的《起信論》了，所以還眞的需要把我們的解說文字化，再以平價流通給佛門大乘弟子們閱讀。這是說，當年翻譯的時候，確實有人譯錯了；而這個正確譯文的文字，在古時是相當平易的，但是時間經過千年以後，人們對文字的理解比以前的人差很多了，知見傳授的狀況也偏斜很遠了，導致現在大家讀論時覺得非常的艱澀難懂，所以《大乘起信論》就起不了佛門四眾的信心，反而被有心人謗成外道論了。

但是現場一百多位明心的人（編案：此是二〇〇一年所講，此書出版時已有二百多人明心），在我們解釋過這部論以後，你們當場對照論文，並且也私下對照第三轉法輪方廣經典之後，都會發覺《大乘起信論》說的是眞實的成佛之道，符合解脫道，也符合菩薩道；佛法中的二主要道都符合，怎麼會是僞論呢？所以大家聽完之後，就有能力判斷眞僞。但可以預料的是：未來仍然會有許多密宗應成派中觀的破法者，將會繼續誹謗此論。現在 馬鳴菩薩告訴他們：誹謗《大乘起信論》所說的如來藏妙義者，果報不善。爲什麼不善呢？因爲謗如來藏就是謗方廣經典，就是謗菩薩藏；這個業果難以想像，等到臨命終時嘴巴講不了，無法求助他人；身體也動不了，自己無法再作補救的事；手也動不了，要寫字求懺悔也沒辦法，什麼都來不及了。如果對於論中所說的如來藏妙法作了誹謗行為的話，就會得到無量無邊的重罪。

為什麼是無量無邊的重罪呢？因為誹謗這個如來藏妙法，其實就是誹謗　佛的根本正法。因為《起信論》講的法義是第八識心，而第八識是一切法界的眞實體性，也是一切世、出世間法的根源，也是三乘菩提的根本所依；否定了第八識心，三乘菩提都將會成為戲論，都將會成為無意義的綺語。然而第八識如來藏，確實可以親證，並且可以悟後現觀祂能出生一切法，正是一切法的根源，所以祂才是一切法的眞實自性。既然祂就是一切法界的眞實體性，佛法講的又是法界的眞實體性，那祂當然就是佛法的根本智所在；祂又是二乘涅槃的本際，二乘聖人入無餘涅槃後的本際就是第八識如來藏，所以如來藏也是二乘解脫道的所依理體；現在有人把三乘佛法的根本所依推翻了，卻說他們是在弘揚正法、住持正法，誰能相信呢？

有人一直宣稱他們是在修學佛法，在弘揚佛法；可是卻一直以密宗破法邪見的應成派中觀——主要是藏密黃教的喇嘛及以前的日本一分佛學研究學者——一直不斷的否定如來藏妙義，謗說如來藏思想是外道的神我思想；印順法師在三十歲時，讀了法尊法師所譯西藏密宗的密續，就自己承接了密宗黃教應成派中觀的邪見。這七十年來，他不斷的寫書、印書流通，故意違背他的師父太虛法師的意旨，極力誹謗太虛所弘揚的如來藏妙法，這都是以藏密密續的表相佛法來破壞佛教實義佛法的具體事證。他的《妙雲集、花雨集、如來藏之研究……》等書都還在，也有光碟版的發行流通，都是具體的證據。可是諸位明心以後，把所有的方廣經典略讀一遍，就知道如來藏才是 佛所說的三乘菩提修證的中心內涵。三乘佛法都圍繞著如來藏爲中心來講、來修的；所以印順法師與達賴喇嘛他們極力誹謗如來藏，就是誹謗《大乘起信論》。印順法師明裡註解《起信論》，但是卻故意把論意加以曲解，用他所繼承的西藏密宗黃教應成派中觀邪見，來扭曲論意。這都是故意誹謗如來藏，這種罪業是從根本破壞佛教正法，罪業無量無邊，馬鳴菩薩說這一類人捨壽後要「於阿僧祇劫受大苦惱」。

阿僧祇劫是無量無數的劫，在《護法集》中恭印了一部《大乘方廣總持經》，在經中 釋迦世尊說他自己在無量數劫以前曾誹謗一位善知識，雖有四禪功夫可以坐脫立亡，但坐脫立亡以後自己還是作不了主，在因果律的報應下，墮入地獄受苦七十大劫；七十大劫苦報受完了，並不是馬上回來人間，還要到餓鬼道接受多劫的痛苦；然後才能去當畜生，無量劫以前當鹿王、猴王等，就是那時候當的；最後終於才回到人間，又得從頭開始修起，以前所修的全部失掉了，這謗法的果報這麼大。但是七十大劫終究有窮盡，因爲不是謗最勝妙的正法如來藏，只是誹謗賢人而已；可是馬鳴菩薩在這裡說的更嚴重，說是阿僧祇劫受罪。他的說法也沒錯，因爲謗法罪是三界中的最重罪，而且是誹謗最勝妙的如來藏妙法，犯了這種罪，當然會得到三界中最重大痛苦的果報。因爲這是可以度化眾生證得解脫及成就究竟佛道的根本法；可是他們把它否定掉了，這正是毀壞二乘菩提涅槃及眾生的法身慧命，其罪之重無以倫比！因此捨報之後得要無量劫受大苦惱。

馬鳴菩薩說這種人淪墮之後，會「於阿僧祇劫受大苦惱」，眞是如此！因爲謗法的習氣種子，在沒有經過極力的懺悔而消除以前，未來無量劫重回人間時，聽聞這種絕妙勝法時，心中仍然不能生信，就會繼續誹謗，重新再墮三途；如此不斷的淪墮，沒有窮盡之時；只有在極力懺悔而滅除謗法的習氣種子以後，才不會在未來世繼續重犯這種過失。

受大苦惱的意思是說，在地獄裡面，大多是內相分的苦受，所以苦痛無量無邊，也無限度，都得承受。我們人間與外相分相應的苦受都是有限度的，超過忍受限度時就會昏迷，昏迷時就不痛苦了；或者因此而死掉，死掉了就無痛苦，這是人間的外相分相應的苦受，有限度的。可是地獄中不是這樣，內相分的苦受可以很強烈，人間無法體會，更會讓人苦到沒有辦法忍受；當然最後也會死掉，想藉著死亡而免除痛苦；但是長時間的忍受尤重純苦而不得不死掉之後，業風馬上就吹過來，又隨即活過來繼續受苦；每天八萬四千次的死亡與回生，苦受沒完沒了。而且謗法、謗賢聖的人，下地獄後都有廣長舌；他們的廣長舌不是用來為人說法的，而是被獄卒拖出來釘在廣大地面上，然後就有很多的鐵牛拉著鐵犁，在他們的廣長舌上耕來耕去。別說有那麼多的鐵犁來耕，一根針扎在舌頭上，大家就哀哀大叫了！何況很多的鐵牛鐵犁在廣長舌上耕來耕去？眞是痛苦無量，所以每天時時刻刻都想死，可是卻死不掉，想想看！那是什麼苦？這不是人間可以眞正知道的苦，所以說是大苦惱。

那時才會懂得惱的眞正意思。那時會因為氣自己往世愚痴而謗法、謗賢聖，就想：「耕死自己算了！痛死算了！以前在人間為什麼會那麼笨？會做誹謗三寶的惡事？」恨不得立刻死掉、斷滅。這就是惱——惱自己——希望自己趕快死掉。後來果然死了，不再復活於地獄中了，因為他終於眞正懂得懺悔了，那時也許地藏菩薩就救他出來，也許某佛、某菩薩就救他出來。這就是說，不可以誹謗三乘法根本的如來藏正義。不能誹謗的另一個原因是，這個第八識心眞如，祂具有無量無邊的功德性，祂的功德無邊無際。這句**功德無邊無際**，對於還沒有明心的人來講，實在無法想得通；因爲第八識**心眞如**在哪裡呢？他都找不到，又怎麼能知道祂有無邊無際的功德？等到悟了以後，才能夠稍微知道一點兒；繼續再努力進修，修學**後得無分別智**，努力往初地邁進，就會多知道一點；等到入了初地之後，就完全的相信 佛的偉大了；因爲如來藏的功德眞是無量無邊，難以盡說，而 佛已經全部盡知了，所以眞的太偉大了！

越是接近 佛的境界，就越覺得離 佛更遙遠。修行就是這樣，一般人學佛，學個二、三年，就覺得所有佛法都知道了！等到再精進努力去修以後，才會發覺：「原來還有許多是我所不知道的。」等到悟了之後，又發覺自己所不知道的法義更多；終於到了初地時，理應覺得比以前更接近 佛了，卻會覺得 佛的境界不可思議，自己根本就無法企及；等覺菩薩見了 佛，那可就更恭敬，一點兒都不敢放逸。所以修行越好的人，心中越謙虛，只有那些外道們才會目空一切；只有初入佛門的半調子，才會目空一切的說：「我們一悟就成佛了，我們一悟就立即證得佛地的眞如心了，你們正覺同修會只是證得第七住位的阿賴耶識，太差了！」這就是目空一切的人，我們正覺絕對不會這樣，一定嚴守分際而不敢稍稍的違犯。

你們看 玄奘菩薩到印度各國時，到處去破斥佛門中誤會佛法、亂說佛法的人；有時也會有國王爲他召開法義辨正無遮大會。他辨正法義時雖然言詞犀利，使當時的佛門外道都無法開口，可是他自己卻是謙虛得不得了，從來也不敢生起慢心。可是那些凡夫眾生們卻敢開大口：「我是十地法王、我是活佛。」現在的全球佛教也是一樣，那些沒有眞正證悟的人，特別是我們剛出來弘法時，就曾經有人公開說：「一悟就成佛了，悟後也不必再修行；你蕭平實講悟後還要修行，那就是悟錯了，就是沒有開悟。」並且否定我們的如來藏妙法，說月溪法師的離念靈知心才是眞心；我們不得不開始破邪顯正，所以才會印出《護法集》來，但卻招來凡夫眾生罵我們傲慢、狂慢。可是我們有慢嗎？從來都沒有！我們向來主張眞正開悟的人絕對不是那些人所講的初地或是成佛，而是只在第七住位的賢位菩薩。我們哪有慢？他們主張一悟就成爲究竟佛、成爲初地心，那才是慢；有慢心的人卻反而咒罵沒有慢心的我們是我慢者。

但是悟了以後進入七住位，還得要再進求眼見佛性；就算是眼見佛性了，也還只是十住位而已！我們這樣判果，可曾有些許的慢心？他們卻說悟了最少是初地，應該是成佛；我們則說悟了只有七住位，到底是誰有慢心？可是那些心中極度傲慢的人，卻顛倒過來誣罵我們傲慢，到底是誰傲慢呢？現在的佛教界就是這麼顛倒。那他們爲什麼要誣罵我們傲慢呢？其實是因爲他們自以爲悟，我們的書出版以後，大家讀了以後都知道他們悟錯了，就失去了悟者的身分與評價，變成還沒證悟的凡夫；徒弟們一看就知道師父的說法錯了，心中的恭敬就減少了，有些人就因此離開了，所以某些大師們雖然沒有被我評判，也一樣的生起瞋心來了；瞋心起來以後，三更半夜越想就越恨蕭平實；生恨以後接著就起怨心，怨心起後就開始打算如何打擊蕭平實，如何否定正覺同修會的法義，就想出種種方法來抵制蕭平實；接著就是惱，惱就是將害人或回報的計劃付諸實行，所以果眞有許多徒弟受命，在網際網路上罵起蕭平實來了。

但並不是每一個徒弟都沒智慧、都聽信他們，有些人反而從另一方面來看待這些事相。本來是想：「蕭平實講的法，我到底該不該信？」後來聽說網站上面罵蕭平實罵得很嚴重，這人心想：「我應該去跟他學，既然有很多人在罵他，可見他一定是有法的。**因爲末法時一定是真悟的人極少，悟錯的人很普遍；那些悟錯的**

大師們當然要群起圍攻他，所以被廣作攻擊的人一定才是眞實證悟的人，眞悟的人永遠都是少數人，永遠都不會是多數人。」他有獨特的見識，所以他就會來學。所以有時候眞的要有智慧去判斷事情。沒智慧的人敢大膽的公然否定第八識如來藏，眞有智慧的人一定不敢隨意否定；一定會很小心地研讀經典，嘗試有憑有據的把蕭平實的如來藏論點推翻；假使沒有理證，也得有教證，才可以公然的否定，如此小心的求證以後再決定怎麼作事，這就是有智慧的人。

可是有智慧的人一定不會來罵我，因爲他越研究經典法義的結果，或者越加深入的從經、律、論三典中去研究以後，一定會證實蕭平實說的全部都正確。不論是從小乘法的四阿含諸經，或從大乘法的般若諸經，或者第三轉法輪的方廣唯識諸經，都研究過以後，後來一定會證明蕭平實的法義是絕對正確的，就會在心裡面慶幸起來：「好在沒有莽撞的否定蕭平實弘傳的如來藏妙義。」我們從出道弘法以來，一直都歡迎人家依據經論來尋找我的過失；因爲這樣的人才是可救的，才是我們所要度的人。如果他根本就不讀我的書，只是一味謾罵我，這個人是不可救藥的，是不可度的；當他謗了正法之後，未來就像　馬鳴菩薩講的：要受無量阿僧祇劫的大苦惱。因爲**心眞如**的功德無邊無際，否定的人都是破壞三界無上大法的人，都是破壞三乘菩提根本的人。

心眞如的功德無量無邊，到了初地時，你會發覺心眞如的功德我們根本無法具足了知；進入二地時，更會發覺無法具足了知，而對諸佛、上地菩薩生起最恭敬的心情來。新學菩薩們往往明心以後就會以爲：「**正覺同修會的法大概就只是這樣了。**」他不知道：在同修會中，證悟了才正是學法的開始。有些人抱著盜法的心態來學法，常常會要求親教師小參，就利用小參的機會套取親教師的印證或否定，確定自己的所悟眞假。我們的親教師都很慈悲，雖然學員悟錯了，也都會依照規定而客氣的講：「**你的方向對呀！繼續用功吧！**」他以爲這樣就是印證了，就以爲自己所「悟」正確，回去以後就不再來共修了。其實他所謂的悟，並不是我們所講的心，但因爲親教師規則規定不可印證，所以不作印證也不作否定；他就自以爲是，但是回去以後，我的公案拈提拿起來照樣看不懂，經典請出來讀也一樣不懂，然後就來誹謗：「**他們正覺同修會悟個什麼？他們爲我印證了！可是也沒有功德受用，智慧還是生不起來。**」可是我們的親教師有爲他印證了什麼嗎？沒有！其實親教師只是爲他安慰、打氣：「**你的方向對了，你走的路對了。**」並沒有爲他印證，他一定要自以爲是印證，那是他個人的事情。

可是他不知道我們正覺的門風——平時不許勘驗與印證，所以回去以後就不來了，就誹謗說：「沒有第八識，他們同修會為我印證的根本不是第八識，仍然是離念靈知心。笑死人了！他們悟的還是意識心。」就誹謗起來了。可是我們的同修們爲什麼可以親證第八識如來藏，而不是他所說的離念靈知第六意識心？所以他後來誹謗第八識如來藏，謗無第八識如來藏，可就獲罪無量無邊了！因爲佛法的果報是相對的，謗了越深妙的佛法，惡報就越嚴重；弘揚越深妙的佛法，功德就越大。這就好像有人去賭博、簽六合彩、輪盤、梭哈，凡是賠的倍數越高的，中獎的機率就越低；中獎機率很低的，可是賠的位數就越高。想要中獎機率高，而又賠率高，當然付出的籌碼也要相對的提高。

同樣的道理，心眞如的功德法無量無邊，相對的，誹謗了心眞如，他的罪業也一定隨著高升而無量無邊。因此 馬鳴菩薩說，誹謗心眞如勝法，將來要受阿僧祇劫無量無邊的大苦惱。悟得心眞如而不退轉的人，他修行功德也是無邊的；且不說眼見佛性與悟後起修的種種功德，光說一個明心的功德就好：眞正明心明得眞的人，我就算是努力的否定你，也是否定不了的；如果你眞正的體驗到心眞如了，也已經很細膩地體驗過了，並且加以深入整理，那時我假使說你沒有悟，你也不會相信我。因爲你把公案拈提、祖師證悟的公案、般若經典都請出來閱讀，都可以自我印證，當然就不會相信我對你的否定。

如果你沒有眞正的明心，沒有眞的找到心眞如，我說你這樣不對，你偏偏不信，說是我跟你刁難，我也無可奈何，因爲口長在你臉上，話要怎麼說都隨你。但是你可以請出三乘經典來閱讀，看是讀懂、讀不懂？如果讀不懂，就知道我不是跟你刁難。所以這件事是無法籠罩人家的。只有對那些還沒有開眼的人，才有辦法籠罩。但是今天我們把正法深妙道理說出來，還沒有開眼的人也很難再被籠罩了。因爲有般若系列的經典看懂或看不懂，可以作爲依據，這是瞞不了人的。

又譬如有的人說：「我看見佛性了！我看見了！」可是我勘驗之後如果跟你說：「你沒看見。」那你鐵定沒有看見！如果你說你看見了，我也跟你說：「你有看見。」這也有可能你並沒有看見，而是我的判定錯了。因爲眼見佛性這一關跟明心大不相同；明心這一關是智慧，與肉眼見或不見無關，所以講出來的對就對，不對就不對，不會有判斷上的困難，但是眼見佛性這關很難勘驗，全憑自己眼見的證境與度人的經驗來判斷；因爲我無法藉你的眼睛來檢驗你有沒有看到，無法進入你的眼睛裡面來看你的見性境界；我憑藉的是自己見性的情境與度人的經驗，來判斷你講的見性是不是眞正的眼見。我只能以我見性的體驗境界，檢查你所講的是不是與眼見佛性完全相符合？

見性這一關很奇怪、很難檢驗，也很難親證，也很容易誤會，應該說：「明心的人一定會誤會眼見佛性這一關，直到有一天他眞的眼見佛性了，才能免除誤會。」常常有明心的人去問我們那些已見佛性的人，在最早期，我們還沒有施設對未見性者的保護規定以前，見性者往往會把所見的情形加以說明；那些喜歡探問佛性密意的人，就會把全部內容記在心中，再來告訴我；那我聽起來與眞正見性者所見完全一樣，沒有錯誤，所以爲他們印證，因爲我不知道他是向人探聽密意及見性的境界，再來告訴我。但是這些人後來卻說：「佛性根本就看不見，佛性不可能以肉眼看得見。」讓我很驚訝！後來才知道原來他們是打聽來的，是從見性者那裡聽來、死記下來，再把別人的所見境界的經驗拿來告訴我，當作是他所看見的。這眞是自誤道業，當他把不正確的知見告訴別人時，又成了耽誤別人的道業啊！出來弘法早期，我沒有度人的經驗，總想學佛者應該不會這樣子自誤誤人，沒想到卻有許多這種人；好在現在度人經驗比較多了，遇到這種人也遇多了，所以在第二關上面就沒那麼容易被矇。

有看見就有看見，沒看見你就說沒有看見，不必爲了被印證的虛假名字來矇騙別人、又騙自己。假使沒有看見佛性，去向見性者打探密意和見性的情境來矇騙我，就算是我跟你印證了，你會有受用嗎？打聽死記的人，世界身心都如幻化的肉眼現觀境界是不可能出現的，解脫德與法身德都無法絲毫的增加，對自己有什麼增益？因爲他是探聽來的，說出來雖然與眼見者所說的相同，但那是別人看見的體驗，他無法住在那個隨時隨地都可以在山河大地上看見佛性的境界中，死記下來再拿來對我講，那對他就完全沒有受用。如果這種狀況，我跟他印證說：「你已經見性了。」那他就是鐵定沒看見佛性，只是知道佛性的答案，成爲解悟者。

但是有另一種誤會見性的人，情況不一樣：直到現在爲止，每年都會有人明心之後，把看見如來藏的運作，看見如來藏的自性，當作是眼見佛性，就來告訴我說他已經見性了；我每年都要爲這類事情不斷的說明二到三次，但是每年仍然都會有這種人出現。假使不聽我的勸告，不聽我的判斷，自以爲是見性；後來因爲確實沒有看見佛性的緣故，往往就會謗法，誹謗眼見佛性的當代最勝妙法，成就地獄罪（編案：誹謗眼見佛性的人，已有多次事例，最早為元覽居士，詳見《平實書箋》辨正。次有楊榮燦先生在台中為二十餘人說明心即是見性，明心後沒有佛性可以眼見，詳見《燈影、辯唯識性相、假如來藏、真假開悟》等書辨正。末有慧廣法師，詳見《眼見佛性》一書之辨正）。

明心的解悟者，我們都有辦法在事後加以補救，使他在數年後也具有證悟智慧的功德；但是見性這一關完全不同，解悟了以後，這一生就再也沒有因緣可以眼見佛性了，十有九人永遠都住在解悟境界上面，只能想像肉眼看見佛性的境界是怎麼一回事，這一世永遠都將如此，沒有絲毫補救的機會。

佛法都是實證境界的，佛法的修行有許多的層次：有明心的功德，有見性的功德，有救護眾生而全無所畏的功德，也有道種智的絕妙般若功德，都是無量無邊的廣大功德。親證的功德是一切佛法產生受用的基礎，明心時有人會覺得「就只是這樣」，似乎沒什麼！可是有的人則是很激動！少數人會感覺沒什麼，但明心過後，在修學佛道的長時間過程中，一定會發覺自己的般若智慧漸漸在成長，似乎成長得並不快，但卻都是未悟的人所無法想像的：自己的每一小步，似乎都是未悟者的很多公里之遙。諸地菩薩的道種智的智慧，都根源於這個明心而開始的，所有的後得無分別智，包括道種智與佛地的一切種智，都是以明心時所生起的根本無分別智作基礎的。

若不明心，就不會有以後所有智慧的現起；所以第七住位菩薩明心時，雖然只是個總相智、根本智而已，接下去還有很多要學習的法，可是接下去所要修學的一切法都是以這個根本智、總相智做為根源，都是以它做根本才能進修的；若你沒有這個根本，就一定無法進修，這是剛明心的人所無法知道的正理；所以光是一個明心的功德就不得了了，因為自從明心以後，接著如實開始修行的話，這個明心的功德將會是無量無邊的。明心後雖然很親切，也可以體驗心眞如的運作，可是在初悟時還沒有深入的整理與長期的體驗，有的人總是覺得好像沒什麼，但是等到後來親眼看見心眞如的涅槃寂靜、自性清淨、能生萬法，智慧開始出生時，才知道明心的可貴。這種人明心時，心中一點兒激動都沒有，剛開始也會覺得似乎沒有什麼功德受用。

當年我明心又同時見性時，心中雖是極度的洶湧澎湃，但是表相上卻是冷靜得很嚇人，我同修都不知道我已經明心、見性了。我也沒有立即顯示自己的智慧境界，當時也不太敢講出來，因為恐怕人家不相信而謗法，也不太敢認定確實是開悟明心，後來經過經教的不斷印證才確定下來。但是明心後半年、數年之後，被我引導而一剎那間眼見佛性的人，沒有人不激動落淚的，沒有人見性後可以離開見性的情境而無所感覺的入睡，都是需要長期習慣於見性境界以後，才能漸漸的恢復見性前一樣的容易入眠狀況，所以眼見佛性時是很震撼的，也是極爲新奇的境界。見性的境界相，使得見性後所見的山河大地頓然全面改觀，心情一定會有極大的改變；因爲眼見佛性以後，隨時隨地都可以在山河大地上面，看見自己的佛性，這是在山河大地一切無情上面都可以看得見的；自己的佛性分明顯示在山河大地上面，但其實自己的佛性並沒有在山河大地上面；這絕對不是明心的人所能看得見的，絕對不是他們所能想像的；他們縱使主張眞如、如來藏即是佛性，但總不能誤會成「在山河大地上面看見自己的如來藏」吧？因爲他們一定無法在山河大地上面看見自己的如來藏的，但見性者卻可以在山河大地上看見自己的佛性，所以如來藏不同於佛性，所以眼見佛性境界絕對不同於明心。

見性的境界，總不可能是我蕭平實一個人瞎編胡謅的吧！因爲別人也可以依照我指示的方法進修，而在緣熟時眼見佛性，並且所見情境與我前面所說的完全相同，所以眼見佛性的境界，確實是眞實有的，我再怎麼聰明伶俐，總不可能編造出任何人都想不出來的東西吧！如果是編造的，又怎麼能使別人也一樣的眼見？一樣住在這種智慧境界中呢？所以明心絕對不同於見性。而且，見性的人都可以在別人或其他有情身上看得見他們各自的佛性，也可從他們身上看得見自己的佛性；但是明心者只能從別人身上看得見別人的如來藏，絕不可能在別人身上看得見自己的如來藏；由此證明如來藏不等於佛性，也證實明心智慧境界不等於見性智慧境界，這是明心而不見性的人永遠都無法想像的十住菩薩證境。

並且，明心後可以藉善知識所施設的種種題目的整理，使智慧更加深細，乃至經由悟後多世的進修而更深細；但是眼見佛性這一關，一見便見、一過便過，根本不需整理，只是去領受與體驗罷了！乃至成佛時的眼見佛性，也只是頓時出現成所作智，接著就是領受與習慣如何運用它而已，根本不須整理；所以初夜降魔後的明心而發起大圓鏡智，而具足妙觀察智、平等性智，也還得等待夜後分的目睹明星而眼見佛性境界時，才能發起成所作智、才能成佛。由此也可以證實：明心絕對不等於見性。由此而分明顯示：明心與見性二關是截然不同的。

明心者所得到的只是智慧，只是證知法界萬法的實相，雖然沒有絲毫的境界，但是我告訴你：「鬼神與五通具足的天主、天神，都猜不透明心的智慧境界，所有天主、天人如果不是菩薩發願去當的話，也一樣不懂佛菩提的明心智慧境界。」他們很想知道你證悟了是悟個什麼？可是你跟他使個機鋒，他們是猜不透的，以他們在天界所得異熟果報的大神通，也無法知道是什麼。所以 佛說：大神通菩薩來到證悟的菩薩面前，猜不透無神通菩薩的智慧境界。就是這個意思，除非大神通菩薩後來也明心了。所以千萬別輕視明心的無境界智慧，所以說明心者修行的功德亦復無邊。但是明心後如果自我否定，或是被大師的名氣所籠罩、否定而退轉，從此不再認定阿賴耶、異熟、無垢識就是如來藏，那他的智慧就將無法發起，將會因爲自我否定而想另外再尋找另一如來藏的緣故，而使得他的佛道越修越偏離，只能產生邪慧而不能具有正慧。所以說：明心的智慧境界雖然無境界可得，但是功德卻無量無邊廣大。

爲什麼是無邊廣大呢？因爲後來的諸地乃至佛地智慧，都根源於明心的智慧才能次第現起的。而這個明心的智慧，連諸天天主、一切天神都弄不懂，當然功德一定是無邊的。所以世間證悟的人一定都會是少數人，不會是多數的大師都悟了而只有少數人悟不了，所以證悟的人都將會是永遠的少數人。如果大家隨便想一下就能夠弄通的，譬如離念靈知心，那個功德可就一定是有邊的，也不可能產生諸天天主、**大神通菩薩所不能知的智慧**。所以你如果來學這正覺的法義，經過三年五載還沒有辦法悟入，那你應該要越發的高興：**這個法果然神妙，眞的很難**

悟。所以有的人跟我學法已經十幾年了還是悟不了，因爲一方面是他自己本身的條件不具足，另一方面也是沒有懇切心，沒有把心放在這上面。所以開悟不容易，除非有善知識指導。

正因爲這個阿賴耶、異熟、無垢識就是如來藏，如來藏則是一切世、出世間法的根本，所以誹謗這個眞實心就是誹謗正法；而這個心也就是一切法界體性的眞實相，所以證得這個**如來藏**——**心眞如**時，就是證得法界體性智。所以誹謗眞正如來藏阿賴耶識心體的罪業，當然也是無量無邊的；所以 馬鳴菩薩才會說「眞如功德無量無邊」，因爲心的眞如性，是由這個第八識如來藏而顯示出來的。基於這兩個原因：一個就是眞如的功德無有邊際，你把眞如心第八識否定掉了，這些功德的境界就無法修證了；第二是說，悟了這個眞如阿賴耶識心體之後來修行，功德也是無量無邊的。因爲功德無量無邊，所以誹謗了以後的罪業當然也一定是無量無邊的，所以千萬不可對這個勝法誹謗；所以 馬鳴菩薩說：「若於此法生誹謗者，獲無量罪，於阿僧祇劫受大苦惱。」

所以他就做了一個結論：「對如來藏妙法應該生起決定不移的大信心來信受修持。」否則就會自害害他，而且會斷絕了三寶在世間的種子。我們爲何要大家信受**確實有如來藏**？因爲不管你有沒有能力去證得祂，心中都應該要有決定性的正信；你如果不信有如來藏的話，就不可能去學禪、參禪，就永遠沒有機會證得祂，就無法進入見道位中；永遠在見道位之外的人，而說正在修道，那是自欺欺人之談。正因爲心中對如來藏有了決定信，所以肯發起長遠心，生生世世修學如來藏妙法，生生世世去參禪覓心；如果有一天參究到了，並且以經典印證無誤，就成爲見道的菩薩，就可以如實的往前進修了；所以對一般學佛人而言，決定性的信受才是最重要的。

如果沒有決定信，往往會被大名聲的法師們轉移，跟著他們否定眞正的如來藏，而想要另外再尋找想像中的如來藏，於是就會誹謗眞正如來藏的阿賴耶識心體，謗說不是如來藏，而將一心二名的如來藏，分割成阿賴耶識與如來藏二法（編案：此是二〇〇一年時所説，説的是印順法師將一心而有二名的如來藏與阿賴耶識分割為二心。後來二〇〇三年初，也真的有這種人在同修會中出現了，就是楊榮燦先生與法蓮法師、紫蓮心海……等人，以印順法師對《起信論》的錯誤見解為藍本，主張另有一個如來藏、真如心，能出生阿賴耶識；被 平實導師舉證論文原文加以破斥以後，改以他們對《成唯識論》的錯誤理解，用來否定阿賴耶識心體，謗為非如來藏，又於被舉證論文原文破斥以後，改口說：「菩薩的論也不一定正確。」公然否定聖　玄奘菩薩的證量。又改以偽論《釋摩訶衍論》及誹謗大乘法的安慧法師所造《大乘廣五蘊論》來否定阿賴耶識心體，謗為非如來藏，詳見《燈影、辨唯識性相、假如來藏、真假開悟》及「略說八九識並存……等過失」等四書一文之辨正。風聞彼等最後又搬出永明禪師寫的《宗鏡錄》，說《宗鏡錄》中主張阿賴耶識不是如來藏，今有《真假禪和》書後附錄永明禪師的《宗鏡錄》文句十七段，證明《宗鏡錄》仍以阿賴耶識為如來藏）；當這種誹謗最勝妙法的罪業出生了，就會成爲障礙見道與修道的因緣，接下來修學佛道的過程就會變成逆水行舟：很精進努力去修行，卻不會有好的結果。如果不生誹謗心，已生決定信，努力護持阿賴耶識心體（如來藏）妙義，那你修行就會成爲順水行舟，稍微划幾下槳就前進很多丈；即使不划槳，也會繼續前進。相反的，逆水行舟的人，費盡力氣划到滿頭大汗，往往前進不了一尺；稍微停下槳來，立刻就會後退，前功盡棄。所以千萬不要謗法，千萬不可謗如來藏——阿賴耶識心體。

佛門中的修行，要很大膽的求悟，然而行事卻必須很小心。如果心中還沒有決定性，所以生疑而造作了誹謗正法的行爲，馬鳴菩薩說這種人會有二個結果產生：第一是自害而且害他，第二是因此而會斷壞三寶種子。爲什會自害呢？因爲未來捨報之後，將會於阿僧祇劫受種種的大苦惱，這就是自害呀！也會殘害自己未來無量世修學佛法的道業，將會障礙重重，這就是自害。害他，是說他將會誤導別人，害別人跟著他一起誹謗，一起跟他造作破壞正法的工作，而又誤以爲自己正在護持正法。結果是讓追隨他的眾生跟著他去受苦，這些人在這一世和未來無量世中修學佛道的過程，也會有極多的障礙，這就是害他。

世人很愚痴，邪師用這種邪知邪見去害學人，無知的學人被他害了，還會高高興興的感恩害他的人、支持害他的人。但是我告訴你們：寧可用毒藥去毒死人而下地獄，都不要用這種錯誤的知見去害人；因爲用毒藥害死人的地獄罪，遠不及以邪見害人無量世的法身慧命地獄罪，有間與無間的地獄罪是大不相同的；因爲毒藥把人毒死了，不過是害他一生、害他一世而已；可是用這種邪見的毒殘害他人，一定會使他人隨著自己誹謗了義正法；這種惡業共同造作了以後，要受無量世的地獄尤重無間純苦；出了地獄而漸漸回到人間，聽到了義的第八識正法時，還會繼續再誹謗，又下墮三途，繼續受無量世的地獄尤重純苦；所以用邪見毒害人，那是遺害無量劫的，非常嚴重的；所以 佛說：寧可用毒藥去害人死亡，也不要用這種邪知邪見去害人。因爲毒藥的毒只有一世害人，可是邪知邪見害人的惡毒，會使被害者在心中蘊釀、遺留；下一世墮落地獄時還不曉得是爲什麼而下地獄，也不懂得懺悔而滅除謗法習氣的種子；未來無量世回到人間時，前五百世還要當個五根不全的人：盲聾瘖啞。好不容易得到正常的人身而又學佛時，一旦聽到了義正法時又會因爲邪見種子的緣故而繼續誹謗，捨報時就又墮落下去了；這是因爲他的邪見種子還在，沒有消除掉。所以這種毒，眞是害人無量世，那是非常可惡的，所有人都不應該用這種毒來殘害他人。當我們知道有些人正在以這種邪見鉅毒在殘害廣大的學人時，難道還要裝聾作啞嗎？請問那些正在被大師以邪見鉅毒殘害的人們：您願意這樣子被殘害嗎？如果不願意，就請不要再來阻止我們破斥邪說而顯正法；因爲事實是：單只是宣說正法而不破斥邪說時，學人仍然無法了知邪說之所以是邪說的地方，而仍然會繼續信受邪說，誤以爲邪說與正法沒有差別而繼續信受奉行，因此就會遮障了學人們的道業。

第二個嚴重的後果，是他將會因此而斷壞了三寶的種子。因爲三寶是以如來藏了義法爲根本，因爲二乘的聲聞、緣覺法，如果離開了如來藏正法，就會變成同於斷滅空，和斷見外道完全一樣。大乘的菩薩法——佛菩提道——如果離了如來藏，般若妙義的本質就變成玄學戲論，當然就一定會成爲印順「導」師所講的

性空唯名。他誤以爲般若講的法同於二乘解脫道的法，都是在講萬法緣起性空，所以**他判斷「般若是性空唯名」：般若的義涵只是「名相」或「名」之相而已**。般若如果是「唯名」之法，那麼般若絕對是玄學戲論。假使說「性空唯名」的名不是語言名相的名，我倒想要請問他「是哪個『名』？」是指名色的**名**嗎？如果性空唯名的**名**是指「名色」的**名**，那麼般若即是「唯有名色的名」，那仍然是戲論，因爲仍然不離世俗法的五蘊，仍然及不到法界實相心體的第一義諦呀！那不正是言不及義嗎？不知有誰可以代我向他提出這個問題？大概連昭慧法師都不敢代我向他提出這個問題吧！因爲自己也知道那個說法錯得太離譜了；縱使不知而提出了，印順法師也是無法回答的。

所以般若絕對不是性空唯名，而是在說明法界萬法的根源，是在說明十方法界的實相，就是在說明：萬法都從如來藏而生、而顯，如來藏就是萬法的根源、實相，如來藏就是眞如法性的理體。當般若離開了如來藏理體，才會成爲印順導師所講的**性空唯名**法；既然是**性空**而**唯**有**名**相，那當然就是戲論。換句話說，印順「導」師對般若的定義就是說：**般若就是唯名無實的戲論**。但是般若的義涵講的卻是萬法的根源如來藏：非心心、無心相心、不念心、無住心。然而**非心心**如來藏，卻不是性空之法，反而是萬法根源的**空性心**實體，祂能出生萬法，所以具有眞實自性，不是**緣起性空而唯有名相**。現在我當眾幫他下了這個註腳，不論他承不承認性空唯名就是戲論，但他判定般若的本質正是戲論，他要是不服，就得證明給我看：爲何「般若是性空唯名」的說法不是戲論？那時他一定會進退失據，不能開口。因爲不論是進或是退，都沒有理證和教證上的依據，所以他對般若的判教，使得般若成爲性空而唯有名相的戲論，就與玄學、哲學無異了。像他這樣否定如來藏，又把一**心**二**名**的第八識心，分割成阿賴耶識與如來藏兩個心，使佛法支離破碎（編案：此句是借用太虛法師責備印順的話），結果是成爲謗法的自害行爲，又把般若定義爲性空而唯有名相之戲論法，已經有許多人在這七十年來信受他的邪見了，未來也一定會繼續殘害他人誤信他的邪見，未來也將會導致別人跟著他否定正法、破壞正法，除非我們努力把他的邪見鉅毒消除了。

誹謗如來藏的結果，一定會使人不相信確實有如來藏，就永遠無法親證如來藏，就永遠入不了佛菩提的見道位中，就會永遠斷絕大乘勝義三寶在人間的種子。**勝義**三**寶**是依什麼而成爲三寶？觀世音菩薩及諸大菩薩、諸地菩薩，絕大多數示現爲在家相，而仍然是**勝義僧寶**，其實都是依如來藏爲根本的了義究竟正法的親證，才能稱之爲**勝義三寶**；如果不是有如來藏妙法的親證，大乘法中的勝義三寶就不是**勝義三寶**了；如果所有出家法師都否定了如來藏，人間的一切大乘僧寶就不存在了，因爲這種人連小乘法中的僧寶都不夠格，何況能是大乘法中的僧寶？**若不是因爲如來藏及種子內涵的修證，佛寶就不是佛寶，法寶就不是法寶，僧寶就不是僧寶，因爲三寶的法義都已經變成世間蘊處界的緣起性空法了。**

如果世間一切大乘法中的出家人，不管是勝義僧或是凡夫僧，若不是因爲有如來藏妙法親證的話，那麼佛教出家人跟常見外道沙門、梵志，又有什麼差別呢？都是同樣**誤認意識靈知心常住**的世俗人罷了！那當然就不能算是佛教三寶了。所以佛門中三乘出家人之所以尊貴，就是因爲住持三乘菩提正法繼續在人間弘傳，不管有沒有證得三乘菩提，都認定有三乘菩提存在；即使是凡夫僧，也是因爲認定有三乘菩提勝法的存在，所以才能成爲僧寶；所以一切佛門僧寶當然都有義務破斥常見外道見，都有義務指斥一切錯認意識靈知爲常住心的人；不管他們斷了我見沒有，都應服膺一切破斥離念靈知意識心的賢聖，這才是佛門僧寶所應作的正事；不該在佛教賢聖破斥意識心常見時，還故意加以反對及抵制。

因爲解脫道的首要之務就是見道，見道的全部內容就是斷我見；大乘佛菩提道的修學之要也是見道，大乘見道的內容就是親證如來藏，現觀祂的眞實性與如如性，名爲證眞如，眞的進入般若實智中安住其心。然而三乘菩提都依如來藏而有，如果他否定了如來藏，就一定會使三乘菩提成爲戲論而無所依據，就成爲破壞三乘菩提的惡人，那他就絕對不是僧寶，成爲隱藏在佛門中的破壞佛法者，這正是 佛在經上所講的末法時的獅子身中蟲！ 佛在捨壽時還爲這種破法人而掉下兩行清淚，預記末法時會有這種人隱身在佛門中，穿如來衣、食如來食、說如來法而破壞三乘菩提根本的如來藏方廣正法。

佛已經是究竟解脫，並且是親證大般涅槃的人，四種涅槃具足，一切習氣種子滅盡無餘，捨壽時怎麼還會有眼淚流下來呢？正因爲憐憫後代的遺法弟子，深知末法時的遺法弟子們很難避免被這一類破法者所耽誤，所以起了憐憫心而落淚。所以 佛於《佛藏經》中開示說：「**於佛法中成就身見，不在僧數。**」如果是成就了身見、我見的人，這個人是不被 佛算在僧寶之數中的。所以凡是像印順法師一樣落在意識心上面的話，不論是意識的粗心、細心、極細心、變相心，那都是意識心，那就是成就身見、我見的人，當然就不在勝義僧寶之數中；縱使他還沒有證得如來藏，身爲凡夫僧寶的一分子，也有義務把意識否定掉呀！怎麼可以說「意識細心能通三世、沒有如來藏」的謗法之語？像印順法師一般把意識細心認定是眞實法，正是成就身見的人，成就了身見的印順，當然已經不在僧數之中了。

更何況他並不止是成就身見、我見而已，還進一步把三乘菩提根本的第八識如來藏心公開否定，成爲公然否定正法的破法者，怎麼還可以說他仍然是僧寶的一分子？正因爲他把如來藏公然否定掉，使人誤信而不再可能證得如來藏了，那他就斷壞了三寶的種子，因此我說他否定如來藏妙義，果報很嚴峻，原因就在這裡。這不但是自害害他，也斷滅了未來的三寶種。斷了三寶種，未來世的眾生想要證得解脫道也難，更別說是親證佛菩提道了，因此說他獲罪無量無邊。

論文：**【一切諸佛依「此」修行成無上智，一切菩薩由此證得如來法身；過去菩薩依此得成大乘淨信，現在今成、未來當成。是故欲成自利利他殊勝行者，當於此論勤加修學。】**

講解　最後一段結論說，一切諸佛（一切諸佛當然包括現在十方世界所有的佛：包括過去無量無數劫已成之佛，也包括諸位未來佛），一切的佛都要依這個如來藏心體來修行，最後才能成爲世間的無上智者。所以諸佛的智慧無量無邊，三界沒有任何眾生能超越，所以叫做無上智。一切菩薩的修行也都是藉由證得此如來的法身而成就究竟佛道，可是菩薩證得如來法身而漸次成就究竟佛道，所依的根本仍然是第八識如來藏。在因地所證得的此心，與未來成佛時果地覺悟的彼心，必須是同一心；換句話說，現在證得的眞如心體，必須是未來三大無量數劫成佛的究竟心體；也就是說，現在證悟時所悟的心體必須是如來藏——阿賴耶識心體，因爲將來果地成佛時的無垢識心體，就是現在因地菩薩位時的阿賴耶識心體。

《楞嚴經》說：應該檢查「因地心與果地覺爲同爲異？」就是在指示吾人：應該以未來果地覺的第八識心體，來檢查此時所悟的眞心是眞或假。想要免除未悟謂悟大妄語地獄業的人，都應該要檢查：自己因地此時所悟的眞心，能不能與將來佛果時所悟的眞心爲同一個眞心？如果現在所證得的是第六意識離念靈知，或意識心的變相境界，譬如意識細心、意識極細心；而將來成佛所應證的心眞如卻是無垢識心體（因地時稱爲阿賴耶識、異熟識，統名如來藏識），不是同一個心體，那麼成佛之道就會迂曲難行：一直繞彎路而無法達成，所以一定要「**審觀因地心與果地覺爲同爲異？**」佛在楞嚴中特地交代我們要注意這一點，怕我們錯認意識心為眞心而成就我見。

必須將來修到佛地時是第八無垢識，因地菩薩位時的證悟也必須是同一個第八識：阿賴耶、異熟識。阿羅漢入涅槃後也是這第八異熟識，辟支佛入涅槃後還是這個第八異熟識，初地乃至七地菩薩位也是這個第八阿賴耶識，八地乃至等覺也是這個第八異熟識。在二乘法講涅槃、講三法印也是依此第八異熟識而說，大乘般若也是講這個第八阿賴耶、異熟識，增上慧學的一切種智更是講這個第八阿賴耶、異熟、無垢識。既然三乘經典中都是在講這個心體，學人們怎可否定這個因地法身的第八識心體，而想要成就將來如來地時的究竟法身呢？所以不應該誹謗法身如來藏正法，所以 馬鳴菩薩說：「一切諸佛依此修行成無上智，一切菩薩由此證得如來法身。」這個「此」字，指的就是第八阿賴耶識心體：如來藏識。

過去證得此心而成為勝義僧的已悟菩薩們，從第七住乃至十地的菩薩們，也都是依此如來藏根本法而成就大乘法中的清淨信。在二乘法中的凡夫們都沒有清淨信可說，所以 佛說《法華經》：「我釋迦牟尼其實無量劫以前就已經成佛了，不是現在才成佛的。」結果當場就有五千聲聞種性的凡夫退席抗議。所以，諸位如果出去會外向人介紹：「**我們正覺同修會這個法眞的好，確實可以明心乃至見性。**」

有許多人是不會相信的，但是你也別難過，因為 佛所說的法，那些二乘種性的凡夫們都會不信而當場退席抗議，想要使 佛難堪，何況我還未成佛，而他們又是末法時的凡夫呢？所以這都是正常的。所以喜饒根登外道刊登報紙無根誹謗我，有人在網際網路上無根誹謗我，也都是正常的。他們只是從一己的世間利益著想，不為自己的出世間利益著想：因為他們的邪知邪見被摧破了，眷屬與利養漸漸的流失了，所以不能安忍，就不斷的誣謗我，這都是正常的，我根本不在意，所以從來都不上網回應。連 佛說法，那些只信二乘解脫道的凡夫們都不信，何況還沒有成佛的我，講的又是遠超二乘解脫道的佛菩提道，他們怎可能信受？所以他們不信而無根誹謗，甚至捏造事實來誹謗，都是正常的，因為他們專在世間利益和面子、眷屬上著眼，必須以反擊蕭平實的手段而求生存，我們都可以理解、體諒。

《法華經》妙義，惠能大師說總共就是四個字：「開、示、悟、入」。開佛知見、示佛知見，希望我們「悟佛知見」，然後「入佛知見」。可是諸佛的所知與所見是什麼？不外乎兩個主要道：解脫道與佛菩提道。但是這兩個主要道都是依如來藏心體所生所顯的一切法來說的。他們把第八識如來藏否定掉了（譬如印順法師誣謗如來藏思想是外道神我思想）否定三乘菩提根本的如來藏以後，三乘佛法就都變成性空唯名而沒有實相法的戲論了。可是第八識如來藏是眞實可證的，絕非只有名相而已；能夠如實的生起信心並且去修習而證得，並且不退轉（不被大名聲的假名善知識所籠罩），得不退轉時才能生起清淨信，有清淨信才是不退轉菩薩。過去一切菩薩能成就大乘法的清淨信，都是依此如來藏根本法而發起的；現在今時具有清淨信的菩薩們，也是由於證得這個如來藏心而發起的；未來的菩薩們如果也發起清淨信的話，也一定是因爲證得這個如來藏心而發起的，所以馬鳴菩薩說：「現在今成、未來當成。」

所以如來藏是一切法的根本，是三乘菩提的根本，絕對不可否定祂，不可誹謗祂，所以最後馬鳴菩薩做了一個結論：由於前面所說種種義理的緣故，如果想要「成就對自己有利益而且能夠利益別人的殊勝的身口意行」的話，對於我馬鳴所寫的《大乘起信論》，你應該殷勤精進的加以修學和練習。《大乘起信論》說的也確實沒錯，不是老王賣瓜妄說瓜甜。所以說，一切人都不應該誹謗《大乘起信論》是僞論，都不應該誹謗眞心如來藏，都應該勤加修學。

論文：【我今已解釋，甚深廣大義；功德施群生，令見眞如法。】

講解　馬鳴菩薩把《大乘起信論》講完了，最後迴向說：我馬鳴現在已經解釋了佛法的眞實道理，衆生經由我這部論的瞭解，就可以生起信心；因爲我在論中所說的佛法是甚深而且是廣大的，衆生也已經聽聞過了；我現在把所得的廣大功德，迴轉來再度布施給所有的衆生們，希望一切人都能夠因爲我以此論宣說深廣佛法的緣故，在將來可以眞實的看見如來藏心體的眞實性與如如性，親證眞如法性。《大乘起信論》講解到這裡圓滿，我們大家已經又一次完成了深廣佛法弘傳的盛大法會，謝謝各位！（全論講記共六輯，至此已講解圓滿）

佛菩提二主要道次第概要表——二道並修，以外無別佛法

佛菩提道——大菩提道

十信位修集信心 —— 一劫乃至一萬劫

資糧位

初住位修集布施功德（以財施爲主）。
二住位修集持戒功德。
三住位修集忍辱功德。
四住位修集精進功德。
五住位修集禪定功德。
六住位修集般若功德（熏習般若中觀及斷我見，加行位也）。

外門廣修六度萬行

見道位

七住位明心般若正觀現前，親證本來自性清淨涅槃。
八住位起於一切法現觀般若中道。漸除性障。
十住位眼見佛性，世界如幻觀成就。

一至十行位，於廣行六度萬行中，依般若中道慧，現觀陰處界猶如陽焰，至第十行滿心位，陽焰觀成就。

一至十迴向位熏習一切種智；修除性障，唯留最後一分思惑不斷。第十迴向滿心位成就菩薩道如夢觀。

內門廣修六度萬行

遠波羅蜜多

初地：第十迴向位滿心時，成就道種智一分（八識心王一一親證後，領受五法、三自性、七種第一義、七種性自性、二種無我法）復由勇發十無盡願，成通達位菩薩。復又永伏性障而不具斷，能證慧解脫而不取證，由大願故留惑潤生。此地主修法施波羅蜜多及百法明門。證「猶如鏡像」現觀，故滿初地心。

二地：初地功德滿足以後，再成就道種智一分而入二地；主修戒波羅蜜多及一切種智。滿心位成就「猶如光影」現觀，戒行自然清淨。

解脫道：二乘菩提

斷三縛結，成初果解脫 ← 薄貪瞋癡，成二果解脫 ← 斷五下分結，成三果解脫

入地前的四加行令煩惱障現行悉斷，成四果解脫，留惑潤生。分段生死已斷，煩惱障習氣種子開始斷除，兼斷無始無明上煩惱。

近波羅蜜多

修道位

三地：二地滿心再證道種智一分，故入三地。此地主修忍波羅蜜多及四禪八定、四無量心、五神通。能成就俱解脫果而不取證，留惑潤生。滿心位成就「猶如谷響」現觀及無漏妙定意生身。

四地：由三地再證道種智一分故入四地。主修精進波羅蜜多，於此土及他方世界廣度有緣，無有疲倦。進修一切種智，滿心位成就「如水中月」現觀。

五地：由四地再證道種智一分故入五地。主修禪定波羅蜜多及一切種智，斷除下乘涅槃貪。滿心位成就「變化所成」現觀。

六地：由五地再證道種智一分故入六地。此地主修般若波羅蜜多——依道種智現觀十二因緣一一有支及意生身化身，皆自心眞如變化所現，「非有似有」，成就細相觀，不由加行而自然證得滅盡定，成俱解脫大乘無學。

七地：由六地「非有似有」現觀，再證道種智一分故入七地。此地主修一切種智及方便波羅蜜多，由重觀十二有支一一支中之流轉門及還滅門一切細相，成就方便善巧，念念隨入滅盡定。滿心位證得「如犍闥婆城」現觀。

七地滿心斷除故意保留之最後一分思惑時，煩惱障所攝色、受、想三陰有漏習氣種子全部斷盡。

大波羅蜜多

八地：由七地極細相觀成就故再證道種智一分而入八地。此地主修一切種智及願波羅蜜多。至滿心位純無相觀任運恆起，故於相土自在，滿心位復證「如實覺知諸法相意生身」故。

九地：由八地再證道種智一分故入九地。主修力波羅蜜多及一切種智，成就四無礙，滿心位證得「種類俱生無行作意生身」。

十地：由九地再證道種智一分故入此地。此地主修一切種智——智波羅蜜多。滿心位起大法智雲，及現起大法智雲所含藏種種功德，成受職菩薩。

等覺：由十地道種智成就故入此地。此地應修一切種智，圓滿等覺地無生法忍；於百劫中修集極廣大福德，以之圓滿三十二大人相及無量隨形好。

煩惱障所攝行、識二陰無漏習氣種子任運漸斷，所知障所攝上煩惱任運漸斷。

圓滿波羅蜜多

究竟位

妙覺：示現受生人間已斷盡煩惱障一切習氣種子，並斷盡所知障一切隨眠，永斷變易生死無明，成就大般涅槃，四智圓明。人間捨壽後，報身常住色究竟天利樂十方地上菩薩；以諸化身利樂有情，永無盡期，成就究竟佛道。

斷盡變易生死
成就大般涅槃

圓滿成就究竟佛果

佛子蕭平實 謹製
（二〇〇九、〇二 修訂）
（二〇一二、〇二 增補）

佛教正覺同修會〈修學佛道次第表〉

第一階段

* 以憶佛及拜佛方式修習動中定力。
* 學第一義佛法及禪法知見。
* 無相拜佛功夫成就。
* 具備一念相續功夫—動靜中皆能看話頭。
* 努力培植福德資糧，勤修三福淨業。

第二階段

* 參話頭，參公案。
* 開悟明心，一片悟境。
* 鍛鍊功夫求見佛性。
* 眼見佛性〈餘五根亦如是〉親見世界如幻，成就如幻觀。
* 學習禪門差別智。
* 深入第一義經典。
* 修除性障及隨分修學禪定。
* 修證十行位陽焰觀。

第三階段

* 學一切種智真實正理—楞伽經、解深密經、成唯識論…。
* 參究末後句。
* 解悟末後句。
* 透牢關—親自體驗所悟末後句境界，親見實相，無得無失。
* 救護一切衆生迴向正道。護持了義正法，修證十迴向位如夢觀。
* 發十無盡願，修習百法明門，親證猶如鏡像現觀。
* 修除五蓋，發起禪定。持一切善法戒。親證猶如光影現觀。
* 進修四禪八定、四無量心、五神通。進修大乘種智，求證猶如谷響現觀。

佛教正覺同修會 共修現況 及 招生公告 2017/12/21

一、共修現況：（請在共修時間來電，以免無人接聽。）

台北正覺講堂 103 台北市承德路三段 277 號九樓 捷運淡水線圓山站旁
Tel..**總機** 02-25957295（晚上）（**分機：九樓**辦公室 10、11；知客櫃檯 12、13。 **十樓**知客櫃檯 15、16；書局櫃檯 14。 **五樓**辦公室 18；知客櫃檯 19。**二樓**辦公室 20；知客櫃檯 21。）
Fax..25954493

第一講堂 台北市承德路三段 277 號九樓

禪淨班：週一晚班、週三晚班、週四晚班、週五晚班、週六下午班、週六上午班（共修期間二年半，全程免費。皆須報名建立學籍後始可參加共修，欲報名者詳見本公告末頁。）

進階班：週一晚班、週三晚班、週四晚班、週五晚班（禪淨班結業後轉入共修）。

增上班：瑜伽師地論詳解：每月單數週之週末 17.50～20.50。平實導師講解，2003 年 2 月開講至今，預計 2019 年圓滿，僅限已明心之會員參加。

禪門差別智：每月第一週日全天 平實導師主講（事冗暫停）。

大法鼓經詳解 詳解末法時代大乘佛法修行之道。佛教正法消毒妙藥塗於大鼓而以擊之，凡有眾生聞之者，一切邪見鉅毒悉皆消殞；此經即是大法鼓之正義，凡聞之者，所有邪見之毒悉皆滅除，見道不難；亦能發起菩薩無量功德，是故諸大菩薩遠從諸方佛土來此娑婆聞修此經。平實導師主講，定於 2017 年 12 月底起，每逢周二晚上開講，第一至第六講堂都可同時聽聞，歡迎已發成佛大願的菩薩種性學人，攜眷共同參與此殊勝法會現場聞法，不限制聽講資格。本會學員憑上課證進入第一至第四講堂聽講，會外學人請以身分證件換證進入聽講（此為大樓管理處安全管理規定之要求，敬請諒解）；第五及第六講堂（B1、B2）對外開放，不需出示任何證件，請由大樓側門直接進入。

第二講堂 台北市承德路三段 267 號十樓。

禪淨班：週一晚上班。

進階班：週三晚班、週四晚班、週五晚班、週六下午班。禪淨班結業後轉入共修。

大法鼓經詳解：平實導師講解。每週二 18.50~20.50 影像音聲即時傳輸

第三講堂 台北市承德路三段 277 號五樓。

禪淨班：週六下午班。

進階班：週一晚班、週三晚班、週四晚班、週五晚班。

大法鼓經詳解：平實導師講解。每週二 18.50~20.50 影像音聲即時傳輸

第四講堂 台北市承德路三段 267 號二樓。

進階班：週一晚上班、週三晚上班、週四晚上班（禪淨班結業後轉入共修）。

大法鼓經詳解：平實導師講解。每週二 18.50~20.50 影像音聲即時傳輸

第五、第六講堂

念佛班　每週日晚上，第六講堂共修（B2），一切求生極樂世界的三寶弟子皆可參加，不限制共修資格。

進階班：週一晚班、週三晚班、週四晚班。

大法鼓經詳解：平實導師講解。每週二 18.50~20.50 影像音聲即時傳輸。第五、第六講堂為**開放式講堂**，不需以身分證件換證即可進入聽講，台北市承德路三段 267 號地下一樓、地下二樓。每逢週二晚上講經時段開放給會外人士自由聽經，請由大樓側面梯階逕行進入聽講。**聽講者請尊重講者的著作權及肖像權，請勿錄音錄影，以免違法；若有錄音錄影被查獲者，將依法處理。**

正覺祖師堂　大溪鎮美華里信義路 650 巷坑底 5 之 6 號（台 3 號省道 34 公里處　妙法寺對面斜坡道進入）電話 03-3886110　傳眞 03-3881692 本堂供奉 克勤圓悟大師，專供會員每年四月、十月各三次精進禪三共修，兼作本會出家菩薩掛單常住之用。除禪三時間以外，每逢單月第一週之週日 9:00~17:00 開放會內、外人士參訪，當天並提供午齋結緣。教內共修團體或道場，得另申請其餘時間作團體參訪，務請事先與常住確定日期，以便安排常住菩薩接引導覽，亦免妨礙常住菩薩之日常作息及修行。

桃園正覺講堂（第一、第二講堂）：桃園市介壽路 286、288 號 10 樓（陽明運動公園對面）電話：03-3749363（請於共修時聯繫，或與台北聯繫）

禪淨班：週一晚上班（1）、週一晚上班（2）、週三晚上班、週四晚上班、週五晚上班。

進階班：週四晚班、週五晚班、週六上午班。

增上班：雙週六晚上班（增上重播班）。

大法鼓經詳解：平實導師講解。每週二晚上，以台北正覺講堂所錄 DVD 放映；歡迎會外學人共同聽講，不需出示身分證件。

新竹正覺講堂　新竹市東光路 55 號二樓之一　電話 03-5724297（晚上）

第一講堂：

禪淨班：週一晚上班、週五晚上班、週六上午班。

進階班：週三晚上班、週四晚上班（由禪淨班結業後轉入共修）。

增上班：單週六晚上班。雙週六晚上班（重播班）。

大法鼓經詳解：平實導師講解。每週二晚上，以台北正覺講堂所錄 DVD 放映。歡迎會外學人共同聽講，不需出示身分證件。

第二講堂：

禪淨班：週三晚上班、週四晚上班。

大法鼓經詳解：每週二晚上與第一講堂同時播放佛藏經詳解 DVD。

第三、第四講堂：裝修完畢，即將開放。

台中正覺講堂　04-23816090（晚上）

第一講堂　台中市南屯區五權西路二段 666 號 13 樓之四（國泰世華銀行樓上。鄰近縣市經第一高速公路前來者，由五權西路交流道可以快速到達，大樓旁有停車場，對面有素食館）。

禪淨班：週三晚上班、週四晚上班。

進階班：週一晚上班、週六上午班（由禪淨班結業後轉入共修）。

增上班：增上班：單週六晚上班。雙週六晚上班（重播班）。

大法鼓經詳解：平實導師講解。每週二晚上，以台北正覺講堂所錄 DVD 放映。歡迎會外學人共同聽講，不需出示身分證件。

第二講堂　台中市南屯區五權西路二段 666 號 4 樓

禪淨班：週一晚上班、週三晚上班、週六上午班。

進階班：週五晚上班（由禪淨班結業後轉入共修）。

大法鼓經詳解：每週二晚上與第一講堂同時播放佛藏經詳解 DVD。

第三講堂、第四講堂：台中市南屯區五權西路二段 666 號 4 樓。

嘉義正覺講堂　嘉義市友愛路 288 號八樓之一　電話：05-2318228

第一講堂：

禪淨班：週一晚上班、週四晚上班、週五晚上班、週六上午班。

進階班：週三晚上班（由禪淨班結業後轉入共修）。

增上班：單週六晚上班。雙週六晚上班（重播班）。

大法鼓經詳解：平實導師講解。每週二晚上，以台北正覺講堂所錄 DVD 放映。歡迎會外學人共同聽講，不需出示身分證件。

第二講堂　嘉義市友愛路 288 號八樓之二。

台南正覺講堂

第一講堂　台南市西門路四段 15 號 4 樓。06-2820541（晚上）

禪淨班：週一晚上班、週三晚上班、週四晚上班、週五晚上班、週六下午班。

增上班：增上班：單週六晚上班。雙週六晚上班（重播班）。

大法鼓經詳解：平實導師講解。每週二晚上，以台北正覺講堂所錄 DVD 放映。歡迎會外學人共同聽講，不需出示身分證件。

第二講堂　台南市西門路四段 15 號 3 樓。

大法鼓經詳解：每週二晚上與第一講堂同時播放佛藏經詳解 DVD。

第三講堂　台南市西門路四段 15 號 3 樓。

進階班：週三晚上班、週四晚上班、週六上午班（由禪淨班結業後轉入共修）。

大法鼓經詳解：每週二晚上與第一講堂同時播放佛藏經詳解 DVD。

高雄正覺講堂　高雄市新興區中正三路 45 號五樓 07-2234248（晚上）

第一講堂（五樓）：

禪淨班：週一晚班、週三晚班、週四晚班、週五晚班、週六上午班。

增上班：單週週末下午，以台北增上班課程錄成 DVD 放映之，限已明心之會員參加。

大法鼓經詳解：平實導師講解。每週二晚上，以台北正覺講堂所錄 DVD 放映。歡迎會外學人共同聽講，不需出示身分證件。

第二講堂（四樓）：

進階班：週三晚上班、週四晚上班、週六上午班（由禪淨班結業後轉入共修）。

大法鼓經詳解：每週二晚上與第一講堂同時播放佛藏經詳解 DVD。

第三講堂（三樓）：

進階班：週四晚班（由禪淨班結業後轉入共修）。

香港正覺講堂　**☆已遷移新址☆**

九龍觀塘，成業街 10 號，電訊一代廣場 27 樓 E 室。

（觀塘地鐵站 B1 出口，步行約 4 分鐘）。電話：(852) 23262231

英文地址：Unit E，27th Floor, TG Place, 10 Shing Yip Street, Kwun Tong, Kowloon

禪淨班：雙週六下午班 14:30-17:30，已經額滿。
雙週日下午班 14:30-17:30。
單週六下午班 14:30-17:30，已經額滿。

進階班：雙週五晚上班（由禪淨班結業後轉入共修）。

增上班：單週週末上午，以台北增上班課程錄成 DVD 放映之。

增上重播班：雙週週末上午，以台北增上班課程錄成 DVD 放映之。

大法鼓經詳解：平實導師講解。雙週六 19:00-21:00，以台北正覺講堂所錄 DVD 放映；歡迎會外學人共同聽講，不需出示身分證件。

美國洛杉磯正覺講堂　**☆已遷移新址☆**

825 S. Lemon Ave Diamond Bar, CA 91789 U.S.A.
Tel. (909) 595-5222（請於週六 9:00~18:00 之間聯繫）
Cell. (626) 454-0607

禪淨班：每逢週末 15：30~17：30 上課。

進階班：每逢週末上午 10：00~12：00 上課。

大法鼓經詳解：平實導師講解。每週六下午 13：00~15：00 以台北所錄 DVD 放映。歡迎各界人士共享第一義諦無上法益，不需報名。

二、招生公告　本會台北講堂及全省各講堂、香港講堂，每逢四月、十月下旬開新班，每週共修一次（每次二小時。開課日起三個月內仍可插班）；但美國洛杉磯共修處之禪淨班得隨時插班共修。各班共修期間皆爲二年半，全程免費，欲參加者請向本會函索報名表（各共修處皆於共修時間方有人執事，非共修時間請勿電詢或前來洽詢、請書），或直接從本會官方網站(http://www.enlighten.org.tw/newsflash/class)或成佛之道網站下載報名表。共修期滿時，若經報名禪三審核通過者，可參加四天三夜之禪三精進共修，有機會明心、取證如來藏，發起般若實相智慧，成爲實義菩薩，脫離凡夫菩薩位。

三、新春禮佛祈福 農曆年假期間停止共修：自農曆新年前七天起停止共修與弘法，正月 8 日起回復共修、弘法事務。新春期間正月初一～初七 9.00～17.00 開放台北講堂、正月初一~初三開放桃園、新竹、台中、嘉義、台南、高雄講堂，以及大溪禪三道場（正覺祖師堂），方便會員供佛、祈福及會外人士請書。美國洛杉磯共修處之休假時間，請逕詢該共修處。

密宗四大派修雙身法，是外道性力派的邪法；又以生滅的識陰作為常住法，是常見外道，是假的藏傳佛教。

西藏覺囊巴以他空見弘揚第八識如來藏勝法，才是真藏傳佛教

佛教正覺同修會　弘法行事表

2017/12/07

1、**禪淨班**　以無相念佛及拜佛方式修習動中定力，實證一心不亂功夫。傳授解脫道正理及第一義諦佛法，以及參禪知見。共修期間：二年六個月。每逢四月、十月開新班，詳見招生公告表。

2、**進階班**　禪淨班畢業後得轉入此班，進修更深入的佛法，期能證悟明心。各地講堂各有多班，繼續深入佛法、增長定力，悟後得轉入增上班修學道種智，期能證得無生法忍。

3、**增上班 瑜伽師地論**詳解　詳解論中所言凡夫地至佛地等 17 師之修證境界與理論，從凡夫地、聲聞地……宣演到諸地所證無生法忍、一切種智之眞實正理。由平實導師開講，每逢一、三、五週之週末晚上開示，僅限已明心之會員參加。2003 年二月開講至今，預定 2019 年講畢。

4、**大法鼓經**詳解　詳解末法時代大乘佛法修行之道。佛教正法消毒妙藥塗於大鼓而以擊之，凡有眾生聞之者，一切邪見鉅毒悉皆消殞；此經即是大法鼓之正義，凡聞之者，所有邪見之毒悉皆滅除，見道不難；亦能發起菩薩無量功德，是故諸大菩薩遠從諸方佛土來此娑婆聞修此經。平實導師主講。定於 2017 年 12 月底開講，歡迎已發成佛大願的菩薩種性學人，攜眷共同參與此殊勝法會聽講。

本經破「有」而顯涅槃，以此名爲眞實的「法」；眞法即是第八識如來藏，《金剛經》《法華經》中亦名之爲「此經」。若墮在「有」中，皆名「非法」，「有」即是五陰、六入、十二處、十八界及內我所、外我所，皆非眞實法。若人如是俱說「法」與「非法」而宣揚佛法，名爲擊大法鼓；如是依「法」而捨「非法」，據以建立山門而爲眾說法，方可名爲眞正的法鼓山。此經中說，以「此經」爲菩薩道之本，以證得「此經」之正知見及法門作爲度人之「法」，方名眞實佛法，否則盡名「非法」。本經中對法與非法、有與涅槃，有深入之闡釋，歡迎教界一切善信（不論初機或久學菩薩），一同親沐 如來聖教，共沾法喜。由平實導師詳解。不限制聽講資格。

5、**精進禪三**　主三和尚：平實導師。於四天三夜中，以克勤圓悟大師及大慧宗杲之禪風，施設機鋒與小參、公案密意之開示，幫助會員剋期取證，親證不生不滅之眞實心——人人本有之如來藏。每年四月、十月各舉辦二個梯次；平實導師主持。僅限本會會員參加禪淨班共修期滿，報名審核通過者，方可參加。並選擇會中定力、慧力、福德三條件皆已具足之已明心會員，給以指引，令得眼見自己無形無相之佛性遍布山河大地，眞實而無障礙，得以肉眼現觀世界身心悉皆如幻，具足成就如幻觀，圓滿十住菩薩之證境。

6、**不退轉法輪經**詳解　本經所說妙法極為甚深難解，時至末法，已然無有知者；而其甚深絕妙之法，流傳至今依舊多人可證，顯示佛學眞是義學而非玄談，其中甚深極妙令人拍案稱絕之第一義諦妙義，平實導師將會加以解說。待《大法鼓經》宣講完畢時繼續宣講此經。

7、**阿含經**詳解　選擇重要之阿含部經典，依無餘涅槃之實際而加以詳解，令大眾得以現觀諸法緣起性空，亦復不墮斷滅見中，顯示經中所隱說之涅槃實際—如來藏—確實已於四阿含中隱說；令大眾得以聞後觀行，確實斷除我見乃至我執，證得**見到**眞現觀，乃至**身證**……等眞現觀；已得大乘或二乘見道者，亦可由此聞熏及聞後之觀行，除斷我所之貪著，成就慧解脫果。由平實導師詳解。不限制聽講資格。

8、**解深密經**詳解　重講本經之目的，在於令諸已悟之人明解大乘法道之成佛次第，以及悟後進修一切種智之內涵，確實證知三種自性性，並得據此證解七眞如、十眞如等正理。每逢週二 18.50~20.50 開示，由平實導師詳解。將於《大法鼓經》講畢後開講。不限制聽講資格。

9、**成唯識論**詳解　詳解一切種智眞實正理，詳細剖析一切種智之微細深妙廣大正理；並加以舉例說明，使已悟之會員深入體驗所證如來藏之微密行相；及證驗見分相分與所生一切法，皆由如來藏—阿賴耶識—直接或展轉而生，因此證知一切法無我，證知無餘涅槃之本際。將於增上班《瑜伽師地論》講畢後，由平實導師重講。僅限已明心之會員參加。

10、**精選如來藏系經典**詳解　精選如來藏系經典一部，詳細解說，以此完全印證會員所悟如來藏之眞實，得入不退轉住。另行擇期詳細解說之，由平實導師講解。僅限已明心之會員參加。

11、**禪門差別智**　藉禪宗公案之微細淆訛難知難解之處，加以宣說及剖析，以增進明心、見性之功德，啓發差別智，建立擇法眼。每月第一週日全天，由平實導師開示，僅限破參明心後，復又眼見佛性者參加（事冗暫停）。

12、**枯木禪**　先講智者大師的《小止觀》，後說《釋禪波羅蜜》，詳解四禪八定之修證理論與實修方法，細述一般學人修定之邪見與岔路，及對禪定證境之誤會，消除枉用功夫、浪費生命之現象。已悟般若者，可以藉此而實修初禪，進入大乘通教及聲聞教的三果心解脫境界，配合應有的大福德及後得無分別智、十無盡願，即可進入初地心中。親教師：平實導師。未來緣熟時將於正覺寺開講。不限制聽講資格。

註：本會例行年假，自 2004 年起，改爲每年農曆新年前七天開始停息弘法事務及共修課程，農曆正月 8 日回復所有共修及弘法事務。新春期間（每日 9.00~17.00）開放台北講堂，方便會員禮佛祈福及會外人士請書。大溪區的正覺祖師堂，開放參訪時間，詳見〈正覺電子報〉或成佛之道網站。本表得因時節因緣需要而隨時修改之，不另作通知。

佛教正覺同修會　贈閱書籍 目錄　　2015/09/29

1.**無相念佛**　平實導師著　回郵 10 元
2.**念佛三昧修學次第**　平實導師述著　回郵 25 元
3.**正法眼藏—護法集**　平實導師述著　回郵 35 元
4.**真假開悟簡易辨正法&佛子之省思**　平實導師著　回郵 3.5 元
5.**生命實相之辨正**　平實導師著　回郵 10 元
6.**如何契入念佛法門**（附：印順法師否定極樂世界）平實導師著　回郵 3.5 元
7.**平實書箋**—答元覽居士書　平實導師著　回郵 35 元
8.**三乘唯識**—如來藏系經律彙編　平實導師編　回郵 80 元
（精裝本　長 27 cm　寬 21 cm　高 7.5 cm　重 2.8 公斤）
9.**三時繫念全集**—修正本　回郵掛號 40 元（長 26.5 cm×寬 19 cm）
10.**明心與初地**　平實導師述　回郵 3.5 元
11.**邪見與佛法**　平實導師述著　回郵 20 元
12.**菩薩正道**—回應義雲高、釋性圓…等外道之邪見　正燦居士著　回郵 20 元
13.**甘露法雨**　平實導師述　回郵 20 元
14.**我與無我**　平實導師述　回郵 20 元
15.**學佛之心態**—修正錯誤之學佛心態始能與正法相應　孫正德老師著　回郵35元
附錄：平實導師著**《略說八、九識並存…等之過失》**
16.**大乘無我觀**—《悟前與悟後》別說　平實導師述著　回郵 20 元
17.**佛教之危機**—中國台灣地區現代佛教之真相（附錄：公案拈提六則）
平實導師著　回郵 25 元
18.**燈　影**—燈下黑（覆「求教後學」來函等）　平實導師著　回郵 35 元
19.**護法與毀法**—覆上平居士與徐恒志居士網站毀法二文
張正圜老師著　回郵 35 元
20.**淨土聖道**—兼評**選擇本願念佛**　正德老師著　**由正覺同修會購贈**　回郵 25 元
21.**辨唯識性相**—對「紫蓮心海《辯唯識性相》書中否定阿賴耶識」之回應
正覺同修會 台南共修處法義組 著　回郵 25 元
22.**假如來藏**—對法蓮法師《如來藏與阿賴耶識》書中否定阿賴耶識之回應
正覺同修會 台南共修處法義組 著　回郵 35 元
23.**入不二門**—公案拈提集錦 第一輯（於平實導師公案拈提諸書中選錄約二十則，
合輯為一冊流通之）平實導師著　回郵 20 元
24.**真假邪說**—西藏密宗索達吉喇嘛《破除邪說論》真是邪說
釋正安法師著　回郵 35 元
25.**真假開悟**—真如、如來藏、阿賴耶識間之關係　平實導師述著　回郵 35 元
26.**真假禪和**—辨正釋傳聖之謗法謬說　孫正德老師著　回郵 30 元

27.**眼見佛性**—駁慧廣法師眼見佛性的含義文中謬說

游正光老師著　回郵 25 元

28.**普門自在**—公案拈提集錦 第二輯（於平實導師公案拈提諸書中選錄約二十則，合輯爲一冊流通之）平實導師著　回郵 25 元

29.**印順法師的悲哀**—以現代禪的質疑為線索　恒毓博士著　回郵 25 元

30.**識蘊真義**—現觀識蘊內涵、取證初果、親斷三縛結之具體行門。

—依《成唯識論》及《唯識述記》正義，略顯安慧《大乘廣五蘊論》之邪謬

平實導師著　回郵 35 元

31.**正覺電子報** 各期紙版本　免附回郵　每次最多函索三期或三本。

（已無存書之較早各期，不另增印贈閱）

32.**現代人應有的宗教觀**　蔡正禮老師 著　回郵 3.5 元

33.**遠惑趣道**—正覺電子報般若信箱問答錄　第一輯　回郵 20 元

34.**遠惑趣道**—正覺電子報般若信箱問答錄　第二輯　回郵 20 元

35.**確保您的權益**—器官捐贈應注意自我保護　游正光老師 著　回郵 10 元

36.**正覺教團電視弘法三乘菩提 DVD 光碟（一）**

由正覺教團多位親教師共同講述錄製 DVD 8 片，MP3 一片，共 9 片。有二大講題：一爲「三乘菩提之意涵」，二爲「學佛的正知見」。內容精闢，深入淺出，精彩絕倫，幫助大眾快速建立三乘法道的正知見，免被外道邪見所誤導。有志修學三乘佛法之學人不可不看。（製作工本費 100 元，回郵 25 元）

37.**正覺教團電視弘法 DVD 專輯（二）**

總有二大講題：一爲「三乘菩提之念佛法門」，一爲「學佛正知見（第二篇）」，由正覺教團多位親教師輪番講述，內容詳細闡述如何修學念佛法門、實證念佛三昧，以及學佛應具有的正確知見，可以幫助發願往生西方極樂淨土之學人，得以把握往生，更可令學人快速建立三乘法道的正知見，免於被外道邪見所誤導。有志修學三乘佛法之學人不可不看。（一套 17 片，工本費 160 元。回郵 35 元）

38.**佛藏經** 燙金精裝本　每冊回郵 20 元。正修佛法之道場欲大量索取者，請正式發函並蓋用大印寄來索取（2008.04.30 起開始敬贈）

39.**喇嘛性世界**—揭開假藏傳佛教譚崔瑜伽的面紗　張善思 等人合著

由正覺同修會購贈　回郵 20 元

40.**假藏傳佛教的神話**—性、謊言、喇嘛教　張正玄教授編著　回郵 20 元

由正覺同修會購贈　回郵 20 元

41.**隨 緣**—理隨緣與事隨緣　平實導師述　回郵 20 元。

42.**學佛的覺醒**　正枝居士 著　回郵 25 元

43.**導師之真實義**　蔡正禮老師 著　回郵 10 元

44.**淺談達賴喇嘛之雙身法**—兼論解讀「密續」之達文西密碼

吳明芷居士 著　回郵 10 元

45.**魔界轉世**　張正玄居士 著　回郵 10 元

46.**一貫道與開悟**　蔡正禮老師 著　回郵 10 元

47.**博愛**—愛盡天下女人　正覺教育基金會 編印　回郵 10 元
48.**意識虛妄經教彙編**—實證解脫道的關鍵經文　正覺同修會編印　回郵 25 元
49.**邪箭囈語**—破斥藏密外道多識仁波切《破魔金剛箭雨論》之邪說
陸正元老師著　上、下冊回郵各 30 元
50.**真假沙門**—依 佛聖教闡釋佛教僧寶之定義
蔡正禮老師著　俟正覺電子報連載後結集出版
51.**真假禪宗**—藉評論釋性廣《印順導師對變質禪法之批判
及對禪宗之肯定》以顯示真假禪宗
附論一：凡夫知見 無助於佛法之信解行證
附論二：世間與出世間一切法皆從如來藏實際而生而顯
余正偉老師著　俟正覺電子報連載後結集出版　回郵未定
52.**假鋒虛焰金剛乘**—揭示顯密正理，兼破索達吉師徒《般若鋒兮金剛焰》。
釋正安 法師著　俟正覺電子報連載後結集出版

★ 上列贈書之郵資，係台灣本島地區郵資，大陸、港、澳地區及外國地區，請另計酌增（大陸、港、澳、國外地區之郵票不許通用）。尚未出版之書，請勿先寄來郵資，以免增加作業煩擾。

★ 本目錄若有變動，唯於後印之書籍及「成佛之道」網站上修正公佈之，不另行個別通知。

函索書籍請寄：佛教正覺同修會　103 台北市承德路 3 段 277 號 9 樓
台灣地區函索書籍者請附寄郵票，無時間購買郵票者可以等值現金抵用，但不接受郵政劃撥、支票、匯票。大陸地區得以人民幣計算，國外地區請以美元計算（請勿寄來當地郵票，在台灣地區不能使用）。欲以掛號寄遞者，請另附掛號郵資。

親自索閱：正覺同修會各共修處。　★請於共修時間前往取書，餘時無人在道場，請勿前往索取；共修時間與地點，詳見書末正覺同修會共修現況表（以近期之共修現況表爲準）。

註：正智出版社發售之局版書，請向各大書局購閱。若書局之書架上已經售出而無陳列者，請向書局櫃台指定洽購；若書局不便代購者，請於正覺同修會共修時間前往各共修處請購，正智出版社已派人於共修時間送書前往各共修處流通。 郵政劃撥購書及 大陸地區 購書，請詳別頁正智出版社發售書籍目錄最後頁之說明。

成佛之道 網站：http://www.a202.idv.tw　正覺同修會已出版之結緣書籍，多已登載於 成佛之道 網站，若住外國、或住處遙遠，不便取得正覺同修會贈閱書籍者，可以從本網站閱讀及下載。　書局版之《宗通與說通》亦已上網，台灣讀者可向書局洽購，售價 300 元。《狂密與眞密》第一輯~第四輯，亦於 2003.5.1.全部於本網站登載完畢；台灣地區讀者請向書局洽購，每輯約 400 頁，售價 300 元（網站下載紙張費用較貴，容易散失，難以保存，亦較不精美）。

＊＊假藏傳佛教修雙身法，非佛教＊＊

正智出版社 籌募弘法基金發售書籍目錄　2018/05/13

1.**宗門正眼**—公案拈提 第一輯 重拈　平實導師著　500 元
因重寫內容大幅度增加故，字體必須改小，並增爲 576 頁 主文 546 頁。比初版更精彩、更有內容。初版《禪門摩尼寶聚》之讀者，可寄回本公司免費調換新版書。免附回郵，亦無截止期限。（2007 年起，每冊附贈本公司精製公案拈提〈超意境〉CD 一片。市售價格 280 元，多購多贈。）

2.**禪淨圓融**　平實導師著　200 元（第一版舊書可換新版書。）

3.**真實如來藏**　平實導師著　400 元

4.**禪—悟前與悟後**　平實導師著　上、下冊，每冊 250 元

5.**宗門法眼**—公案拈提 第二輯　平實導師著　500 元
（2007 年起，每冊附贈本公司精製公案拈提〈超意境〉CD 一片）

6.**楞伽經詳解**　平實導師著　全套共 10 輯　每輯 250 元

7.**宗門道眼**—公案拈提 第三輯　平實導師著　500 元
（2007 年起，每冊附贈本公司精製公案拈提〈超意境〉CD 一片）

8.**宗門血脈**—公案拈提 第四輯　平實導師著　500 元
（2007 年起，每冊附贈本公司精製公案拈提〈超意境〉CD 一片）

9.**宗通與說通**—成佛之道 平實導師著 主文 381 頁 全書 400 頁售價 300 元

10.**宗門正道**—公案拈提 第五輯　平實導師著　500 元
（2007 年起，每冊附贈本公司精製公案拈提〈超意境〉CD 一片）

11.**狂密與真密 一～四輯**　平實導師著　西藏密宗是人間最邪淫的宗教，本質不是佛教，只是披著佛教外衣的印度教性力派流毒的喇嘛教。此書中將西藏密宗密傳之男女雙身合修樂空雙運所有祕密與修法，毫無保留完全公開，並將全部喇嘛們所不知道的部分也一併公開。內容比大辣出版社喧騰一時的《西藏慾經》更詳細。並且函蓋藏密的所有祕密及其錯誤的中觀見、如來藏見……等，藏密的所有法義都在書中詳述、分析、辨正。每輯主文三百餘頁　每輯全書約 400 頁　售價每輯 300 元

12.**宗門正義**—公案拈提 第六輯　平實導師著　500 元
（2007 年起，每冊附贈本公司精製公案拈提〈超意境〉CD 一片）

13.**心經密意**—心經與解脫道、佛菩提道、祖師公案之關係與密意　平實導師述　300 元

14.**宗門密意**—公案拈提 第七輯　平實導師著　500 元
（2007 年起，每冊附贈本公司精製公案拈提〈超意境〉CD 一片）

15.**淨土聖道**—兼評「選擇本願念佛」　正德老師著　200 元

16.**起信論講記**　平實導師述著　共六輯　每輯三百餘頁　售價各 250 元

17.**優婆塞戒經講記**　平實導師述著 共八輯 每輯三百餘頁 售價各 250 元

18.**真假活佛**—略論附佛外道盧勝彥之邪說（對前岳靈犀網站主張「盧勝彥是證悟者」之修正）　正犀居士（岳靈犀）著　流通價 140 元

19.**阿含正義**—唯識學探源　平實導師著　共七輯　每輯 300 元

20.**超意境** CD 以平實導師公案拈提書中超越意境之頌詞，加上曲風優美的旋律，錄成令人嚮往的超意境歌曲，其中包括正覺發願文及平實導師親自譜成的黃梅調歌曲一首。詞曲雋永，殊堪翫味，可供學禪者吟詠，有助於見道。內附設計精美的彩色小冊，解說每一首詞的背景本事。每片 280 元。【每購買公案拈提書籍一冊，即贈送一片。】

21.**菩薩底憂鬱** CD 將菩薩情懷及禪宗公案寫成新詞，並製作成超越意境的優美歌曲。 1.主題曲〈菩薩底憂鬱〉，描述地後菩薩能離三界生死而迴向繼續生在人間，但因尚未斷盡習氣種子而有極深沈之憂鬱，非三賢位菩薩及二乘聖者所知，此憂鬱在七地滿心位方才斷盡；本曲之詞中所說義理極深，昔來所未曾見；此曲係以優美的情歌風格寫詞及作曲，聞者得以激發嚮往諸地菩薩境界之大心，詞、曲都非常優美，難得一見；其中勝妙義理之解說，已印在附贈之彩色小冊中。 2.以各輯公案拈提中直示禪門入處之頌文，作成各種不同曲風之超意境歌曲，值得玩味、參究；聆聽公案拈提之優美歌曲時，請同時閱讀內附之印刷精美說明小冊，可以領會超越三界的證悟境界；未悟者可以因此引發求悟之意向及疑情，眞發菩提心而邁向求悟之途，乃至因此眞實悟入般若，成眞菩薩。 3.正覺總持咒新曲，總持佛法大意；總持咒之義理，已加以解說並印在隨附之小冊中。本 CD 共有十首歌曲，長達 63 分鐘。每盒各附贈二張購書優惠券。每片 280 元。

22.**禪意無限** CD 平實導師以公案拈提書中偈頌寫成不同風格曲子，與他人所寫不同風格曲子共同錄製出版，幫助參禪人進入禪門超越意識之境界。盒中附贈彩色印製的精美解說小冊，以供聆聽時閱讀，令參禪人得以發起參禪之疑情，即有機會證悟本來面目而發起實相智慧，實證大乘菩提般若，能如實證知般若經中的眞實意。本 CD 共有十首歌曲，長達 69 分鐘，每盒各附贈二張購書優惠券。每片 280 元。

23.**我的菩提路**第一輯　釋悟圓、釋善藏等人合著　售價 300 元

24.**我的菩提路**第二輯　郭正益、張志成等人合著　售價 300 元

25.**我的菩提路**第三輯　王美伶等人合著　售價 300 元

26.**我的菩提路**第四輯　陳晏平等人合著　售價 300 元

27.**鈍鳥與靈龜**—考證後代凡夫對大慧宗杲禪師的無根誹謗。

平實導師著 共 458 頁 售價 350 元

28.**維摩詰經講記** 平實導師述 共六輯 每輯三百餘頁 售價各 250 元

29.**真假外道**—破劉東亮、杜大威、釋證嚴常見外道見　正光老師著　200 元

30.**勝鬘經講記**—兼論印順《勝鬘經講記》對於《勝鬘經》之誤解。

平實導師述　共六輯　每輯三百餘頁　售價 250 元

31.**楞嚴經講記** 平實導師述 共 **15** 輯，每輯三百餘頁 售價 300 元

32.**明心與眼見佛性**—駁慧廣〈蕭氏「眼見佛性」與「明心」之非〉文中謬說

正光老師著　共 448 頁　售價 300 元

33.**見性與看話頭** 黃正倖老師 著，本書是禪宗參禪的方法論。

內文 375 頁，全書 416 頁，售價 300 元。

34.**達賴真面目**—玩盡天下女人 白正偉老師 等著 中英對照彩色精裝大本 800 元

35.**喇嘛性世界**—揭開假藏傳佛教譚崔瑜伽的面紗　張善思 等人著　200 元

36.**假藏傳佛教的神話**—性、謊言、喇嘛教　正玄教授編著　200 元

37.**金剛經宗通**　平實導師述　共九輯　每輯售價 250 元。

38.**空行母**—性別、身分定位，以及藏傳佛教。

珍妮．坎貝爾著 呂艾倫 中譯 售價 250 元

39.**末代達賴**—性交教主的悲歌　張善思、呂艾倫、辛燕編著 售價 250 元

40.**霧峰無霧**—給哥哥的信　辨正釋印順對佛法的無量誤解

游宗明 老師著　售價 250 元

41.**第七意識與第八意識？**—穿越時空「超意識」

平實導師述　每冊 300 元

42.**黯淡的達賴**—失去光彩的諾貝爾和平獎

正覺教育基金會編著　每冊 250 元

43.**童女迦葉考**—論呂凱文〈佛教輪迴思想的論述分析〉之謬。

平實導師 著 定價 180 元

44.**人間佛教**—實證者必定不悖三乘菩提

平實導師 述，定價 400 元

45.**實相經宗通**　平實導師述　共八輯　每輯 250 元

46.**真心告訴您(一)**—達賴喇嘛在幹什麼？

正覺教育基金會編著　售價 250 元

47.**中觀金鑑**—詳述應成派中觀的起源與其破法本質

孫正德老師著　分為上、中、下三冊，每冊 250 元

48.**藏傳佛教要義**—《狂密與真密》之簡體字版　平實導師 著 上、下冊

僅在大陸流通　每冊 300 元

49.**法華經講義**　平實導師述　共二十五輯　每輯 300 元

已於 2015/05/31 起開始出版，每二個月出版一輯

50.**西藏「活佛轉世」制度**—附佛、造神、世俗法

許正豐、張正玄老師合著　定價 150 元

51.**廣論三部曲**　郭正益老師著　定價 150 元

52.**真心告訴您(二)**—達賴喇嘛是佛教僧侶嗎？

—補祝達賴喇嘛八十大壽

正覺教育基金會編著　售價 300 元

53.**次法**—實證佛法前應有的條件

張善思居士著　分為上、下二冊，每冊 250 元

54.**涅槃**—解說四種涅槃之實證及內涵　平實導師著 上下冊 各 350 元

預定 2018/09/30 出版上冊，11 月底出版下冊

55.**廣論之平議**—宗喀巴《菩提道次第廣論》之平議　正雄居士著

約二或三輯　俟正覺電子報連載後結集出版　書價未定

56.**末法導護**—對印順法師中心思想之綜合判攝　正慶老師著　書價未定

57.**菩薩學處**—菩薩四攝六度之要義　陸正元老師著　出版日期未定。
58.**八識規矩頌**詳解　○○居士 註解　出版日期另訂　書價未定。
59.**印度佛教史**—法義與考證。依法義史實評論印順《印度佛教思想史、佛教史地考論》之謬說　正偉老師著　出版日期未定　書價未定
60.**中國佛教史**—依中國佛教正法史實而論。○○老師 著　書價未定。
61.**中論正義**—釋龍樹菩薩《中論》頌正理。
孫正德老師著　出版日期未定　書價未定
62.**中觀正義**—註解平實導師《中論正義頌》。
○○法師（居士）著　出版日期未定　書價未定
63.**佛藏經講記**　平實導師述　出版日期未定　書價未定
64.**阿含經講記**—將選錄四阿含中數部重要經典全經講解之，講後整理出版。
平實導師述　約二輯　每輯300元　出版日期未定
65.**寶積經講記**　平實導師述　每輯三百餘頁 優惠價300元 出版日期未定
66.**解深密經講記**　平實導師述 約四輯　將於重講後整理出版
67.**成唯識論略解**　平實導師著　五～六輯　每輯300元　出版日期未定
68.**修習止觀坐禪法要講記**　平實導師述　每輯三百餘頁
將於正覺寺建成後重講、以講記逐輯出版　出版日期未定
69.**無門關**—《無門關》公案拈提　平實導師著　出版日期未定
70.**中觀再論**—兼述印順《中觀今論》謬誤之平議。正光老師著 出版日期未定
71.**輪迴與超度**—佛教超度法會之真義。
○○法師（居士）著　出版日期未定　書價未定
72.**《釋摩訶衍論》平議**—對偽稱龍樹所造《釋摩訶衍論》之平議
○○法師（居士）著　出版日期未定　書價未定
73.**正覺發願文**註解—以真實大願為因 得證菩提
正德老師著　出版日期未定　書價未定
74.**正覺總持咒**—佛法之總持　正圜老師著　出版日期未定　書價未定
75.**三自性**—依四食、五蘊、十二因緣、十八界法，說三性三無性。
作者未定　出版日期未定
76.**道品**—從三自性說大小乘三十七道品　作者未定　出版日期未定
77.**大乘緣起觀**—依四聖諦七真如現觀十二緣起 作者未定　出版日期未定
78.**三德**—論解脫德、法身德、般若德。　作者未定　出版日期未定
79.**真假如來藏**—對印順《如來藏之研究》謬說之平議　作者未定 出版日期未定
80.**大乘道次第**　作者未定　出版日期未定　書價未定
81.**四緣**—依如來藏故有四緣。　作者未定　出版日期未定
82.**空之探究**—印順《空之探究》謬誤之平議　作者未定 出版日期未定
83.**十法義**—論阿含經中十法之正義　作者未定　出版日期未定
84.**外道見**—論述外道六十二見　作者未定　出版日期未定

正智出版社有限公司　書籍介紹

禪淨圓融：言淨土諸祖所未曾言，示諸宗祖師所未曾示；禪淨圓融，另闢成佛捷徑，兼顧自力他力，闡釋淨土門之速行易行道，亦同時揭櫫聖教門之速行易行道；令廣大淨土行者得免緩行難證之苦，亦令聖道門行者得以藉著淨土速行道而加快成佛之時劫。乃前無古人之超勝見地，非一般弘揚禪淨法門典籍也，先讀為快。平實導師著 200元。

宗門正眼—公案拈提第一輯：繼承克勤圜悟大師碧巖錄宗旨之禪門鉅作。先則舉示當代大法師之邪說，消弭當代禪門大師鄉愿之心態，摧破當今禪門「世俗禪」之妄談；次則旁通教法，表顯宗門正理；繼以道之次第，消弭古今狂禪；後藉言語及文字機鋒，直示宗門入處。悲智雙運，禪味十足，數百年來難得一睹之禪門鉅著也。平實導師著　500元（原初版書《禪門摩尼寶聚》，改版後補充為五百餘頁新書，總計多達二十四萬字，內容更精彩，並改名為《宗門正眼》，讀者原購初版《禪門摩尼寶聚》皆可寄回本公司免費換新，免附回郵，亦無截止期限）（2007年起，凡購買公案拈提第一輯至第七輯，每購一輯皆贈送本公司精製公案拈提〈超意境〉CD一片，市售價格280元，多購多贈）。

禪—悟前與悟後：本書能建立學人悟道之信心與正確知見，圓滿具足而有次第地詳述禪悟之功夫與禪悟之內容，指陳參禪中細微淆訛之處，能使學人明自眞心、見自本性。若未能悟入，亦能以正確知見辨別古今中外一切大師究係眞悟？或屬錯悟？便有能力揀擇，捨名師而選明師，後時必有悟道之緣。一旦悟道，遲者七次人天往返，便出三界，速者一生取辦。學人欲求開悟者，不可不讀。　平實導師著。上、下冊共500元，單冊250元。

眞實如來藏：如來藏眞實存在，乃宇宙萬有之本體，並非印順法師、達賴喇嘛等人所說之「唯有名相、無此心體」。如來藏是涅槃之本際，是一切有智之人竭盡心智、不斷探索而不能得之生命實相；是古今中外許多大師自以爲悟而當面錯過之生命實相。如來藏即是阿賴耶識，乃是一切有情本自具足、不生不滅之眞實心。當代中外大師於此書出版之前所未能言者，作者於本書中盡情流露、詳細闡釋。眞悟者讀之，必能增益悟境、智慧增上；錯悟者讀之，必能檢討自己之錯誤，免犯大妄語業；未悟者讀之，能知參禪之理路，亦能以之檢查一切名師是否眞悟。此書是一切哲學家、宗教家、學佛者及欲昇華心智之人必讀之鉅著。　平實導師著　售價400元。

宗門法眼—公案拈提第二輯：列舉實例，闡釋土城廣欽老和尚之悟處；並直示這位不識字的老和尚妙智橫生之根由，繼而剖析禪宗歷代大德之開悟公案，解析當代密宗高僧卡盧仁波切之錯悟證據，並例舉當代顯宗高僧、大居士之錯悟證據（凡健在者，爲免影響其名聞利養，皆隱其名）。藉辨正當代名師之邪見，向廣大佛子指陳禪悟之正道，彰顯宗門法眼。悲勇兼出，強捋虎鬚；慈智雙運，巧探驪龍；摩尼寶珠在手，直示宗門入處，禪味十足；若非大悟徹底，不能爲之。禪門精奇人物，允宜人手一冊，供作參究及悟後印證之圭臬。本書於2008年4月改版，增寫爲大約500頁篇幅，以利學人研讀參究時更易悟入宗門正法，以前所購初版首刷及初版二刷舊書，皆可免費換取新書。平實導師著　500元（2007年起，凡購買公案拈提第一輯至第七輯，每購一輯皆贈送本公司精製公案拈提〈超意境〉CD一片，市售價格280元，多購多贈）。

宗門道眼—公案拈提第三輯：繼宗門法眼之後，再以金剛之作略、慈悲之胸懷、犀利之筆觸，舉示寒山、拾得、布袋三大士之悟處，消弭當代錯悟者對於寒山大士……等之誤會及誹謗。　亦舉出民初以來與虛雲和尚齊名之蜀郡鹽亭袁煥仙夫子——南懷瑾老師之師，其「悟處」何在？並蒐羅許多眞悟祖師之證悟公案，顯示禪宗歷代祖師之睿智，指陳部分祖師、奧修及當代顯密大師之謬悟，作爲殷鑑，幫助禪子建立及修正參禪之方向及知見。假使讀者閱此書已，一時尚未能悟，亦可一面加功用行，一面以此宗門道眼辨別眞假善知識，避開錯誤之印證及歧路，可免大妄語業之長劫慘痛果報。欲修禪宗之禪者，務請細讀。平實導師著　售價500元（2007年起，凡購買公案拈提第一輯至第七輯，每購一輯皆贈送本公司精製公案拈提〈超意境〉CD一片，市售價格280元，多購多贈）。

楞伽經詳解：本經是禪宗見道者印證所悟眞偽之根本經典，亦是禪宗見道者悟後起修之依據經典；故達摩祖師於印證二祖慧可大師之後，將此經典連同佛鉢祖衣一併交付二祖，令其依此經典佛示金言、進入修道位，修學一切種智。由此可知此經對於眞悟之人修學佛道，是非常重要之一部經典。此經能破外道邪說，亦破佛門中錯悟名師之謬說，亦破禪宗部分祖師之狂禪：不讀經典、一向主張「一悟即成究竟佛」之謬執。並開示愚夫所行禪、觀察義禪、攀緣如禪、如來禪等差別，令行者對於三乘禪法差異有所分辨；亦糾正禪宗祖師古來對於如來禪之誤解，嗣後可免以訛傳訛之弊。此經亦是法相唯識宗之根本經典，禪者悟後欲修一切種智而入初地者，必須詳讀。　平實導師著，全套共十輯，已全部出版完畢，每輯主文約320頁，每冊約352頁，定價250元。

宗門血脈—公案拈提第四輯：末法怪象—許多修行人自以爲悟，每將無念靈知認作眞實；崇尚二乘法諸師及其徒衆，則將外於如來藏之緣起性空—無因論之無常空、斷滅空、一切法空—錯認爲　佛所說之般若空性。這兩種現象已於當今海峽兩岸及美加地區顯密大師之中普遍存在；人人自以爲悟，心高氣壯，便敢寫書解釋祖師證悟之公案，大多出於意識思惟所得，言不及義，錯誤百出，因此誤導廣大佛子同陷大妄語之地獄業中而不能自知。彼等書中所說之悟處，其實處處違背第一義經典之聖言量。彼等諸人不論是否身披袈裟，都非佛法宗門血脈，或雖有禪宗法脈之傳承，亦只徒具形式；猶如螟蛉，非眞血脈，未悟得根本眞實故。禪子欲知　佛、祖之眞血脈者，請讀此書，便知分曉。平實導師著，主文452頁，全書464頁，定價500元（2007年起，凡購買公案拈提第一輯至第七輯，每購一輯皆贈送本公司精製公案拈提〈超意境〉CD一片，市售價格280元，多購多贈）。

宗通與說通：古今中外，錯誤之人如麻似粟，每以常見外道所說之靈知心，認作眞心；或妄想虛空之勝性能量爲眞如，或錯認物質四大元素藉冥性（靈知心本體）能成就吾人色身及知覺，或認初禪至四禪中之了知心爲不生不滅之涅槃心。此等皆非通宗者之見地。復有錯悟之人一向主張「宗門與教門不相干」，此即尚未通達宗門之人也。其實宗門與教門互通不二，宗門所證者乃是眞如與佛性，故教門與宗門不二。本書作者以宗教二門互通之見地，細說「宗通與說通」，從初見道至悟後起修之道、細說分明；並將諸宗諸派在整體佛教中之地位與次第，加以明確之教判，學人讀之即可了知佛法之梗概也。欲擇明師學法之前，允宜先讀。平實導師著，主文共381頁，全書392頁，只售成本價300元。

宗門正道—公案拈提第五輯：修學大乘佛法有二果須證—解脫果及大菩提果。二乘人不證大菩提果，唯證解脫果；此果之智慧，名爲聲聞菩提、緣覺菩提。大乘佛子所證二果之菩提果爲佛菩提，故名大菩提果，其慧名爲一切種智—函蓋二乘解脫果。然此大乘二果修證，須經由禪宗之宗門證悟方能相應。而宗門證悟極難，自古已然；其所以難者，咎在古今佛教界普遍存在三種邪見：1.以修定認作佛法，2.以無因論之緣起性空—否定涅槃本際如來藏以後之一切法空作爲佛法，3.以常見外道邪見（離語言妄念之靈知性）作爲佛法。如是邪見，或因自身正見未立所致，或因邪師之邪教導所致，或因無始劫來虛妄熏習所致。若不破除此三種邪見，永劫不悟宗門眞義、不入大乘正道，唯能外門廣修菩薩行。平實導師於此書中，有極爲詳細之說明，有志佛子欲摧邪見、入於內門修菩薩行者，當閱此書。主文共496頁，全書512頁。售價500元（2007年起，凡購買公案拈提第一輯至第七輯，每購一輯皆贈送本公司精製公案拈提〈超意境〉CD一片，市售價格280元，多購多贈）。

狂密與真密：密教之修學，皆由有相之觀行法門而入，其最終目標仍不離顯教經典所說第一義諦之修證；若離顯教第一義經典、或違背顯教第一義經典，即非佛教。西藏密教之觀行法，如灌頂、觀想、遷識法、寶瓶氣、大聖歡喜雙身修法、喜金剛、無上瑜伽、大樂光明、樂空雙運等，皆是印度教兩性生生不息思想之轉化，自始至終皆以如何能運用交合淫樂之法達到全身受樂爲其中心思想，純屬欲界五欲的貪愛，不能令人超出欲界輪迴，更不能令人斷除我見；何況大乘之明心與見性，更無論矣！故密宗之法絕非佛法也。而其明光大手印、大圓滿法教，又皆同以常見外道所說離語言妄念之無念靈知心錯認爲佛地之眞如，不能直指不生不滅之眞如。西藏密宗所有法王與徒衆，都尚未開頂門眼，不能辨別眞僞，以依人不依法、依密續不依經典故，不肯將其上師喇嘛所說對照第一義經典，純依密續之藏密祖師所說爲準，因此而誇大其證德與證量，動輒謂彼祖師上師爲究竟佛、爲地上菩薩；如今台海兩岸亦有自謂其師證量高於　釋迦文佛者，然觀其師所述，猶未見道，仍在觀行即佛階段，尚未到禪宗相似即佛、分證即佛階位，竟敢標榜爲究竟佛及地上法王，誑惑初機學人。凡此怪象皆是狂密，不同於眞密之修行者。近年狂密盛行，密宗行者被誤導者極衆，動輒自謂已證佛地眞如，自視爲究竟佛，陷於大妄語業中而不知自省，反謗顯宗眞修實證者之證量粗淺；或如義雲高與釋性圓…等人，於報紙上公然誹謗眞實證道者爲「騙子、無道人、人妖、癩蛤蟆…」等，造下誹謗大乘勝義僧之大惡業；或以外道法中有爲有作之甘露、魔術……等法，誑騙初機學人，狂言彼外道法爲眞佛法。如是怪象，在西藏密宗及附藏密之外道中，不一而足，舉之不盡，學人宜應愼思明辨，以免上當後又犯毀破菩薩戒之重罪。密宗學人若欲遠離邪知邪見者，請閱此書，即能了知密宗之邪謬，從此遠離邪見與邪修，轉入眞正之佛道。平實導師著　共四輯　每輯約400頁（主文約340頁）每輯售價300元。

宗門正義—公案拈提第六輯：佛教有六大危機，乃是藏密化、世俗化、膚淺化、學術化、宗門密意失傳、悟後進修諸地之次第混淆；其中尤以宗門密意之失傳，爲當代佛教最大之危機。由宗門密意失傳故，易令 世尊本懷普被錯解，易令 世尊正法被轉易爲外道法，以及加以淺化、世俗化，是故宗門密意之廣泛弘傳與具緣佛弟子，極爲重要。然而欲令宗門密意之廣泛弘傳予具緣之佛弟子者，必須同時配合錯誤知見之解析、普令佛弟子知之，然後輔以公案解析之直示入處，方能令具緣之佛弟子悟入。而此二者，皆須以公案拈提之方式爲之，方易成其功、竟其業，是故平實導師續作宗門正義一書，以利學人。 全書500餘頁，售價500元（2007年起，凡購買公案拈提第一輯至第七輯，每購一輯皆贈送本公司精製公案拈提〈超意境〉CD一片，市售價格280元，多購多贈）。

心經密意—心經與解脫道、佛菩提道、祖師公案之關係與密意。二乘菩提所證之解脫道，實依第八識心之斷除煩惱障現行而立解脫之名；大乘菩提所證之佛菩提道，實依親證第八識如來藏之涅槃性、清淨自性、及其中道性而立般若之名；禪宗祖師公案所證之眞心，即是此第八識如來藏；是故三乘佛法所修所證之三乘菩提，皆依此如來藏心而立名也。此第八識心，即是《心經》所說之心也。證得此如來藏已，即能漸入大乘佛菩提道，亦可因證知此心而了知二乘無學所不能知之無餘涅槃本際，是故《心經》之密意，與三乘佛菩提之關係極爲密切、不可分割，三乘佛法皆依此心而立名故。今者平實導師以其所證解脫道之無生智及佛菩提之般若種智，將《心經》與解脫道、佛菩提道、祖師公案之關係與密意，以演講之方式，用淺顯之語句和盤托出，發前人所未言，呈三乘菩提之眞義，令人藉此《心經密意》一舉而窺三乘菩提之堂奧，迥異諸方言不及義之說；欲求眞實佛智者、不可不讀！主文317頁，連同跋文及序文…等共384頁，售價300元。

宗門密意—公案拈提第七輯：佛教之世俗化，將導致學人以信仰作爲學佛，則將以感應及世間法之庇祐，作爲學佛之主要目標，不能了知學佛之主要目標爲親證三乘菩提。大乘菩提則以般若實相智慧爲主要修習目標，以二乘菩提解脫道爲附帶修習之標的；是故學習大乘法者，應以禪宗之證悟爲要務，能親入大乘菩提之實相般若智慧中故，般若實相智慧非二乘聖人所能知故。此書則以台灣世俗化佛教之三大法師，說法似是而非之實例，配合眞悟祖師之公案解析，提示證悟般若之關節，令學人易得悟入。平實導師著，全書五百餘頁，售價500元（2007年起，凡購買公案拈提第一輯至第七輯，每購一輯皆贈送本公司精製公案拈提〈超意境〉CD一片，市售價格280元，多購多贈）。

淨土聖道—兼評選擇本願念佛：佛法甚深極廣，般若玄微，非諸二乘聖僧所能知之，一切凡夫更無論矣！所謂一切證量皆歸淨土是也！是故大乘法中「聖道之淨土、淨土之聖道」，其義甚深，難可了知；乃至眞悟之人，初心亦難知也。今有正德老師眞實證悟後，復能深探淨土與聖道之緊密關係，憐憫眾生之誤會淨土實義，亦欲利益廣大淨土行人同入聖道，同獲淨土中之聖道門要義，乃振奮心神、書以成文，今得刊行天下。主文279頁，連同序文等共301頁，總有十一萬六千餘字，正德老師著，成本價200元。

起信論講記：詳解大乘起信論心生滅門與心眞如門之眞實意旨，消除以往大師與學人對起信論所說心生滅門之誤解，由是而得了知眞心如來藏之非常非斷中道正理；亦因此一講解，令此論以往隱晦而被誤解之眞實義，得以如實顯示，令大乘佛菩提道之正理得以顯揚光大；初機學者亦可藉此正論所顯示之法義，對大乘法理生起正信，從此得以眞發菩提心，眞入大乘法中修學，世世常修菩薩正行。平實導師演述，共六輯，都已出版，每輯三百餘頁，售價各250元。

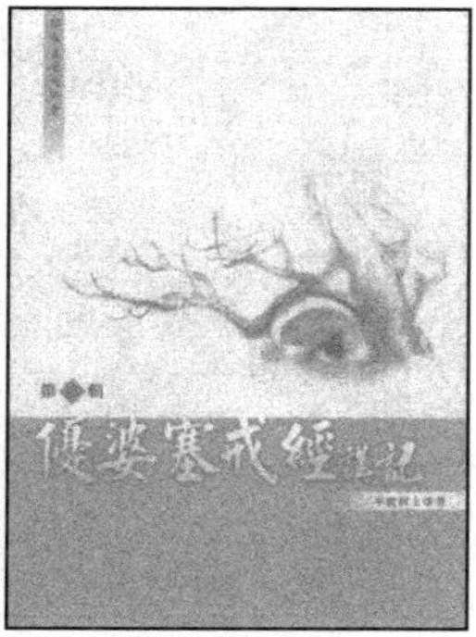

優婆塞戒經講記：本經詳述在家菩薩修學大乘佛法，應如何受持菩薩戒？對人間善行應如何看待？對三寶應如何護持？應如何正確地修集此世後世證法之福德？應如何修集後世「行菩薩道之資糧」？並詳述第一義諦之正義：五蘊非我非異我、自作自受、異作異受、不作不受……等深妙法義，乃是修學大乘佛法、行菩薩行之在家菩薩所應當了知者。出家菩薩今世或未來世登地已，捨報之後多數將如華嚴經中諸大菩薩，以在家菩薩身而修行菩薩行，故亦應以此經所述正理而修之，配合《楞伽經、解深密經、楞嚴經、華嚴經》等道次第正理，方得漸次成就佛道；故此經是一切大乘行者皆應證知之正法。平實導師講述，每輯三百餘頁，售價各250元；共八輯，已全部出版。

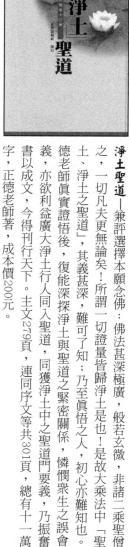

真假活佛—略論附佛外道盧勝彥之邪說：人人身中都有眞活佛，永生不滅而有大神用，但衆生都不了知，所以常被身外的西藏密宗假活佛籠罩欺瞞。本來就眞實存在的眞活佛，才是眞正的密宗無上密！諾那活佛因此而說禪宗是大密宗，但藏密的所有活佛都不知道、也不曾實證自身中的眞活佛。本書詳實宣示眞活佛的道理，舉證盧勝彥的「佛法」不是眞佛法，也顯示盧勝彥是假活佛，直接的闡釋第一義佛法見道的眞實正理。眞佛宗的所有上師與學人們，都應該詳細閱讀，包括盧勝彥個人在內。正犀居士著，優惠價140元。

阿含正義—唯識學探源：廣說四大部《阿含經》諸經中隱說之眞正義理，一一舉示佛陀本懷，令阿含時期初轉法輪根本經典之眞義，如實顯現於佛子眼前。並提示末法大師對於阿含眞義誤解之實例，一一比對之，證實唯識增上慧學確於原始佛法之阿含諸經中已隱覆密意而略說之，證實 世尊確於原始佛法中已曾密意而說第八識如來藏之總相；亦證實 世尊在四阿含中已說此藏識是名色十八界之因、之本—證明如來藏是能生萬法之根本心。佛子可據此修正以往受諸大師（譬如西藏密宗應成派中觀師：印順、昭慧、性廣、大願、達賴、宗喀巴、寂天、月稱、……等人）誤導之邪見，建立正見，轉入正道乃至親證初果而無困難；書中並詳說三果所證的心解脫，以及四果慧解脫的親證，都是如實可行的具體知見與行門。全書共七輯，已出版完畢。平實導師著，每輯三百餘頁，售價300元。

超意境CD：以平實導師公案拈提書中超越意境之頌詞，加上曲風優美的旋律，錄成令人嚮往的超意境歌曲，其中包括正覺發願文及平實導師親自譜成的黃梅調歌曲一首。詞曲雋永，殊堪翫味，可供學禪者吟詠，有助於見道。內附設計精美的彩色小冊，解說每一首詞的背景本事。每片280元。【每購買公案拈提書籍一冊，即贈送一片。】

我的菩提路第一輯：凡夫及二乘聖人不能實證的佛菩提證悟，末法時代的今天仍然有人能得實證，由正覺同修會釋悟圓、釋善藏法師等二十餘位實證如來藏者所寫的見道報告，已爲當代學人見證宗門正法之絲縷不絕，證明大乘義學的法脈仍然存在，爲末法時代求悟般若之學人照耀出光明的坦途。由二十餘位大乘見道者所繕，敘述各種不同的學法、見道因緣與過程，參禪求悟者必讀。全書三百餘頁，售價300元。

我的菩提路第二輯：由郭正益老師等人合著，書中詳述彼等諸人歷經各處道場學法，一一修學而加以檢擇之不同過程以後，因閱讀正覺同修會、正智出版社書籍而發起抉擇分，轉入正覺同修會中修學；乃至學法及見道之過程，都一一詳述之。其中張志成等人係由前現代禪轉進正覺同修會，張志成原爲現代禪副宗長，以前未閱本會書籍時，曾被人藉其名義著文評論平實導師（詳見《宗通與說通》辨正及《眼見佛性》書末附錄…等）；後因偶然接觸正覺同修會書籍，深覺以前聽人評論平實導師之語不實，於是投入極多時間閱讀本會書籍、深入思辨，詳細探索中觀與唯識之關聯與異同，認爲正覺之法義方是正法，深覺相應；亦解開多年來對佛法的迷雲，確定應依八識論正理修學方是正法。乃不顧面子，毅然前往正覺同修會面見平實導師懺悔，並正式學法求悟。今已與其同修王美伶（亦爲前現代禪傳法老師），同樣證悟如來藏而證得法界實相，生起實相般若眞智。此書中尚有七年來本會第一位眼見佛性者之見性報告一篇，一同供養大乘佛弟子。全書四百頁，售價300元。

我的菩提路第三輯：由王美伶老師等人合著。自從正覺同修會成立以來，每年夏初、冬初都舉辦精進禪三共修，藉以助益會中同修們得以證悟明心發起般若實相智慧；凡已實證而被平實導師印證者，皆書具見道報告用以證明佛法之眞實可證而非玄學，證明佛法並非純屬思想、理論而無實質，是故每年都能有人證明正覺同修會的「實證佛教」主張並非虛語。特別是眼見佛性一法，自古以來中國禪宗祖師實證者極寡，較之明心開悟的證境更難令人信受；至2017年初，正覺同修會中的證悟明心者已近五百人，然而其中眼見佛性者至今唯十餘人爾，可謂難能可貴，是故明心後欲冀眼見佛性者實屬不易。黃正倖老師是懸絕七年無人見性後的第一人，她於2009年的見性報告刊於本書的第二輯中，爲大眾證明佛性確實可以眼見；其後七年之中求見性者都屬解悟佛性而無人眼見，幸而又經七年後的2016冬初，以及2017夏初的禪三，復有三人眼見佛性，希冀鼓舞四眾佛子求見佛性之大心，今則具載一則於書末，顯示求見佛性之事實經歷，供養現代佛教界欲得見性之四眾弟子。全書四百頁，售價300元，預定2017年6月30日發行。

我的菩提路第四輯：由陳晏平等人著。中國禪宗祖師往往有所謂「見性」之言，所言多屬看見如來藏具有能令人發起成佛之自性，並非《大般涅槃經》中如來所說之眼見佛性。眼見佛性者，於親見佛性之時，即能於山河大地眼見自己佛性，亦能於他人身上眼見自己佛性及對方之佛性，如是境界無法爲尚未實證者解釋；勉強說之，縱使眞實明心證悟之人聞之，亦只能以自身明心之境界想像之，但不論如何想像多屬非量，能有正確之比量者亦是稀有，故說眼見佛性極爲困難。眼見佛性之人若所見極分明時，在所見佛性之境界下所眼見之山河大地、自己五蘊身心皆是虛幻，自有異於明心者之解脫功德受用，此後永不思證二乘涅槃，必定邁向成佛之道而進入第十住位中，已超第一阿僧祇劫三分有一，可謂之爲超劫精進也。今又有明心之後眼見佛性之人出於人間，將其明心及後來見性之報告，連同其餘證悟明心者之精彩報告一同收錄於此書中，供養眞求佛法實證之四衆佛子。全書380頁，售價300元，預定2018年6月30日發行。

鈍鳥與靈龜：鈍鳥及靈龜二物，被宗門證悟者說爲二種人：前者是精修禪定而無智慧者，也是以定爲禪的愚癡禪人；後者是或有禪定、或無禪定的宗門證悟者，凡已證悟者皆是靈龜。但後來被人虛造事實，用以嘲笑大慧宗杲禪師，說他雖是靈龜，卻不免被天童禪師預記「患背」痛苦而亡：「鈍鳥離巢易，靈龜脫殼難。」藉以貶低大慧宗杲的證量。同時將天童禪師實證如來藏的證量，曲解爲意識境界的離念靈知。自從大慧禪師入滅以後，錯悟凡夫對他的不實毀謗就一直存在著，不曾止息，並且捏造的假事實也隨著年月的增加而越來越多，終至編成「鈍鳥與靈龜」的假公案、假故事。本書是考證大慧與天童之間的不朽情誼，顯現這件假公案的虛妄不實；更見大慧宗杲面對惡勢力時的正直不阿，亦顯示大慧對天童禪師的至情深義，將使後人對大慧宗杲的誣謗至此而止，不再有人誤犯毀謗賢聖的惡業。書中亦舉證宗門的所悟確以第八識如來藏爲標的，詳讀之後必可改正以前被錯悟大師誤導的參禪知見，日後必定有助於實證禪宗的開悟境界，得階大乘眞見道位中，即是實證般若之賢聖。全書459頁，售價350元。

維摩詰經講記：本經係 世尊在世時，由等覺菩薩維摩詰居士藉疾病而演說之大乘菩提無上妙義，所說函蓋甚廣，然極簡略，是故今時諸方大師與學人讀之悉皆錯解，何況能知其中隱含之深妙正義，是故普遍無法爲人解說；若強爲人說，則成依文解義而有諸多過失。今由平實導師公開宣講之後，詳實解釋其中密意，令維摩詰菩薩所說大乘不可思議解脫之深妙正法得以正確宣流於人間，利益當代學人及與諸方大師。書中詳實演述大乘佛法深妙不共二乘之智慧境界，顯示諸法之中絕待之實相境界，建立大乘菩薩妙道於永遠不敗不壞之地，以此成就護法偉功，欲冀永利娑婆人天。已經宣講圓滿整理成書流通，以利諸方大師及諸學人。全書共六輯，每輯三百餘頁，售價各250元。

真假外道：本書具體舉證佛門中的常見外道知見實例，並加以教證及理證上的辨正，幫助讀者輕鬆而快速的了知常見外道的錯誤知見，進而遠離佛門內外的常見外道知見，因此即能改正修學方向而快速實證佛法。游正光老師著 。成本價200元。

勝鬘經講記：如來藏爲三乘菩提之所依，若離如來藏心體及其含藏之一切種子，即無三界有情及一切世間法，亦無二乘菩提緣起性空之出世間法；本經詳說無始無明、一念無明皆依如來藏而有之正理，藉著詳解煩惱障與所知障間之關係，令學人深入了知二乘菩提與佛菩提相異之妙理；聞後即可了知佛菩提之特勝處及三乘修道之方向與原理，邁向攝受正法而速成佛道的境界中。平實導師講述，共六輯，每輯三百餘頁，售價各250元。

楞嚴經講記：楞嚴經係密教部之重要經典，亦是顯教中普受重視之經典；經中宣說明心與見性之內涵極爲詳細，將一切法都會歸如來藏及佛性—妙眞如性；亦闡釋佛菩提道修學過程中之種種魔境，以及外道誤會涅槃之狀況，旁及三界世間之起源。然因言句深澀難解，法義亦復深妙寬廣，學人讀之普難通達，是故讀者大多誤會，不能如實理解佛所說之明心與見性內涵，亦因是故多有悟錯之人引爲開悟之證言，成就大妄語罪。今由平實導師詳細講解之後，整理成文，以易讀易懂之語體文刊行天下，以利學人。全書十五輯，全部出版完畢。每輯三百餘頁，售價每輯300元。

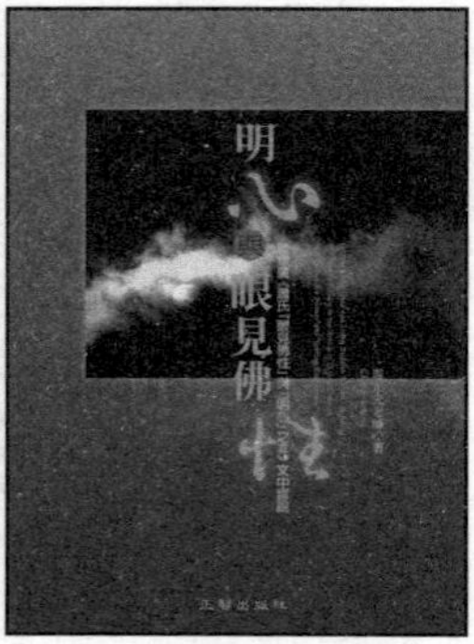

明心與眼見佛性：本書細述明心與眼見佛性之異同，同時顯示了中國禪宗破初參明心與重關眼見佛性二關之間的關聯；書中又藉法義辨正而旁述其他許多勝妙法義，讀後必能遠離佛門長久以來積非成是的錯誤知見，令讀者在佛法的實證上有極大助益。也藉慧廣法師的謬論來教導佛門學人回歸正知正見，遠離古今禪門錯悟者所墮的意識境界，非唯有助於斷我見，也對未來的開悟明心實證第八識如來藏有所助益，是故學禪者都應細讀之。游正光老師著　共448頁　售價300元。

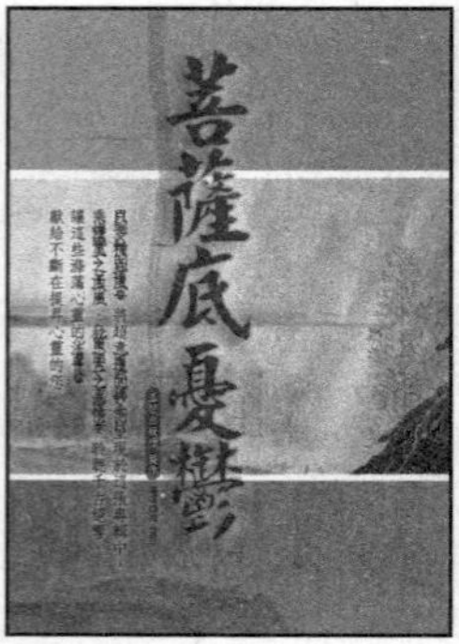

菩薩底憂鬱CD：將菩薩情懷及禪宗公案寫成新詞，並製作成超越意境的優美歌曲。1.主題曲〈菩薩底憂鬱〉，描述地後菩薩能離三界生死而迴向繼續生在人間，但因尚未斷盡習氣種子而有極深沈之憂鬱，非三賢位菩薩及二乘聖者所知，此憂鬱在七地滿心位方才斷盡；本曲之詞中所說義理極深，昔來所未曾見；此曲係以優美的情歌風格寫詞及作曲，聞者得以激發嚮往諸地菩薩境界之大心，詞、曲都非常優美，難得一見；其中勝妙義理之解說，已印在附贈之彩色小冊中。2.以各輯公案拈提中直示禪門入處之頌文，作成各種不同曲風之超意境歌曲，值得玩味、參究；聆聽公案拈提之優美歌曲時，請同時閱讀內附之印刷精美說明小冊，可以領會超越三界的證悟境界；未悟者可以因此引發求悟之意向及疑情，眞發菩提心而邁向求悟之途，乃至因此眞實悟入般若，成眞菩薩。3.正覺總持咒新曲，總持佛法大意；總持咒之義理，已加以解說並印在隨附之小冊中。本CD共有十首歌曲，長達63分鐘，附贈二張購書優惠券。每片280元。

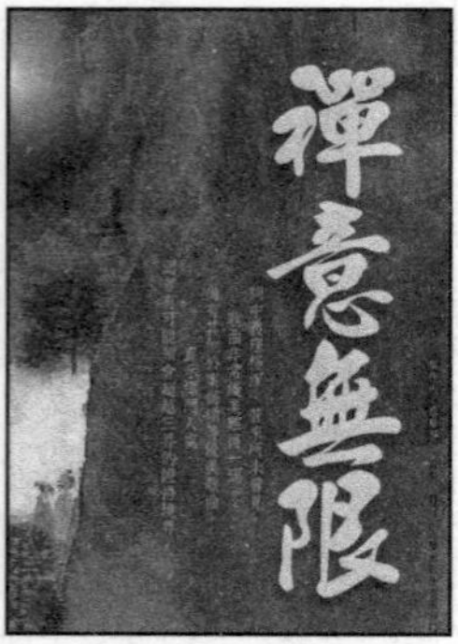

禪意無限CD：平實導師以公案拈提書中偈頌寫成不同風格曲子，與他人所寫不同風格曲子共同錄製出版，幫助參禪人進入禪門超越意識之境界。盒中附贈彩色印製的精美解說小冊，以供聆聽時閱讀，令參禪人得以發起參禪之疑情，即有機會證悟本來面目，實證大乘菩提般若。本CD共有十首歌曲，長達69分鐘，每盒各附贈二張購書優惠券。每片280元。

金剛經宗通：三界唯心，萬法唯識，是成佛之修證內容，是諸地菩薩之所修；般若則是成佛之道（實證三界唯心、萬法唯識）的入門，若未證悟實相般若，即無成佛之可能，必將永在外門廣行菩薩六度，永在凡夫位中。然而實相般若的發起，全賴實證萬法的實相；若欲證知萬法的眞相，則必須探究萬法之所從來，則須實證自心如來—金剛心如來藏，然後現觀這個金剛心的金剛性、眞實性、如如性、清淨性、涅槃性、能生萬法的自性性、本住性，名爲證眞如；進而現觀三界六道唯是此金剛心所成，人間萬法須藉八識心王和合運作方能現起。如是實證《華嚴經》的「三界唯心、萬法唯識」以後，由此等現觀而發起實相般若智慧，繼續進修第十住位的如幻觀、第十行位的陽焰觀、第十迴向位的如夢觀，再生起增上意樂而勇發十無盡願，方能滿足三賢位的實證，轉入初地；自知成佛之道而無偏倚，從此按部就班、次第進修乃至成佛。第八識自心如來是般若智慧之所依，般若智慧的修證則要從實證金剛心自心如來開始；《金剛經》則是解說自心如來之經典，是一切三賢位菩薩所應進修之實相般若經典。這一套書，是將平實導師宣講的《金剛經宗通》內容，整理成文字而流通之；書中所說義理，迥異古今諸家依文解義之說，指出大乘見道方向與理路，有益於禪宗學人求開悟見道，及轉入內門廣修六度萬行。講述完畢後結集出版，總共9輯，每輯約三百餘頁，售價各250元。

空行母—性別、身分定位，以及藏傳佛教：本書作者爲蘇格蘭哲學家，因爲嚮往佛教深妙的哲學內涵，於是進入當年盛行於歐美的假藏傳佛教密宗，擔任卡盧仁波切的翻譯工作多年以後，被邀請成爲卡盧的空行母（又名佛母、明妃），開始了她在密宗裡的實修過程；後來發覺在密宗雙身法中的修行，其實無法使自己成佛，也發覺密宗對女性岐視而處處貶抑，並剝奪女性在雙身法中擔任一半角色時應有的身分定位。當她發覺自己只是雙身法中被喇嘛利用的工具，沒有獲得絲毫應有的尊重與基本定位時，發現了密宗的父權社會控制女性的本質；於是作者傷心地離開了卡盧仁波切與密宗，但是卻被恐嚇不許講出她在密宗裡的經歷，也不許她說出自己對密宗的教義與教制下對女性剝削的本質，否則將被咒殺死亡。後來她去加拿大定居，十餘年後方才擺脫這個恐嚇陰影，下定決心將親身經歷的實情及觀察到的事實寫下來並且出版，公諸於世。出版之後，她被流亡的達賴集團人士大力攻訐，誣指她爲精神狀態失常、說謊……等。但有智之士並未被達賴集團的政治操作及各國政府政治運作吹捧達賴的表相所欺，使她的書銷售無阻而又再版。正智出版社鑑於作者此書是親身經歷的事實，所說具有針對「藏傳佛教」而作學術研究的價值，也有使人認清假藏傳佛教剝削佛母、明妃的男性本位實質，因此洽請作者同意中譯而出版於華人地區。珍妮·坎貝爾女士著，呂艾倫 中譯，每冊250元。

霧峰無霧—給哥哥的信　本書作者藉兄弟之間信件往來論義，略述佛法大義；並以多篇短文辨義，舉出釋印順對佛法的無量誤解證據，並一一給予簡單而清晰的辨正，令人一讀即知。久讀、多讀之後即能認清楚釋印順的六識論見解，與眞實佛法之牴觸是多麼嚴重；於是在久讀、多讀之後，於不知不覺之間提升了對佛法的極深入理解，正知正見就在不知不覺間建立起來了。當三乘佛法的正知見建立起來之後，對於三乘菩提的見道條件便將隨之具足，於是聲聞解脫道的見道也就水到渠成；接著大乘見道的因緣也將次第成熟，未來自然也會有親見大乘菩提之道的因緣，悟入大乘實相般若也將自然成功，自能通達般若系列諸經而成實義菩薩。作者居住於南投縣霧峰鄉，自喻見道之後不復再見霧峰之霧，故鄉原野美景一一明見，於是立此書名爲《霧峰無霧》；讀者若欲撥霧見月，可以此書爲緣。游宗明 老師著 售價250元。

假藏傳佛教的神話—性、謊言、喇嘛教：本書編著者是由一首名叫「阿姊鼓」的歌曲爲緣起，展開了序幕，揭開假藏傳佛教—喇嘛教—的神秘面紗。其重點是蒐集、摘錄網路上質疑「喇嘛教」的帖子，以揭穿「假藏傳佛教的神話」爲主題，串聯成書，並附加彩色插圖以及說明，讓讀者們瞭解西藏密宗及相關人事如何被操作爲「神話」的過程，以及神話背後的眞相。作者：張正玄教授。售價200元。

達賴真面目—玩盡天下女人：假使您不想戴綠帽子，請記得詳細閱讀此書；假使您不想讓好朋友戴綠帽子，請您將此書介紹給您的好朋友。假使您想保護家中的女性，也想要保護好朋友的女眷，請記得將此書送給家中的女性和好友的女眷都來閱讀。本書為印刷精美的大本彩色中英對照精裝本，為您揭開達賴喇嘛的真面目，內容精彩不容錯過，為利益社會大眾，特別以優惠價格嘉惠所有讀者。編著者：白志偉等。大開版雪銅紙彩色精裝本。售價800元。

童女迦葉考—論呂凱文〈佛教輪迴思想的論述分析〉之謬：童女迦葉是佛世率領五百大比丘遊行於人間的歷史事實，是以童貞行而依止菩薩戒弘化於人間的大菩薩，不依別解脫戒（聲聞戒）來弘化於人間。這是大乘佛教與聲聞佛教同時存在於佛世的歷史明證，證明大乘佛教不是從聲聞法中分裂出來的部派佛教的產物，卻是聲聞佛教分裂出來的部派佛教聲聞凡夫僧所不樂見的史實；於是古今聲聞法中的凡夫都欲加以扭曲而作詭說，更是末法時代高聲大呼「大乘非佛說」的六識論聲聞凡夫極力想要扭曲的佛教史實之一，於是想方設法扭曲迦葉菩薩為聲聞僧，以及扭曲迦葉童女為比丘僧等荒謬不實之論著便陸續出現，古時聲聞僧寫作的《分別功德論》是最具體之事例，現代之代表作則是呂凱文先生的〈佛教輪迴思想的論述分析〉論文。鑑於如是假藉學術考證以籠罩大眾之不實謬論，未來仍將繼續造作及流竄於佛教界，繼續扼殺大乘佛教學人法身慧命，必須舉證辨正之，遂成此書。平實導師 著，每冊180元。

末代達賴—性交教主的悲歌：簡介從藏傳偽佛教（喇嘛教）的修行核心—性力派男女雙修，探討達賴喇嘛及藏傳偽佛教的修行內涵。書中引用外國知名學者著作、世界各地新聞報導，包含：歷代達賴喇嘛的祕史、達賴六世修雙身法的事蹟，以及《時輪續》中的性交灌頂儀式……等；達賴喇嘛書中開示的雙修法、達賴喇嘛的黑暗政治手段；達賴喇嘛所領導的寺院爆發喇嘛性侵兒童；新聞報導《西藏生死書》作者索甲仁波切性侵女信徒、澳洲喇嘛秋達公開道歉、美國最大假藏傳佛教組織領導人邱陽創巴仁波切的性氾濫，等等事件背後真相的揭露。作者：張善思、呂艾倫、辛燕。售價250元。

黯淡的達賴—失去光彩的諾貝爾和平獎：本書舉出很多證據與論述，詳述達賴喇嘛不為世人所知的一面，顯示達賴喇嘛並不是真正的和平使者，而是假借諾貝爾和平獎的光環來欺騙世人；透過本書的說明與舉證，讀者可以更清楚的瞭解，達賴喇嘛是結合暴力、黑暗、淫欲於喇嘛教裡的集團首領，其政治行為與宗教主張，早已讓諾貝爾和平獎的光環染污了。　本書由財團法人正覺教育基金會寫作、編輯，由正覺出版社印行，每冊250元。

第七意識與第八意識？—穿越時空「超意識」：「三界唯心，萬法唯識」是佛教中應該實證的聖教，也是《華嚴經》中明載而可以實證的法界實相。唯心者，三界一切境界、一切諸法唯是一心所成就，即是每一個有情的第八識如來藏，不是意識心。唯識者，即是人類各各都具足的八識心王——眼識、耳鼻舌身意識、意根、阿賴耶識，第八阿賴耶識又名如來藏，人類五陰相應的萬法，莫不由八識心王共同運作而成就，故說萬法唯識。依聖教量及現量、比量，都可以證明意識是二法因緣生，是由第八識藉意根與法塵二法為因緣而出生，又是夜夜斷滅不存之生滅心，即無可能反過來出生第七識意根、第八識如來藏，當知不可能從生滅性的意識心中，細分出恆審思量的第七識意根，更無可能細分出恆而不審的第八識如來藏。本書是將演講內容整理成文字，細說如是內容，並已在《正覺電子報》連載完畢，今彙集成書以廣流通，欲幫助佛門有緣人斷除意識我見，跳脫於識陰之外而取證聲聞初果；嗣後修學禪宗時即得不墮外道神我之中，得以求證第八識金剛心而發起般若實智。平實導師 述，每冊300元。

中觀金鑑—詳述應成派中觀的起源與其破法本質：學佛人往往迷於中觀學派之不同學說，被應成派與自續派所迷惑；修學般若中觀二十年後自以為實證般若中觀了，卻仍不曾入門，甫聞實證般若中觀者之所說，則茫無所知，迷惑不解；隨後信心盡失，不知如何實證佛法；凡此，皆因惑於這二派中觀學說所致。自續派中觀所說同於常見，以意識境界立為第八識如來藏之境界，應成派所說則同於斷見，但又同立意識為常住法，故亦具足斷常二見。今者孫正德老師有鑑於此，乃將起源於密宗的應成派中觀學說，追本溯源，詳考其來源之外，亦一一舉證其立論內容，詳加辨正，令密宗雙身法祖師以識陰境界而造之應成派中觀學說本質，詳細呈現於學人眼前，令其維護雙身法之目的無所遁形。若欲遠離密宗此二大派中觀謬說，欲於三乘菩提有所進道者，允宜具足閱讀並細加思惟，反覆讀之以後將可捨棄邪道返歸正道，則於般若之實證即有可能，證後自能現觀如來藏之中道境界而成就中觀。本書分上、中、下三冊，每冊250元，全部出版完畢。

人間佛教—實證者必定不悖三乘菩提：「大乘非佛說」的講法似乎流傳已久，卻只是日本人企圖擺脫中國正統佛教的影響，而在明治維新時期才開始提出來的說法；台灣佛教、大陸佛教的淺學無智之人，由於未曾實證佛法而迷信日本人錯誤的學術考證，錯認爲這些別有用心的日本佛學考證的講法爲天竺佛教的眞實歷史；甚至還有更激進的反對佛教者提出「釋迦牟尼佛並非眞實存在，只是後人捏造的假歷史人物」，竟然也有少數人願意跟著「學術」的假光環而信受不疑，於是開始有一些佛教界人士造作了反對中國佛教而推崇南洋小乘佛教的行爲，使佛教的信仰者難以檢擇，導致一般大陸人士開始轉入基督教的盲目迷信中。在這些佛教及外教人士之中，也就有一分人根據此邪說而大聲主張「大乘非佛說」的謬論，這些人以「人間佛教」的名義來抵制中國正統佛教，公然宣稱中國的大乘佛教是由聲聞部派佛教的凡夫僧所創造出來的。這樣的說法流傳於台灣及大陸佛教界凡夫僧之中已久，卻非眞正的佛教歷史中曾經發生過的事，只是繼承六識論的聲聞法中凡夫僧依自己的意識境界立場，純憑臆想而編造出來的妄想說法，卻已經影響許多無智之凡夫僧俗信受不移。本書則是從佛教的經藏法義實質及實證的現量內涵本質立論，證明大乘佛法本是佛說，是從《阿含正義》尚未說過的不同面向來討論「人間佛教」的議題，證明「大乘眞佛說」。閱讀本書可以斷除六識論邪見，迴入三乘菩提正道發起實證的因緣；也能斷除禪宗學人學禪時普遍存在之錯誤知見，對於建立參禪時的正知見有很深的著墨。平實導師　述，內文488頁，全書528頁，定價400元。

喇嘛性世界—揭開假藏傳佛教譚崔瑜伽的面紗：這個世界中的喇嘛，號稱來自世外桃源的香格里拉，穿著或紅或黃的喇嘛長袍，散布於我們的身邊傳教灌頂，吸引了無數的人嚮往學習；這些喇嘛虔誠地爲大衆祈福，手中拿著寶杵（金剛）與寶鈴（蓮花），口中唸著咒語：「唵．嘛呢．叭咪．吽……」，咒語的意思是說：「我至誠歸命金剛杵上的寶珠伸向蓮花寶穴之中」！「喇嘛性世界」是什麼樣的「世界」呢？本書將爲您呈現喇嘛世界的面貌。當您發現眞相以後，您將會唸：「噢！喇嘛．性．世界，譚崔性交嘛！」作者：張善思、呂艾倫。售價200元。

見性與看話頭：黃正倖老師的《見性與看話頭》於《正覺電子報》連載完畢，今結集出版。書中詳說禪宗看話頭的詳細方法，並細說看話頭與眼見佛性的關係，以及眼見佛性者求見佛性前必須具備的條件。本書是禪宗實修者追求明心開悟時參禪的方法書，也是求見佛性者作功夫時必讀的方法書，內容兼顧眼見佛性的理論與實修之方法，是依實修之體驗配合理論而詳述，條理分明而且極爲詳實、周全、深入。本書內文375頁，全書416頁，售價300元。

實相經宗通：學佛之目的在於實證一切法界背後之實相，禪宗稱之爲本來面目或本地風光，佛菩提道中稱之爲實相法界；此實相法界即是金剛藏，又名佛法之祕密藏，即是能生有情五陰、十八界及宇宙萬有（山河大地、諸天、三惡道世間）的第八識如來藏，又名阿賴耶識心，即是禪宗祖師所說的眞如心，此心即是三界萬有背後的實相。證得此第八識心時，自能瞭解般若諸經中隱說的種種密意，即得發起實相般若——實相智慧。每見學佛人修學佛法二十年後仍對實相般若茫然無知，亦不知如何入門，茫無所趣；更因不知三乘菩提的互異互同，是故越是久學者對佛法越覺茫然，都肇因於尚未瞭解佛法的全貌，亦未瞭解佛法的修證內容即是第八識心所致。本書對於修學佛法者所應實證的實相境界提出明確解析，並提示趣入佛菩提道的入手處，有心親證實相般若的佛法實修者，宜詳讀之，於佛菩提道之實證即有下手處。平實導師述著，共八輯，已全部出版完畢，每輯成本價250元。

真心告訴您（一）——達賴喇嘛在幹什麼？這是一本報導篇章的選集，更是「破邪顯正」的暮鼓晨鐘。「破邪」是戳破假象，說明達賴喇嘛及其所率領的密宗四大派法王、喇嘛們，弘傳的佛法是仿冒的佛法；他們是假藏傳佛教，是坦特羅（譚崔性交）外道法和藏地崇奉鬼神的苯教混合成的「喇嘛教」，推廣的是以所謂「無上瑜伽」的男女雙身法冒充佛法的假佛教，詐財騙色誤導衆生，常常造成信徒家庭破碎、家中兒少失怙的嚴重後果。「顯正」是揭櫫眞相，指出眞正的藏傳佛教只有一個，就是覺囊巴，傳的是　釋迦牟尼佛演繹的第八識如來藏妙法，稱爲他空見大中觀。正覺教育基金會即以此古今輝映的如來藏正法正知見，在眞心新聞網中逐次報導出來，將箇中原委「眞心告訴您」，如今結集成書，與想要知道密宗眞相的您分享。售價250元。

法華經講義：此書爲平實導師始從2009/7/21演述至2014/1/14之講經錄音整理所成。世尊一代時教，總分五時三教，即是華嚴時、聲聞緣覺教、般若教、種智唯識教、法華時；依此五時三教區分爲藏、通、別、圓四教。本經是最後一時的圓教經典，圓滿收攝一切法教於本經中，是故最後的圓教聖訓中，特地指出無有三乘菩提，其實唯有一佛乘；皆因衆生愚迷故，方便區分爲三乘菩提以助衆生證道。世尊於此經中特地說明如來示現於人間的唯一大事因緣，便是爲有緣衆生「開、示、悟、入」諸佛的所知所見——第八識如來藏妙眞如心，並於諸品中隱說「妙法蓮花」如來藏心的密意。然因此經所說甚深難解，眞義隱晦，古來難得有人能窺堂奧；平實導師以知如是密意故，特爲末法佛門四衆演述《妙法蓮華經》中各品蘊含之密意，使古來未曾被古德註解出來的「此經」密意，如實顯示於當代學人眼前。乃至〈藥王菩薩本事品〉、〈妙音菩薩品〉、〈觀世音菩薩普門品〉、〈普賢菩薩勸發品〉中的微細密意，亦皆一併詳述之，開前人所未曾言之密意，示前人所未見之妙法。最後乃至以〈法華大意〉而總其成，全經妙旨貫通始終，而依佛旨圓攝於一心如來藏妙心，厥爲曠古未有之大說也。平實導師述　已於2015/5/31起開始出版，每二個月出版一輯，共25輯。每輯300元。

西藏「活佛轉世」制度——附佛、造神、世俗法：歷來關於喇嘛教活佛轉世的研究，多針對歷史及文化兩部分，於其所以成立的理論基礎，較少系統化的探討。尤其是此制度是否依據「佛法」而施設？是否合乎佛法眞實義？現有的文獻大多含糊其詞，或人云亦云，不曾有明確的闡釋與如實的見解。因此本文先從活佛轉世的由來，探索此制度的起源、背景與功能，並進而從活佛的尋訪與認證之過程，發掘活佛轉世的特徵，以確認「活佛轉世」在佛法中應具足何種果德。定價150元。

真心告訴您（二）——達賴喇嘛是佛教僧侶嗎？補祝達賴喇嘛八十大壽：這是一本針對當今達賴喇嘛所領導的喇嘛教，冒用佛教名相、於師徒間或師兄姊間，實修男女邪淫，而從佛法三乘菩提的現量與聖教量，揭發其謊言與邪術，證明達賴及其喇嘛教是仿冒佛教的外道，是「假藏傳佛教」。藏密四大派教義雖有「八識論」與「六識論」的表面差異，然其實修之內容，皆共許「無上瑜伽」四部灌頂爲究竟「成佛」之法門，也就是共以男女雙修之邪淫法爲「即身成佛」之密要，雖美其名曰「欲貪爲道」之「金剛乘」，並誇稱其成就超越於（應身佛）釋迦牟尼佛所傳之顯教般若乘之上；然詳考其理論，則或以意識離念時之粗細心爲第八識如來藏，或以中脈裡的明點爲第八識如來藏，或如宗喀巴與達賴堅決主張第六意識爲常恆不變之眞心者，分別墮於外道之常見與斷見中；全然違背 佛說能生五蘊之如來藏的實質。售價300元。

涅槃：眞正學佛之人，首要即是見道，由見道故方有涅槃之實證，證涅槃者方能出生死，但涅槃有四種：二乘聖者的有餘涅槃、無餘涅槃，以及大乘聖者的本來自性清淨涅槃、佛地的無住處涅槃。大乘聖者實證本來自性清淨涅槃，入地前再取證二乘涅槃，然後起惑潤生捨離二乘涅槃，繼續進修而在七地心前斷盡三界愛之習氣種子，依七地無生法忍之具足而證得念念入滅盡定；八地後進斷異熟生死，直至妙覺地下生人間成佛，具足四種涅槃，方是眞正成佛。此理古來少人言，以致誤會涅槃正理者比比皆是，今於此書中廣說四種涅槃、如何實證之理、實證前應有之條件，實屬本世紀佛教界極重要之著作，令人對涅槃有正確無訛之認識，然後可以依之實行而得實證。本書共有上下二冊，每冊各四百餘頁，對涅槃詳加解說，每冊各350元。預定2018/9出版上冊，2018/11出版下冊。

修習止觀坐禪法要講記：修學四禪八定之人，往往錯會禪定之修學知見，欲以無止盡之坐禪而證禪定境界，卻不知修除性障之行門才是修證四禪八定不可或缺之要素，故智者大師云「性障初禪」；性障不除，初禪永不現前，云何修證二禪等？又：行者學定，若唯知數息，而不解六妙門之方便善巧者，欲求一心入定，未到地定極難可得，智者大師名之爲「事障未來」：障礙未到地定之修證。又禪定之修證，不可違背二乘菩提及第一義法，否則縱使具足四禪八定，亦不能實證涅槃而出三界。此諸知見，智者大師於《修習止觀坐禪法要》中皆有闡釋。作者平實導師以其第一義之見地及禪定之實證證量，曾加以詳細解析。將俟正覺寺竣工啓用後重講，不限制聽講者資格；講後將以語體文整理出版。欲修習世間定及增上定之學者，宜細讀之。平實導師述著。

解深密經講記：本經係 世尊晚年第三轉法輪，宣說地上菩薩所應熏修之唯識正義經典，經中所說義理乃是大乘一切種智增上慧學，以阿陀那識—如來藏—阿賴耶識爲主體。禪宗之證悟者，若欲修證初地無生法忍乃至八地無生法忍者，必須修學《楞伽經、解深密經》所說之八識心王一切種智；此二經所說正法，方是眞正成佛之道；印順法師否定第八識如來藏之後所說萬法緣起性空之法，是以誤會後之二乘解脫道取代大乘眞正成佛之道，尚且不符二乘解脫道正理，亦已墮於斷滅見中，不可謂爲成佛之道也。平實導師曾於本會郭故理事長往生時，於喪宅中從首七開始宣講，於每一七各宣講三小時，至第十七而快速略講圓滿，作爲郭老之往生佛事功德，迴向郭老早證八地、速返娑婆住持正法。茲爲今時後世學人故，將擇期重講《解深密經》，以淺顯之語句講畢後，將會整理成文，用供證悟者進道；亦令諸方未悟者，據此經中佛語正義，修正邪見，依之速能入道。平實導師述著，全書輯數未定，每輯三百餘頁，將於未來重講完畢後逐輯出版。

阿含經講記—小乘解脫道之修證：數百年來，南傳佛法所說證果之不實，所說解脫道之虛妄，所弘解脫道法義之世俗化，皆已少人知之；從南洋傳入台灣與大陸之後，所說法義虛謬之事，亦復少人知之；今時台灣全島印順系統之法師居士，多不知南傳佛法數百年來所說解脫道之義理已然偏斜、已然世俗化、已非眞正之二乘解脫正道，猶極力推崇與弘揚。彼等南傳佛法近代所謂之證果者多非眞實證果者，譬如阿迦曼、葛印卡、帕奧禪師、一行禪師……等人，悉皆未斷我見故。近年更有台灣南部大願法師，高抬南傳佛法之二乘修證行門爲「捷徑究竟解脫之道」者，然而南傳佛法縱使眞修實證，得成阿羅漢，至高唯是二乘菩提解脫之道，絕非究竟解脫，無餘涅槃中之實際尚未得證故，法界之實相尚未了知故，習氣種子待除故，一切種智未實證故，焉得謂爲「究竟解脫」？即使南傳佛法近代眞有實證之阿羅漢，尚且不及三賢位中之七住明心菩薩本來自性清淨涅槃智慧境界，則不能知此賢位菩薩所證之無餘涅槃實際，仍非大乘佛法中之見道者，何況普未實證聲聞果乃至未斷我見之人？謬充證果已屬逾越，更何況是誤會二乘菩提之後，以未斷我見之凡夫知見所說之二乘菩提解脫偏斜法道，焉可高抬爲「究竟解脫」？而且自稱「捷徑之道」？又妄言解脫之道即是成佛之道，完全否定般若實智、否定三乘菩提所依之如來藏心體，此理大大不通也！平實導師爲令修學二乘菩提欲證解脫果者，普得迴入二乘菩提正見、正道中，是故選錄四阿含諸經中，對於二乘解脫道法義有具足圓滿說明之經典，預定未來十年內將會加以詳細講解，令學佛人得以了知二乘解脫道之修證理路與行門，庶免被人誤導之後，未證言證，干犯道禁，成大妄語，欲升反墮。本書首重斷除我見，以助行者斷除我見而實證初果爲著眼之目標，若能根據此書內容，配合平實導師所著《識蘊眞義》《阿含正義》內涵而作實地觀行，實證初果非爲難事，行者可以藉此三書自行確認聲聞初果爲實際可得現觀成就之事。此書中除依二乘經典所說加以宣示外，亦依斷除我見等之證量，及大乘法中道種智之證量，對於意識心之體性加以細述，令諸二乘學人必定得斷我見、常見，免除三縛結之繫縛。次則宣示斷除我執之理，欲令升進而得薄貪瞋痴，乃至斷五下分結…等。平實導師述，共二冊，每冊三百餘頁。每輯300元。

＊喇嘛教修外道雙身法，墮識陰境界，非佛教＊

＊弘揚如來藏他空見的覺囊派才是真正藏傳佛教＊

總經銷： 飛鴻 國際行銷股份有限公司

231 新北市新店市中正路 501 之 9 號 2 樓

Tel.02－82186688（五線代表號） Fax.02-82186458、82186459

零售：1.**全台連鎖經銷書局：**

三民書局、誠品書局、何嘉仁書店

敦煌書店、紀伊國屋、金石堂書局、建宏書局

諾貝爾圖書城、墊腳石圖書文化廣場

2.**台北市：**佛化人生 **大安區**羅斯福路 3 段 325 號 6 樓之 4 台電大樓對面

3.**新北市：**春大地書店 **蘆洲區**中正路 117 號

4.**桃園市：**御書堂 **龍潭區**中正路 123 號

5.**新竹市：**大學書局 **東區**建功路 10 號

6.**台中市：**瑞成書局 **東區**雙十路 1 段 4 之 33 號

佛教詠春書局 **南屯區**永春東路 884 號

文春書店 **霧峰區**中正路 1087 號

7.**彰化市：**心泉佛教文化中心 南瑤路 286 號

8.**高雄市：**政大書城 **苓雅區**光華路 148-83 號

明儀書局 **三民區**明福街 2 號\

青年書局 **苓雅區**青年一路 141 號

9.**宜蘭市：**金隆書局 中山路 3 段 43 號

10.**台東市：**東普佛教文物流通處 博愛路 282 號

11.**其餘鄉鎮市經銷書局：**請電詢總經銷**飛鴻**公司。

12.**大陸地區請洽：**

香港：樂文書店

旺角店 :香港九龍旺角西洋菜街 62 號 3 樓

電話 : (852) 2390 3723 email: luckwinbooks@gmail.com

銅鑼灣店 :香港銅鑼灣駱克道 506 號 2 樓

電話 : (852) 2881 1150 email: luckwinbs@gmail.com

廈門：廈門外圖臺灣書店有限公司

地址：廈門市思明區湖濱南路809 號 廈門外圖書城3 樓 郵編：361004

電話：0592-5061658（臺灣地區請撥打 86-592-5061658）

E-mail：JKB118＠188.COM

13.**美國：世界日報圖書部：**紐約圖書部 電話 7187468889#6262

洛杉磯圖書部 電話 3232616972#202

14.**國內外地區網路購書：**

正智出版社 書香園地 http://books.enlighten.org.tw/

（書籍簡介、經銷書局可直接聯結下列網路書局購書）

三民 網路書局 http://www.sanmin.com.tw

誠品 網路書局 http://www.eslitebooks.com

博客來 網路書局 http://www.books.com.tw
金石堂 網路書局 http://www.kingstone.com.tw
飛鴻 網路書局 http://fh6688.com.tw

附註：1.請儘量向各經銷書局購買：郵政劃撥需要八天才能寄到（本公司在您劃撥後第四天才能接到劃撥單，次日寄出後第二天您才能收到書籍，此六天中可能會遇到週休二日，是故共需八天才能收到書籍）若想要早日收到書籍者，請劃撥完畢後，將劃撥收據貼在紙上，旁邊寫上您的姓名、住址、郵區、電話、買書詳細內容，直接傳眞到本公司 02-28344822，並來電 02-28316727、28327495 確認是否已收到您的傳眞，即可提前收到書籍。 2.因台灣每月皆有五十餘種宗教類書籍上架，書局書架空間有限，故唯有新書方有機會上架，通常每次只能有一本新書上架；本公司出版新書，大多上架不久便已售出，若書局未再叫貨補充者，書架上即無新書陳列，則請直接向書局櫃台訂購。 3.若書局不便代購時，可於晚上共修時間向正覺同修會各共修處請購（共修時間及地點，詳閱**共修現況表**。每年例行年假期間請勿前往請書，年假期間請見共修現況表）。 4.郵購：郵政劃撥帳號 19068241。 5.正覺同修會會員購書都以八折計價（戶籍台北市者爲一般會員，外縣市爲護持會員）都可獲得優待，欲一次購買全部書籍者，可以考慮入會，節省書費。入會費一千元（第一年初加入時才需要繳），年費二千元。**6.尚未出版之書籍，請勿預先郵寄書款與本公司，謝謝您！** 7.若欲一次購齊本公司書籍，或同時取得正覺同修會贈閱之全部書籍者，請於正覺同修會共修時間，親到各共修處請購及索取；**台北市讀者**請洽：103 台北市承德路三段 267 號 10 樓（捷運淡水線 圓山站旁）請書時間：週一至週五爲 18.00~21.00，第一、三、五週週六爲 10.00~21.00，雙週之週六爲 10.00~18.00 請購處專線電話：25957295-分機 14（於請書時間方有人接聽）。

敬告大陸讀者：

大陸讀者購書、索書捷徑（尚未在大陸出版的書籍，以下二個途徑都可以購得，電子書另包括結緣書籍）：

1.廈門外國圖書公司：廈門市思明區湖濱南路 809 號 廈門外圖書城 3F
郵編：361004　　電話：0592-5061658　　網址：http://www.xibc.com.cn/

2.電子書：正智出版社有限公司及正覺同修會在台灣印行的各種局版書、結緣書，已有『**正覺電子書**』陸續上線中，提供讀者於手機、平板電腦上購書、下載、閱讀正智出版社、正覺同修會及正覺教育基金會所出版之電子書，詳細訊息敬請參閱『正覺電子書』專頁：http://books.enlighten.org.tw/ebook

關於平實導師的書訊，請上網查閱：

成佛之道　http://www.a202.idv.tw

正智出版社 書香園地　http://books.enlighten.org.tw/

中國網採訪佛教正覺同修會、正覺教育基金會訊息：

http://big5.china.com.cn/gate/big5/fangtan.china.com.cn/2014-06/19/content_32714638.htm

http://pinpai.china.com.cn/

★ 正智出版社有限公司售書之稅後盈餘，全部捐助財團法人正覺寺籌備處、佛教正覺同修會、正覺教育基金會，供作弘法及購建道場之用；懇請諸方大德支持，功德無量。

★ 聲　明 ★

本社於 2015/01/01 開始調整本目錄中部分書籍之售價，以因應各項成本的持續增加。

＊ 喇嘛教修外道雙身法、墮識陰境界，非佛教 ＊

＊ 弘揚如來藏他空見的覺囊派才是真正藏傳佛教 ＊

售後服務—換書啓事（免附回郵） 2017/12/05

《楞伽經詳解》第三輯初版免費調換新書啓事：茲因 平實導師弘法早期尚未回復往世全部證量，有些法義接受他人的說法，寫書當時並未察覺而有二處（同一種法義）跟著誤說，如今發現已將之修正。茲爲顧及讀者權益，已開始免費調換新書；敬請所有讀者將以前所購第三輯（不論第幾刷），攜回或寄回本公司免費換新；郵寄者之回郵由本公司負擔，不需寄來郵票。因此而造成讀者閱讀、以及換書的不便，在此向所有讀者致上萬分的歉意，祈請讀者大眾見諒！

《楞嚴經講記》第 14 輯初版首刷本免費調換新書啓事：本講記第 14 輯出版前因 平實導師諸事繁忙，未將之重新閱讀而只改正校對時發現的錯別字，故未能發覺十年前所說法義有部分錯誤，於第 15 輯付印前重閱時才發覺第 14 輯中有部分錯誤尚未改正。今已重新審閱修改並已重印完成，煩請所有讀者將以前所購第 14 輯初版首刷本，寄回本公司免費換新（初版二刷本無錯誤），本公司將於寄回新書時同時附上您寄書來換新時的郵資，並在此向所有讀者致上最誠懇的歉意。

《心經密意》初版書免費調換二版新書啓事：本書係演講錄音整理成書，講時因時間所限，省略部分段落未講。後於再版時補寫增加 13 頁，維持原價流通之。茲爲顧及初版讀者權益，自 2003/9/30 開始免費調換新書，原有初版一刷、二刷書籍，皆可寄來本公司換書。

《宗門法眼》已經增寫改版爲 464 頁新書，2008 年 6 月中旬出版。讀者原有初版之第一刷、第二刷書本，都可以寄回本公司免費調換改版新書。改版後之公案及錯悟事例維持不變，但將內容加以增說，較改版前更具有廣度與深度，將更能助益讀者參究實相。

換書者**免附回郵**，亦無截止期限；舊書請寄：111 台北郵政 73-151 號信箱 或 103 台北市承德路三段 267 號 10 樓 正智出版社有限公司。舊書若有塗鴨、殘缺、破損者，仍可換取新書；但缺頁之舊書至少應仍有五分之三頁數，方可換書。所有讀者不必顧念本公司是否有盈餘之問題，都請踴躍寄來換書；本公司成立之目的不是營利，只要能眞實利益學人，即已達到成立及運作之目的。若以郵寄方式換書者，免附回郵；並於寄回新書時，由本公司附上您寄來書籍時耗用的郵資。造成您不便之處，再次致上萬分的歉意。

正智出版社有限公司 啓

換書及道歉公告

《法華經講義》第十三輯，因謄稿、印製等相關人員作業疏失，導致該書中的經文及內文用字將「**親近**」誤植成「清淨」。茲為顧及讀者權益，自 2017/8/30 開始免費調換新書；敬請所有讀者將以前所購第十三輯初版首刷及二刷本，攜回或寄回本社免費換新，或請自行更正其中的錯誤之處；郵寄者之回郵由本社負擔，不需寄來郵票。同時對因此而造成讀者閱讀、以及換書的困擾及不便，在此向所有讀者致上最誠懇的歉意，祈請讀者大眾見諒！錯誤更正說明如下：

一、第 256 頁第 10 行~第 14 行：【就是先要具備「**法親近處**」、「**眾生親近處**」；法**親近**處就是在實相之法有所實證，如果在實相法上有所實證，他在二乘菩提中自然也能有所實證，以這個作為第一個**親近**處——第一個基礎。然後還要有第二個基礎，就是瞭解應該如何善待眾生；對於眾生不要有排斥或者是貪取之心，平等觀待而攝受、親近一切有情。以這兩個**親近**處作為基礎，來實行其他三個安樂行法。】。

二、第 268 頁第 13 行：【具足了那兩個「**親近處**」，使你能夠在末法時代，如實而圓滿的演述《法華經》時，那麼你作這個夢，它就是如理作意的，完全符合邏輯去完成這個過程，就表示你那個晚上，在那短短的一場夢中，已經度了不少眾生了。】

正智出版社有限公司 敬啓

國家圖書館出版品預行編目資料

起信論講記／平實導師講述—初版—壹
北市：正智，2004〔民93-〕
面；　　公分
ISBN 957-28743-5-7（第1輯；平裝）
ISBN 957-28743-6-5（第2輯；平裝）
ISBN 957-28743-7-3（第3輯；平裝）
ISBN 957-28743-9-X（第4輯；平裝）
ISBN 986-81358-0-X（第5輯；平裝）
ISBN 986-81358-1-8（第6輯；平裝）
1. 論藏
222.3　　　　93010953

起信論講記
——第六輯

著　述　者：平實導師
音文轉換：正覺同修會編譯組
校　　對：章乃鈞　陳介源　鄧開枝　白志偉
出　版　者：正智出版社有限公司
電話：〇二 28327495　28316727（白天）
傳眞：〇二 28344822
111 台北郵政 73-151 號信箱
郵政劃撥帳號：一九〇六八二四一
正覺講堂：總機〇二 25957295（夜間）
總　經　銷：飛鴻國際行銷股份有限公司
231 新北市新店區中正路 501-9 號 2 樓
電話：〇二 82186688（五線代表號）
傳眞：〇二 82186458　82186459
初　　版：公元二〇〇五年九月　二千冊
初版五刷：公元二〇一八年六月　二千冊
定　　價：二五〇元